도덕경
산책

도덕경 산책

고은진 지음

한그루

도덕경
산책

머리말

1. 노자老子라는 인물

노자老子는 그야말로 늙은 사람이라는 뜻이다. 노자老子가 보통명사인지 아니면 고유명사인지, 전설상의 인물인지 실제 인물인지에 관해서는 설이 분분하다.

사마천司馬遷, B.C. 154?~B.C. 86?의 『사기史記』 「노장신한열전」을 참조하면 노자는 초楚나라 고현苦縣 여향厲鄉 곡인리曲仁里 사람으로 춘추시대 말기의 인물이고 성은 이李씨, 이름은 이耳이며 자는 담聃이라고 하였다. 이는 노자에 대한 전통적 해석으로 그가 태어난 곳은 오늘날로 보자면 하남성에 해당하는 지역이다.

노자는 주周나라 수장실守藏室의 사관史官을 지냈으며, 그때 공자孔子, B.C. 551~B.C. 479가 찾아와 노자에게 예禮에 대하여 물은 일이 있었다 한다. 노자는 "선생을 높이는 사람들은 이미 죽어 뼈조차 썩어 없어졌으며, 오직 말만 남아 있을 뿐이오. 군자는 때를 만나면 올라타지만, 때를 못 만나면 들에 묻혀야 하오. 좋은 상인은 깊이 숨기고 빈 것처럼 보인다良賈深藏若虛고 들었거늘, 군자도 속에 많은 덕을 지니고 있더라도 밖의 표정은 어리석은 척해야 하는 것이오君

子盛德. 容貌若愚. 선생은 교기驕氣와 다욕多慾, 태색怠色과 음지淫志를 버리시오. 그것들은 선생에게 이로울 것이 없소. 내가 선생에게 해 줄 말은 이것이 전부요." 라고 말했다 한다.

공자는 돌아와 제자에게 노자를 일컬어 "새는 하늘을 날고, 물고기는 물에서 헤엄치고, 짐승은 뛴다. 뛰는 짐승은 그물로 잡을 수 있고, 물고기는 그물로 낚을 수 있으며, 나는 새는 활로 떨어뜨릴 수 있다. 그러나 용은 바람이나 구름을 타고 하늘로 올라가 그 정체를 알 수 없다. 내가 오늘 만난 노자가 바로 그 용 같은 분이다."라고 언급했다고 한다.

노자는 도덕을 연마했으며, 자신을 숨기고 이름을 드러내지 않는 것을 자기 학문의 과제로 삼았다. 주나라에 오랫동안 살다가 주나라가 쇠퇴하자 서쪽으로 떠나갔다. 국경인 함곡관函谷關 관령關令 윤희尹喜는 노자에게 간청하기를 "선생께서 이제 은거하실 작정이신데 부디 저에게 책을 적어 주십시오."라고 하자 노자는 상·하 두 편의 책으로 도덕의 뜻 오천 마디를 남기고 떠났다고 전한다. 그 후 그가 어디로 갔는지 아무도 모른다.

현대의 학자 풍우란은『중국철학사』에서『노자』의 저자는 전국시대의 이이李耳이며, 공자가 예에 대해 물은 담聃은 전설적인 인물인 박대진인博大眞人이라 하였다. 그 증거로 풍우란은 첫째, 공자 이전에는 개인의 저술이 없다는 점, 둘째,『노자』의 문체는 문답체가 아니기 때문에『논어』와『맹자』뒤에 나온 것이며, 셋째, 문체가 간결하고도 분명한 경經체로 전국시대의 작품으로 보았다. 그러나 이 주장은 설득력이 있지만 이 또한 확실한 증거가 있는 것은 아니므로 섣불리 단정 지을 수는 없다.

프린스턴 대학의 모트Frederick W.Mote 교수에 의하면, 사마천이『사기』를 쓸 당시 대체로『노자』는 공자의 선배인 이이李耳에 의해 쓰였고, 이이가 바로 노담 또는 노자라고 부르는 사람이라 전해지고 있으나, 노래자老萊子라는 현인도 바로 그 이이와 같은 사람이었는지 또는 그보다 약 2세기 뒤의 주나라 태사太史담儋과 같은 사람인지에 대해서는 확실하지 않다고 보고 있다. 대체로 노자는 공자보다 선배 격이며 주나라 도서관장을 지내 학식이 풍부하고 지혜로운 사람이었을 것이라 추정해 볼 수 있다.

2.『노자』와『도덕경』

노자는 사람 이름이기도 하고 책 이름이기도 하다. 최초의 제목은 알려지지 않아서『노자』,『도덕경』,『오천언五千言』,『노자오천문』,『도덕진경』등의 다양한 이름으로 불린다.

『노자』는 이미 전국시대부터 세상에 어느 정도 알려진 듯하다.『순자荀子』와『여씨춘추呂氏春秋』에 이미 노자 사상에 대한 비판이 보이고, 한비자韓非子의 해로편과 유로편 등에서『노자』의 주요 내용을 주해하였기 때문이다. 사마천 또한『사기』에서『한비자』가 황제와 노자의 학문에 근본을 두고 있다고 언급한 것을 보면『노자』의 학문은 당시 다른 사상에 중대한 영향을 미치고 있었던 것으로 보인다. 그 밖에 양주·신도·전변·접자·환연 등이 노자의 사상에 직간접적으로 영향받고 있으며, 심지어 병가인『손자孫子』에까지도 그의 영향이 두드러지고 있다. 그리고 노자와 함께 도가의 대표적 사상가로 알려진 장자의『장자』에서도 여러 번 노자의 말이 인용되고 있고, 특히『천하』편에서는 노자를 중요한 학파의 하나로 들고 있다.

『노자』가 책으로서 면모를 갖추게 된 것은 공자가 죽은 후 제자들에 의해『논어』가 책으로 엮어졌듯이 노자가 죽은 이후일 것이다. 노자의『도덕경』은 총 81장으로 상·하편으로 나뉜다. 상편은 37장까지로 도경道經, 하편은 38장에서 81장까지로 덕경德經이라 부르기도 한다. 엄격하게 내용이 분류되지는 않았지만 도경에서는 주로 형이상학적 원리인 도道를 풀이하였고, 덕경에서는 도에 입각한 행동원리로 덕德을 다루고 있다.

『노자』는 1970년대 이전까지는 전국시대 후반에서 전한대 초기에 완성되었다는 주장이 일반적이었다. 그러나 1973년 마왕퇴 고분에서 비단에 쓴 백서본이 출토되고, 1993년 곽점에서 대나무에 쓴 죽간본이 출토되면서 『노자』 저술 연대는 재고가 불가피하게 되었다.

곽점 고분의 주인은 기원전 300년경 사람으로 추정되며 당시 일흔이 넘는 고령이었다고 한다. 그렇다면 거기에 부장된 죽간본이 완성된 시점은 늦어도 기원전 340~330년 전후가 된다. 당시 지식과 정보의 전파 속도를 고려하면 『노자』의 집필 시기는 전국시대 초기, 즉 기원전 403~343년까지 거슬러 올라가게 된다.

더 나아가 대만 학자 진고응에 따르면 노자의 학설은 춘추전국시대의 제자백가의 학설에 막대한 영향을 끼치고 있다고 보았다. 왜냐하면 『대학』이나 『중용』, 『관자』나 『여씨춘추』 모두 도가 사상을 골자로 하고 있기 때문이다. 이에 비추어 보면 『노자』는 춘추시대 말기까지도 소급될 수 있다.

한 대漢代 초기에는 황제나 황후 및 고관들 중에 노자의 사상을 좋아하는 이들이 무척 많았다고 한다. 그래서 무제B.C. 156~B.C. 87 이후로 유학이 정치의 이론적 근거로 확립되었다고 하지만, 실제로는 도가의 영향도 크게 작용하였고, 유학 자체도 형이상학적인 이론과 사유에 있어 도가의 영향을 크게 받았다고 한다.

3. 춘추전국시대

중국의 역사는 반고盤古를 필두로 B.C. 2698년 왕위에 오른 황제皇帝, 그 뒤를 이은 전욱顓頊, 제곡帝嚳 등 삼황오제의 전설로부터 시작한다. 유가에서 고대의 이상적인 정치 형태로 보고 있는 요堯임금과 순舜임금은 각각 B.C. 2357년 무렵, B.C. 2255년 무렵 황제에 올랐던 것으로 『서경書經』에 전해지고 있다. 순임금 뒤를 이은 우禹임금은 천하의 홍수를 다스린 공로로 임금 자리를 물려받아 하夏나라를 세웠고, 이때부터 본격적인 세습왕조가 시작되었다. 이어 하나라의 걸왕桀王이 포악한 정치를 일삼자 탕湯임금이 걸왕을 정벌히고 상商나라를 세운 것이 B.C. 1766년 무렵이다.

탕임금 이후 상나라는 B.C. 1401년 무렵 제17대 반경盤庚임금이 도읍을 은殷, 지금의 하남성으로 옮기고 은이라 부르게 된다. 은의 유적지인 은허殷墟에서는 많은 유물과 함께 갑골문甲骨文이 출토되어 은나라의 임금들에 대한 기록들이 발견되었다. 따라서 중국의 역사는 탕임금의 상나라로부터 시작된다고 할 수 있으나 문물제도에 관한 기록들은 거의 전해지지 않는다.

은나라의 마지막 임금인 주왕紂王이 포악한 정치를 하자 무왕武王이 그를 무너뜨리고 지금의 서안 부근인 호경鎬京에 도읍을 정하고 주나라를 건국했다. 무왕은 천하를 통일한 지 7년 만에 죽고, 성왕成王이 뒤를 잇는데, 이때 성왕을 도와 주공周公이 여러 문물제도를 마련하고 봉건체제를 완성시킨다.

주나라는 세습적 봉건제도를 특징으로 하고 예악을 통치의 수단으로 삼았다. 은나라가 제정일치의 사회였다면 주나라는 본격적인 제정분리의 인문주의적 국가로 공자는 주나라를 국가 통치의 모범으로 보았다. 공자는 요堯·순舜 시대를 뒤이어 하夏·은殷·주周의 세 시대를 가장 이상적인 정치가 행해졌던 시대로 보았다.

그러나 B.C. 770년경 유왕幽王의 실정과 그로 인한 공화 통치, 이민족의 침범 등으로 100여 년 사이에 주나라는 정치적으로 상당히 문란한 시기를 보냈다. 결국 건국 이래 숭배되어온 종법적 통치 질서는 무너지고 낙양으로 도읍을 천도하는 등 동주東周시대를 열었으나 실패로 끝나고 극도의 대혼란이 이어졌다. 300년 동안 36명의 군주가 신하의 손에 시해당하고 140개의 제후국 가운데 10여 개만 살아남고 백성들은 탐욕스런 제후들의 수탈과 전쟁에 지쳐 삶의 터전을 버리고 정처없이 떠돌게 되었다.

이 동주東周시대야말로 노자가 생존하였고, 또 도가가 이룩되었던 시대라 할 수 있다. 이 동주시대는 다시 춘추시대와 전국시대로 나뉜다. 보통 B.C. 770년부터 B.C.403년까지 367년 동안을 춘추시대, 그 다음 해 B.C. 402년부터 주나라가 망하는 B.C. 256년까지 147년 동안을 전국시대라 한다.

춘추시대에는 제후들 사이에 세력이 가장 강했던 패자霸者가 있어, 패자를 중심으로 이민족의 침입에 맞서 주나라 천자를 받들며 봉건 질서를 유지하려 애썼다. 그러나 전국시대는 그러한 명분도 없이 전국칠웅이라 불리던 일곱 나라들이 침략 전쟁을 일삼던 약육강식의 시대였다. 이러한 혼란한 시기에 제자백가 사상은 형성되고, 『노자』 또한 쓰였다고 볼 수 있다.

4. 노자『도덕경』과 판본

『노자』는 그 일부가 죽간의 형태로, 백서의 형태로, 또한 수많은 선진 고전 문헌들 속에서 단편적으로 기록되면서 시대마다 다양한 시대정신을 반영하며 새롭게 재해석되었다. 따라서 『노자』는 하나이면서 동시에 여럿인 텍스트라 할 수 있다. 『노자』는 현재 남아있는 판본만 해도 350여 종이 넘는다. 그중에서 『노자』를 다루고 있는 대표적인 판본에 대해 언급하자면 아래와 같다.

1) 곽점본·초간본·죽간본

1993년 호북성 형문시 곽점에서 전국시대 초나라 고분으로부터 800여 편에 달하는 죽간이 발굴되었다. 곽점본은 종이나 비단이 발명되기 전 대나무에 글을 써서 가죽끈으로 연결한 책으로, 여기서 발굴된 죽간 일부가 『노자』의 내용을 담고 있었다. 이 죽간에 쓰인 글자들은 전형적인 초나라 문자이기 때문에 초간본 혹은 곽점본이라 한다.

여러 학자들이 고증해 본 결과 곽점본은 백서본보다 대략 150년가량 빠르다고 할 수 있다. 일반적으로 노자의 생존 시기나 『노자』가 쓰인 시기를 전국戰國 중기로 잡고 있으니, 노자와 곽점본 사이에도 백몇십 년 정도의 시간적 거리가 있다. 이를 근거로 추정해볼 때 곽점본의 성립 연대는 최소한 전국 중기 이전으로 지금까지 발견된 것 중에서 가장 오래된 판본이라 할 수 있다.

곽점본의 양은 우리가 알고 있는 『노자』의 3분의 1 정도로 차이가 난다. 우리는 보통 『노자』의 글자 수를 오천여 자라 하는데, 곽점본의 글자 수는 모두 1741개이다. 또한 주제에 따라 곽점본은 세 부분, 즉 갑조甲組, 병조丙組, 을조乙組로 나뉜다. 갑조는 다시 천도와 수신으로 나뉘고, 내용은 을조가 수신, 병조는 치국을 다룬다. 곽점본은 비록 양적으로 지금의 것과 차이가 많이 남에도 불구하고 시대적으로 노자와 가장 가까운 것이라는 점에서 학술적 가치가 높다고 할 수 있다.

2) 백서본

1973년 중국 남부 지역 장사 마왕퇴 고대 묘지에서 다량의 백서가 출토되었는데 이때 나온 『노자』를 백서본이라 한다. 이 묘의 매장 연대는 한 문제 12년으로 추정되고 있다. 백서에는 대략 10여 만 자가 쓰여 있었는데, 여기에 두 종류의 『노자』 사본이 들어있었으며 그중 비교적 오래된 것을 갑본甲本, 비교적 늦은 것을 을본乙本이라 한다. 백서 『노자』는 『덕경』이 앞에 『도경』이 뒤에 있는 형태로 이루어져 있다. 또 현행본은 81장으로 장이 나뉘어 있으나 백서본은 이러한 구분이 없이 이어서 쓰고 있다. 단 갑본의 경우 일부 단락 사이에 분장을 나타내는 것으로 보이는 '·' 표시가 있다.

백서본과 곽점본을 비교해보면, 백서본은 전국 말엽에 비단에 쓰였으며 곽점본은 전국 중·후엽 대나무 조각에 쓰였다는 점에서 차이가 있다. 형식상의 차이를 보면 백서본이 곽점본에 비해 세련되고 정형화된 모습을 보인다. 이는 고대의 문헌 전승이 '필사'라는 형태를 거쳐야 했으므로 그 과정에서 잦은 수정과 편집을 거쳐 문장에 대한 손질이 자연스럽게 이루어졌을 것으로 보인다. 또한 곽점본에는 백서본의 구절이 들어 있지 않은 경우가 자주 발견되고 곽점본에는 보이나 백서본에서 일부 구절을 찾아볼 수 없는 경우가 허다하다.

내용적인 측면을 보면 백서본은 곽점본에 비해 반유가화되었다는 특징이 있다. 곽점본에는 과거에 『노자』가 유가를 반대한 사람으로 이해하기 쉬웠던 부분들이 전혀 보이지 않는다. 이는 백서본이 곽점본에 비해 황로학의 영향을 받아 기존의 『노자』를 부분적으로 통치술 차원으로 변형, 발전시키고 상당히 정치 술수화된 것이라 보인다. 백서본 『노자』가 성립된 시기는 황로학이 유행하던 시기로 그 구체적인 이념은 군주의 이상적인 통치술 확보를 목표로 하는데, 그 구체적인 내용이 『노자』에서는 '무위정치론'으로 나타났다고 보인다. 따라서 백서본은 당시에 유행한 초기 황로학의 영향을 받아 기존의 『노자』를 부분적으로 통치술 차원으로 변형, 발전시킨 것이라 볼 수 있다.

3) 한간본

이는 북경대학이 2009년 해외 화교로부터 기증받아 소장하고 있는 전한대 죽간본이다. 몇몇 글자를 제외하면 죽간과 글자가 거의 99% 온전한 상태이다. 백서본과 마찬가지로 한간본은 상권은 덕경德經, 하권은 도경道經으로 구성되어 있으며 각각 『노자상경老子上經』, 『노자하경老子下經』이라는 제목이 붙어 있다.

한간본은 4년간 5,300여 자를 복원하여 초간본과 백서본의 결함을 완벽하게 보완한 현존 최고의 판본으로 평가받고 있다. 이는 『노자』의 정리교정에 상당히 높은 가치를 지니고 있는 데다 초간본, 백서본 등의 초기 필사본과 왕필본, 하상공본 등 후대 판본 사이에서 빠져 있던 연결고리가 새로 확인되어서 『도덕경』의 발전 과정을 이해하는 데 도움이 되는 판본이다. 다만 전한대 판본이라는 북경대 측의 주장과 달리 어휘나 구성이 시기적으로 비슷한 백서본보다 왕필본, 하상공본과 유사한 점이 많아 최초 출토자와 작성 시점에 관한 정밀한 검증과 분석을 통해 진위 여부를 가려야 할 것으로 보인다.

4) 엄준본

전한대 사람인 엄준이 저술한 『노자지귀老子指歸』이다. 엄준은 자字가 군평君平이며 촉군蜀郡 사람으로 대략 한나라 성제成帝의 재위 기간에 실존한 것으로 보인다. 시기적으로 따지면 B.C. 32년에서 B.C. 7년 사이가 된다. 유향劉向, B.C. 77~B.C. 6 이전의 『노자』 원문을 담고 있어서 초기 판본으로 분류된다. 현재는 덕경 부분 35장 6권만 남아있고 첫 장에는 범례가 포함되어 있다. 통행본의 39장과 40장, 57장과 58장, 6장과 68장, 78장과 79장이 모두 단일한 장으로 통합되어 있으며 덕경이 도경 앞에 배치되어 있다.

5) 하상공본

하상장인이라는 사람이 황하 기슭에 살면서 스스로 이름을 감추고 썼다는 하상공본은 왕필본과 마찬가지로 81장으로 구성되었다. 하상공본은 각 장의 대의를 요약한 소제목이 장마다 붙어 있고 몸을 닦고 기운을 연마하는 양생술의 견지에서 붙인 주석들이 들어 있다. 현행 왕필본은 왕필이 썼고, 왕필본만큼 이른 시기의 판본인 하상공본은 연대 추정에 있어서는 기원전 2세기에서 기원후 5세기까지 엄청난 차이를 보인다. 학계에서는 현존 주석본들 중 가장 오래된 한대의 판본으로 알려져 있으나 그 어투나 체제가 오히려 왕필본과 상당히 유사한 것을 보면 삼국시대 전후의 것일 가능성도 배제할 수 없다.

6) 왕필본

삼국시대 위나라 현학자 왕필A.D. 226~249이 주석을 붙인 판본이다. 총 81장이며, 장별 소제목은 보이지 않고 상권은 『도경』, 하권은 『덕경』으로 되어 있다. 초기에는 필사본으로 전해지다가 당대 이후 목판 인쇄본으로 간행된 것으로 보이며 여러 차례 가공과 수정이 이루어졌다. 왕필본은 주로 사대부들에게 선호되어 통행본으로 1700여 년 동안 전수되면서 절대적인 권위를 누렸다. 그러나 그 과정에서 특정 글자를 잘못 적거나 다른 글자로 바꾸거나 또는 특정 구절이 누락되거나 엉뚱한 구절이 추가되거나 구절의 배열 순서가 뒤바뀌는 등 여러 오류와 결함들이 누적되었기 때문에 『노자』의 원형을 충실히 보존하고 있다고 하기 어려운 점이 있다.

5. 『노자』와 해석

『노자』는 중국 역사 속에서 다양한 주석과 해석이 이루어져 왔다.

첫 번째로 제왕학의 도구로 『노자』를 해석하는 정치 사상사적인 해석이 있다. 이러한 해석에서는 『노자』에 나오는 도道와 덕德 그리고 무위無爲는 제왕의 통치술을 위한 근거로 이해된다. 만약 도가 이론이라면 덕은 그 실천이고, 도가 원리라면 덕이란 그 원리의 적용에 의해 획득되는 효과인 것이다. 그리고 이러한 '도덕'의 정치적 작동 방식이 '무위'로 나타난다. "무위를 실천하면 다스리지 못할 것이 없다."3장나 "성인은 무위의 일에 처하고 말없는 명령을 내린다."2장 등은 이를 잘 보여주는 예라 할 수 있다. 『한비자』의 해석이 가장 대표적이라 할 수 있다.

두 번째로 위진시대에 사회 제도의 철학적 근거를 재정초하기 위한 논쟁에서 생긴 것으로 현학 혹은 형이상학적 해석이 있다. 여기에서는 위진시대의 청담 사조와 관련하여 이루어진 유무 논쟁과 명교-자연 논쟁을 중심으로 논의가 되는데, 이 시기에 『노자』, 『장자』 그리고 『주역』의 현행 판본이 이루어졌다. 또한 이 시기는 불교가 유입되어 『노자』에 대한 불교적 해석이 불가피하게 되었다. 현학에서 중요한 구절인 "세상의 모든 존재자들은 유로부터 나온다. 그리고 이 존재는 무에서 나온다."라는 구절은 당시에 유입되었던 불교의 『반야경』에서 본체와 현상을 설명하는 용어로도 사용되었다. 이러한 시대적 요청에 힘입어 현학에서 바라보는 『노자』는 다분히 형이상학적이며 존재론적으로 접근하였다고 보인다.

세 번째로 도교적 신념의 철학적 근거로써 해석하는 시각으로 황로학 혹은 도교적 해석이다. 한대 이후 발전하게 되는 도교의 주류적 해석 방식으로 이 해석에 따르면 인간의 근원적인 생명력을 보존하고 기름으로써 신체의 불멸에 도달할 수 있다고 보았다. 더 나아가 이것은 후한 이후 도교 교단의 성립과 더불어 다양한 분파와 이론으로 전개된 것을 포괄하는 의미를 갖는다. 여기에서 도는 우주적 생명 원리로, 덕은 생명력으로 이해되는데, 그 결과가 장생불사이다. 이러한 해석을 뒷받침해주는 대표적인 문헌으로는 『노자하상공장구』와 『노자상이주』가 있다.

네 번째로 송명末明시대의 성리학의 테두리에서 새롭게 해석된 신유학자들의 해석이 있다. 송명의 이학理學이 성립한 이후 『노자』를 성리학적으로 해석하는 것을 말한다. 예를 들어 42장에는 "도는 하나를 낳고, 하나는 둘을 낳고, 둘은 셋을 낳는다."라는 구절이 있다. 이 구절은 주돈이의 태극도설에 영향을 미쳐 성리학의 체계 안에서 수용되었다. 조선시대의 율곡 또한 『취언醉言』이라는 책에서 『노자』를 이와 비슷하게 해석하였다. 그러나 정작 주희는 체용일원體容一源, 현미무간顯微無間의 입장을 취하기 때문에 『노자』는 유有와 무無, 즉 체體와 용用으로 나누어 보았다고 비판하였다.

다섯 번째로 현대 물리학이나 환경론, 페미니즘 등과 관련한 현대적인 해석이 있다. 조셉 니담, 프리초프 카프라 등은 철학 전공자가 아닌 과학이나 다른 영역의 전공자들로 『노자』를 신과학의 입장에서 해석한다. 신과학 운동과 직접적인 관련은 없지만 이러한 해석의 가능성을 열어 준 것이 니담의 책 『중국의 과학과 문명』이다. 이 책에서 그는 고대 중국이 당시 서양에 비해 자연과학이 대단히 발전하였다고 보고, 그 바탕이 되는 것이 노자적 사유로 보았다.

여섯 번째로 세상 만물이 어떻게 해서 생겨나게 됐는지에 대한 본체 생성론에 대한 해석이 있다. 본체 생성론은 우주 자연이라는 역동적 세계의 근원적 구성 질료, 즉 본체를 탐구하는 본체론과 그 역동적 본체로부터 어떻게 생성 및 소멸의 지속적 운행 과정이 전개되는지를 탐구하는 생성론이 결합되어 있는 사유 방식을 말한다. 본체 생성론의 사유 논리에서는 우주 만물을 생성하는 궁극적인 근원 또는 근거로서의 역동적 본체가 있어야 하며, 그 근원으로서의 본체는 유심적-유물적이라는 이원적 구도 속에서는 포착되지 않는 역동적 실체라는 의미를 갖고 있다. 그런 측면에서 왕필과 대부분의 주는 어느 정도 본체 생성론의 입장을 취한다.

그러나 노자의 도를 창조나 발생의 근원인 형이상학적 본체로 보지 않고, 법칙 또는 기능 혹은 세계를 해석하는 문법으로 이해하는 입장이 있다. 이러한 견해를 상관 대대론相關待對論적 입장이라 할 수 있다.

상관 대대론의 관점에서 보면 유기체적 세계 속에서 모든 개별자들은 타자와의 관계성에 기초하여 존재의 단위를 유지해 갈 수 있기에 유기체적 언관 위에서 벌어지는 생성 소멸 변화의 과정 속에서는 어느 한 가지가 근원 또는 근거의 중심이 되거나 주체가 될 수 없다. 상관 대대적 관점에서 보면 개별자를 변화 생성 소멸케 하는 힘은 영원불변의 본체가 아니라 역동적 본체의 기화氣化 과정이 지닌 자기 충족적이며 자발적인 힘 자체에서 나오는 것이기 때문이다.

6. 노자의 사상

1) 자연의 도

노자의 도는 우주의 근원이자 시원이며 만물 생성의 원리이다. 만물이 만물로 될 수 있는 까닭은 도에서 비롯된다. 도는 시간과 공간을 초월한 무형적 실재이며, 인식할 수도 없고, 이름 붙일 수도 없다. 그러나 도는 만물 속에 다 현현顯現하고, 또 끝없이 넓게 퍼지면서도 자신은 시간과 공간을 초월한다. 도는 유무를 겸한 말로 무는 도의 체體를 유는 도의 용用을 일컫는다. 그래서 만물은 유

有라고 이름할 수 있지만, 도는 만물이 아니므로 다만 무無라고 일컬을 수 있다.

2) 노자의 덕

노자에게 덕이란 인간만이 지니는 특수한 것이 아니라 천지 및 만물이 도의 품성을 받아 저답게 된 것이다. 이 덕의 극치가 후왕의 덕이다. 후왕의 덕이 하나인 도에 일치하면 그 덕이 천하 만물의 덕과 일치하게 된다. 왜냐하면 사람 속에 이미 천리가 내재해 있기 때문에 덕과의 일치가 가능한 것이다. 이처럼 도는 순수 자연적으로 천지 인물에 품수된 것이기에 다른 것에 의해 상실될 수도 없다. 그럼에도 사회가 부도덕한 것은 도덕이 상실되었기 때문이 아니라 인간 스스로가 도덕을 깨닫지 못했기 때문이라 본다. 그래서 노자는 순수 자연의 대도를 깨달아 무위無爲, 불학不學, 견소포박見素抱樸을 권장한다.

3) 도와 자연

노자의 자연은 일종의 운동법칙이다. 천하 만물을 움직이는 도의 운동은 반복, 순환한다. 모든 현상의 활동은 그 반대가 되는 것을 지향하여 움직이며 또한 반대되는 현상들은 서로 대립되고 모순되는 것이 아니라 조화된다. 이러한 도의 운동은 스스로 그렇게 움직인다. 이처럼 노자의 자연이란 무조작으로서의 인위를 넘어 도의 자기 전개와 복귀에 의한 순수 활동이라 할 수 있다.

4) 노자의 이상사회관

노자가 생각하는 이상사회는 각종 문물제도를 시설하고 인위적이고 강압적인 통치를 하는 것이 아니라, 오히려 모든 인간이 소박한 본래의 마음을 자각하여 큰 욕심이나 지나친 고집을 부리지 않고 살아가는 것이다. 이는 태고의 소박한 농촌 생활을 그대로 보존하여 이 같은 촌락의 집합 위에 국가를 건설하는 것이다. 이것이 소국과민^{小國寡民}으로 무지무욕, 무도덕, 무예의, 무문화의 전통적인 촌락공동체를 지향한다.

5) 노자의 인생철학

노자가 강조하는 무지무욕, 무도덕을 인간의 자연 상태라 하면 여기에 가장 가까운 것은 갓난아기일 것이다. 갓난아기에게서 보이는 것은 유약이라는 덕이다. 그것은 여성에게도 통한다. 여성은 생명을 낳고, 기른다. 노자의 여성 예찬은 계곡 예찬으로 이어진다. 마치 큰 계곡이 가만히 있어도 온 골짜기의 물이 저절로 모여들듯이 사람도 계곡의 자연 법칙을 따르면 그에게는 영구불변의 덕이 떠나지 아니하여 천진난만한 어린아이로 되돌아온다고^{28장}고 하였다.

물 또한 여성과 공통되는 유약함, 낮은 지위에 처한다. 물은 그릇에 따르는 것처럼 상대에 따라서 형태를 바꾼다. 그러나 오래 지나고 나면 바위도 관통한다. 이러한 노자의 사상은 그 근본에 있어서 평화 사상을 담고 있다. 유약한 것, 하위에 선 것이 강한 상위의 것을 이긴다는 것은 전쟁의 상태가 아니라 다투지 않는 전쟁의 부정과 연결된다고 하겠다.

7. 노자 철학의 현대적 의의

현대에 이르러 노자 철학은 이성중심적 사고에 대한 비판과 반성의 사조와 더불어 그 중요성이 새롭게 재조명되고 있다. 유가가 도덕의 절대성이라는 명제 아래 이름을 확고히 하고 이름에 걸맞게 행동할 것을 강조하는 것은 합리성을 바탕으로 한 사고이다. 그러나 이름에는 시간에 따른 변화를 허용하지 않는다. 이처럼 노자는 1장에서부터 언어의 문제점을 지적했듯이 언어보다는 직관, 문명보다는 반문명, 남성보다는 여성, 부국강병보다는 소국과민을 중시한다.

포스트모더니즘이라 명명되는 현대의 사조는 이성 중심적인 과거와 달리 이성보다는 감성을, 남성성보다는 여성성을, 일원적 세계관보다는 다원적 세계관을 지향한다. 특히 포스트모더니즘의 도래를 촉발했던 상대성 원리의 발견이나 하이젠베르그의 불확정성의 원리는 인식론적 회의주의를 함의하고 있을 뿐만 아니라 노자사상을 이어받은 도가사상가들의 과학적 인식에 결정적 역할을 하여 조셉 니담 같은 학자는 도가를 중국 유일의 선진 과학 사상으로 추대하기에 이른다.

이처럼 노자 철학은 여러 면에서 철학의 본령과 만난다. 비록 학술적인 용어는 아니지만 격언과 비유 속에 담긴 심오한 의미 때문에 다양한 사상가들이 노자를 새롭게 재해석할 수 있는 단초가 되었다. 그래서 노자는 시대에 따른 변화를 끌어안아 이천 년이 지난 지금에도 다양하게 변주되어 생명력을 잃지 않고 있다.

도
경

제1장

道可道 도 가 도	道(도): 길, 말하다, 道 可(가): ~할 수 있다
非常道. 비 상 도	非(비): 아니다 常(상): 항상, 늘, 한결같다 道(도): 도
名可名 명 가 명	名(명): 이름, 이름짓다 可(가): ~할 수 있다 名(명): 이름, 부르다
非常名. 비 상 명	非(비): 아니다 常(상): 항상, 늘, 한결같다 名(명): 이름
無名 무 명	無(무): 없다 名(명): ~라 이름하다
天地之始 천 지 지 시	天(천): 하늘 地(지): 땅 之(지): ~의 始(시): 본시, 처음
有名 유 명	有(유): 있다 名(명): ~라 이름하다
萬物之母. 만 물 지 모	萬(만): 온갖, 많다 物(물): 물건, 것 之(지): ~의 母(모): 어미
故常無欲以觀其妙 고 상 무 욕 이 관 기 묘	故(고): 그러므로 常(상): 항상 無(무): 없다 欲(욕): 욕심 以(이): ~으로써 觀(관): 보다 其(기): 그 妙(묘): 오묘하다
常有欲以觀其徼 상 유 욕 이 관 기 요	常(상): 항상 有(유): 있다 欲(욕): 욕심 以(이): ~으로써 觀(관): 보다 其(기): 그 徼(요): 순행하다
此兩者 차 량 자	此(차): 이 兩(양): 둘 者(자): 것
同出而異名 동 출 이 이 명	同(동): 같이 出(출): 나타나다 而(이): 그러나 異(이): 다르다 名(명): 이름
同謂之玄. 동 위 지 현	同(동): 같이 謂(위): 이르다 之(지): 그것 玄(현): 현묘하다
玄之又玄 현 지 우 현	玄(현): 현묘(玄妙)하다 之(지): 그것 又(우): 또 玄(현): 현묘하다
衆妙之門. 중 묘 지 문	衆(중): 무리 妙(묘): 묘하다 之(지): ~의 門(문): 문

28

도를 도라고 말할 수 있다면

늘 그러한 도가 아니다.

이름을 붙일 수 있는 이름은

늘 그러한 이름이 아니다.

이름붙일 수 없는 것은

천지의 시작이고

이름붙일 수 있는 것은

만물의 어머니이다.

그러므로 항상 욕심없는 것으로써 그 오묘함을 보고

항상 욕심이 있는 것으로써 그 돌아감을 본다.

이 둘은

동시에 나왔지만 이름을 달리한다.

같이 있는 것을 일러 현묘하다고 한다.

현묘하고도 현묘하구나

온갖 묘함이 드나드는 문이다.

『도덕경』1장은『도덕경』의 핵심인 도道가 처음 드러나는 장이다. 2500년간 『도덕경』이 읽혀지면서 이 1장이『도덕경』의 얼굴을 하게 된 것은 아마도 이 첫구절의 강한 인상 때문이리라

"도를 도라고 말할 수 있는 도는 상도常道가 아니다."

이 구절 속에는 도와 언어, 그리고 항상 그러함인 상常이라는 굵직한 개념이 들어있다. 도道는 그야말로 사람들이 다니는 길을 의미한다. 길은 길 이전에는 길이 아니다. 그런데 왜 길이 되었을까? 어떤 사람이 우연히 걸어간 곳이 길이 되었을 수도 있고, 권력자가 길을 만들었을 수도 있다. 전자의 경우 우연히 걸어간 곳이 길이 되기 위해서는 뒷사람이 그 길을 따라 걸어가 주어야 한다. 그런데 만약 뒤따라 간 길이 영 불편하고 위험하다면 그 길은 폐기될 수 있다. 따라갔는데 편하고 유익하고 즐거울 경우 그 길은 계속 존재하게 된다. 후자의 경우도 마찬가지다. 아무리 권력자가 힘으로 길을 만들었다한들 그 길이 유지되는 경우는 그 길이 편하고 안전하고 그 길을 걷는 사람에게 이로움을 주어야 한다. 지금 우리가 걷는 대부분의 길은 오랜 시간 동안 이와 같은 검증 과정을 거쳐 살아남은 길이라 할 수 있다. 그런데 그 길은 사람들이 걸어 다니는 길만이 아니라 삶을 살아가는 방식에도 있다. 인류뿐만 아니라 생명체가 존재하게 된 데에는 각각 편하고, 안전하고 유익한 삶의 방식이 있을 것이다. 지금 같은 과학 문명을 활용한 삶의 방식이 일반화되기 전 인류는 우주 자연의 질서 속에서 흐름에 맞게 삶을 살아왔다. 그 삶의 방식이 바로 도이다. 우리가 가장 가까이 우주 자연의 흐름을 느낄 수 있는 것은 바로 일출과 일몰, 월출과 월몰, 이에 따른 달의 변화와 사계절의 변화 등등일 것이다. 해 뜰 때 일어나고, 해가 지면 자고, 계절의 변화에 맞게 여름에는 시원하게 하고, 겨울에는 따뜻하게 살아간다면 유익하고, 편안하고, 안전하다. 이것이 도에 맞게 살아가는 삶이다.

그러나 만약 우리가 도란 이런 것이다 못박아 놓는다고 가정하면 이는 순환, 변화하는 도가 아니라 고정화시킨 도이므로 도의 실상과는 거리가 있게 된다. 우리가 현재 사용하는 달력 또한 고정화되어 있다. 그래서 항상 기상이변과 착오가 생기는 것이다.

이와 같이 순환, 변화하는 현상을 못박아 고정시킨 대표적인 것이 언어이다. 자연은 시시각각 변하지만 이름은 작명 이래 변한 적이 없다. 이처럼 언어는 순환 변화하는 현상을 담기에는 너무도 역부족하다. 그러기에 도를 도라고 언어로 개념화하게 되면 순환, 변화하는 우주 자연의 원리를 담고 있는 도의 실체를 담을 수 없게 된다.

『도덕경』에 대한 수많은 해설서들을 살펴보면 크게 두 부류로 나눌 수 있다. 1장 상도常道에 대해 영원불멸이라 해석한 부류와 늘 그러한, 혹은 진정한으로 해석한 부류가 그것이다. 인류가 생각이라는 것을 하게 된 후 가장 단순한 분류 체계가 기준을 정하고 기준에 맞는 것과 맞지 않은 경우로 나누는 것이다. 삶에서 우리가 가치를 정할 때 흔히 쓰는 기준이 오래 두어야 할 것, 지금 쓰고 말 것이다. 영원불멸은 유한한 인간이 늘 꿈꾸는 이상향이다. 플라톤의 이데아나 많은 종교가 영원 불멸을 꿈꾸는 것은 인간의 이런 소망이 반영된 것이다. 따라서 상도를 영원불멸로 해석할 경우 종교의 느낌이 짙어진다. 서양 학자들이 『도덕경』을 보고 흥미를 느끼는 많은 경우 이 대목에서 영원불멸로 해석한다. 그러나 중국적 사고 체계 속에는 영원 불멸의 개념이 희박하다. 중국의 가장 대표적 개념인 음양은 서로 순환하는 개념이지 영원불멸의 개념이 아니다. 그러기에 상도를 해석함에 있어 영원의 개념으로 해석하는 것은 옳지 못하다. 그러기에 다음 구절도 "이름을 이름이라고 말하는 것은 늘 그러한 이름이 아니다. "로 해석하는 것이 옳다

다음의 "이름이 없음은 천지의 시작이고, 이름이 있음은 만물의 어머니이

다. "구절은 끊어 읽기에 따라 해석이 달라진다. 무無를 숭상하는 귀무貴無론자 왕필은 "무는 천지의 시작을 이름하고, 유는 만물의 어머니를 이름한다. "로 해석한다. 이러한 해석은 앞 단락의 설명과 연결하여 우주창조를 연상하게 하는 작용을 하여 형이상학적 냄새가 나기 쉽다. 그러나 뒷 구절에서 왕필은 무욕無欲과 유욕有欲으로 구두점을 찍고, 후대의 학자 왕안석은 무無와 유有로 끊어 구두점을 찍었다. 물론 무와 유로 끊어 읽는다고 해서 문제가 되는 것은 아니지만, 무가 지나치게 강조되는 것을 우려하여 여기서는 무욕과 유욕으로 읽었다. 왜냐하면 뒤에 나오는 "이 둘은 함께 나와 이름을 달리한다."에서 이 둘이 무와 유를 의미하건, 무욕과 유욕을 의미하건 『도덕경』해석이 대대待對적 사고를 바탕으로 할 때 크게 문제되지 않는다.

대대적 사고는 관계적 사고라고도 할 수 있다. 대대적 사고와 함께 대비선상에서 논할수 있는 것이 인과적 사유다. 사물의 본질을 추구하는 데 익숙한 인과적 사유론자들은 현상을 이루게 하는 원인을 추구하는 데 익숙한다. 이러한 인과적 사유는 존재의 다양한 접근 방법에 대해 다분히 종縱적이다. 예를 들면 자신을 칭할 때 족보에 근거해 무슨 집안 몇 대손으로 명명하는 것과 흡사하다. 그에 비해 대대적 사고는 횡橫적이다. 지금의 나를 이루게 하는 음식, 시대상황, 교육체계, 교우 관계 등등으로 접근한다.

『도덕경』의 가장 대표적인 대대적 관계는 유무이다. 1장에서는 유와 무를 무욕과 유욕으로 해도 다르지 않다. 무는 이 세계의 구체적인 것들이 비롯되는 시작을 말한다. 그러나 부모가 자식을 낳듯이 거기서 만물이 발생하는 것이 아니라 자식을 품고 있는 이미지라 할 수 있다. 이것은 일종의 모든 것을 담을 수 있는 큰 비어있음이라 할 수 있다. 이 비어있음이 있어야 구체적인 사물인 유有가 비로소 존재하게 된다. 이 비어있음은 구체적인 사물을 통해서 드러나며 구체적인 것들 또한 이 비어있는 상태를 통해서 자신의 모습을 드러낸다.

무는 유를 통해 자신의 본성을 현현하게 되고, 유는 무에 의거해서 자신의 현상적 활동과 그 왕래를 전개한다. 그래서 무는 유가 없으면 공허하고, 유는 무가 없으면 맹목적이 된다. 이처럼 무와 유는 다른 것이면서 동시에 체용體用과 성상性相의 의미를 함께 지니고 있다. 이 둘은 같이 나와 이름만 다르다. 그래서 현묘한 것이다. 유와 무, 무욕과 유욕은 천지의 시작이자 만물의 어머니이기에 모든 현묘한 것들이 들락거리는 문이 된다. 玄현은 검다기 보다 모든 색을 담고 있는 그윽하고 오묘한 색을 일컫는다. 무와 유, 무욕과 유욕은 그 그윽하고도 그윽한 문으로 들락거리는 것이다.

문은 들어가기도 하고, 나가기도 한다. 열기도 하고, 닫기도 한다. 그 모든 것들이 드나들기 위해서는 그 모든 것을 받아들일 수 있는 용량이 되어야 한다. 유무, 무욕과 유욕은 아마도 중국에 음양의 개념이 있기 전 존재를 설명하는 개념이지 않았을까?

학자들 중에는 『도덕경』을 형이상학적으로 읽는 것이 중국적 사고와 맞지 않음을 주장하기도 하지만 생각을 하는 인간이라면 누구나 자기 앞에 펼쳐진 현상에 너머의 그 무엇에 대해 의문을 품게 된다. 어떻게 해서, 무엇이, 우주 자연을 이렇게 되게 할까? 하는 의문이 중국인이라고 하지 않았을 리는 만무하다. 아마도 그 속에서 텅빈 공간과 그 공간을 채운 만물을 하나로 보고 현묘하다고 한 것이리라. 이것이 중국적 사유의 특이점이면서 놀라운 점이라 하겠다. 이처럼 그리스가 아직 신화적 세계에 머물렀던 2500여년 전 이미 道도와 존재, 우주 자연에 대해 사유했다는 것은 노자의 특이점이면서 동시에 상당히 놀라운 점이라 하겠다.

제2장

天下皆知美之爲美
천 하 개 지 미 지 위 미

(천): 하늘 下(하): 아래 皆(개): 모두 知(지): 알다 美(미): 아름답다 之(지): 그것 爲(위): 여기다

斯惡已.
사 오 이

斯(사): 이것 惡(오): 추한 것, 앞의 (美)와 반대 已(이): ~일 따름이다

皆知善之爲善
개 지 선 지 위 선

皆(개): 모두 知(지): 알다 善(선): 좋다 之(지): 그것 爲(위): 여기다 善(선): 좋다

斯不善已.
사 불 선 이

斯(사): 이것 不(불): 아니다 善(선): 좋다 已(이): ~일 따름이다

故有無相生
고 유 무 상 생

故(고): 그러므로 有(유): 있다 無(무): 없다 相(상): 서로 生(생): 생기다

難易相成
난 이 상 성

難(난): 어렵다 易(이): 쉽다 相(상): 서로 成(성): 이루다

長短相較
장 단 상 교

長(장): 길다 短(단): 짧다 相(상): 서로 較(교): 비교하다

高下相傾
고 하 상 경

高(고): 높다 下(하):아래 相(상): 서로 傾(경): 기울다

音聲相和
음 성 상 화

音(음): 악기에서 나오는 소리 聲(성): 목소리 相(상): 서로 和(화): 어울리다

前後相隨.
전 후 상 수

前(전): 앞 後(후): 뒤 相(상): 서로 隨(수): 따르다

是以聖人
시 이 성 인

是(시): 이것 以(이): ~으로써 聖(성): 성스럽다 人(인): 사람

處無爲之事
처 무 위 지 사

處(처): 처하다 無(무): 없다 爲(위): 하다 之(지): ~의 事(사): 일

行不言之敎.
행 불 언 지 교

行(행): 행하다 不(불): 아니다 言(언): 말 之(지): ~의 敎(교): 가르치다

萬物作焉而不辭
만 물 작 언 이 불 사

萬(만): 여럿, 만 物(물): 물건 作(작): 짓다 焉(언): 어조사 而(이): 그러나 不(불): 아니다 辭(사): 주재하다

生而不有
생 이 불 유

生(생): 낳다 而(이): 그러나 不(불): 아니다 有(유): 소유하다

爲而不恃
위 이 불 시

爲(위):하다 而(이): 그러나 不(불): 아니다 恃(시): 내세우다

功成而不居.
공 성 이 불 거

功(공): 공로 成(성): 이루다 而(이): 그러나 不(부): 아니다 居(거): 머물다

夫唯不居,是以不去.
부 유 불 거 시 이 불 거

夫(부): 무릇 唯(유): 오로지 不(불): 아니다 居(거): 머물다 是(시): 이것 以(이): ~으로써 不(불): 아니다 去(거): 떠나다

천하 사람들이 모두 아름답다고 하는 것을 아름다움으로 여기는 것

이것은 추함일 뿐이다.

모두가 좋음을 좋음으로 아는 것

이것은 좋지 못함일 뿐이다.

그러므로 있음과 없음은 서로 생겨나고

어려운 것과 쉬운 것은 서로 이루며

긴 것과 짧은 것은 서로 비교되고

높은 것과 낮은 것은 서로 기울며

인간의 소리와 자연의 소리는 서로 조화롭고

앞과 뒤는 서로 따른다.

이로써 성인은

하지 않음의 함에 처하고

말없는 가르침을 행한다.

만물을 지으면서도 주재하지 않으며

생겨나게 하고서도 소유하지 않으며

해놓고도 내세우지 않으며

공을 이루고서도 머물지 않는다.

오직 머물지 않기 때문에 (공이) 떠나지 않는다.

2장은 1장과 더불어 『도덕경』의 전체 대의를 통찰하는 내용을 담고 있다. 즉 2장은 유무有無 내부의 대대적 사고를 보여준다.

인과론적 사유는 그것이 그것이게 하는 유니크한 그 무엇이 있기 때문에 그에 따른 이름이 붙고 고유의 존재론적 특성을 인정받는다. 가장 대표적인 예로 서양철학자 아리스토텔레스는 존재를 種종으로 분류하여 종과 종의 차이점이 드러나게 이름을 정하였다. 이러한 접근은 그 종만이 갖는 독특함이 잘 드러난다. 그렇다면 아름다움에는 아름다움이 갖는 단일성이 들어 있게 된다. 즉 아름다움에는 아름다움만 있지 추함은 포함되지 않는다.

그러나 대대적 사고는 이와 다르다. 아름다움이란 아름답지 않은 비탕 위에서 드러나는 것이지 아름다움 자체란 있을 수 없다. 아무리 아름다운 사람이나 물건이 있다 해도 그를 능가하는 것이 같이 있다면 초라해진다. 따라서 아름다운 것과 추함이 같이 있다는 것을 알게 되면 아름다운 것을 아름다운 것으로만 알지 않게 된다.

흔히 착하다는 의미로 알고 있는 선善은 좋다, 잘하다, 선하다 등을 의미하는 경우가 있다. 무능력하지만 심성만 고운 사람을 가리켜 "사람은 착한데…"가 포함되어 있다. 그러나 오늘날 착하다는 의미 속에는 잘하다, 좋다는 의미들이 배제된 느낌이다. 이것은 진정한 착한 것이 아니다. 이처럼 착함은 악惡의 반대 개념이 아니기 때문에 선善과 짝을 이루는 개념은 불선不善이 된다.

마찬가지로 난이難易, 장단長短, 고하高下, 음성音聲, 전후前後는 서로 짝을 아우어 서로의 개념을 이룬다. 이처럼 대대적 사고는 관계에 의해 존재를 형성하지 혼자 독자적으로 본질을 형성하지 않는다.

만물은 실체성이나 고유성이 없이 상관적 차이에 의해 형성된다. 즉 만물은 자기 동일성을 지니지 않고 자기와 타자의 것이 서로 안에서 복합적으로 짝짓기를 한다. 만물은 이러한 이중적 구조를 가지기 때문에 일원성도 아니고 이

원성도 아니다. 이중성은 하나도 아니고 둘도 아닌 불일이불이不一而不二의 논리를 지니므로 선택적 택일의 논리와 함께 하지 않는다. 그래서 이러한 사유는 택일의 선택을 금기시한다. 이는 선택과 분별을 싫어하고 일원성을 부정하는 이중긍정의 사유이다. 그것은 상반된 것들의 교차 배열을 전제로 자신의 존재론적 명칭을 정립하기 때문이다.

이런 사유를 하는 사람이 성인聖人이다. 성인의 시각에서 볼 때 일과 일없음은 한 쌍이다. 낮과 밤 또한 한 쌍이다. 생과 사 또한 한 쌍이다. 그러나 대부분의 사람은 일만을 낮만을, 생만을 추구한다.

그러기에 성인은 일없음에 처하고, 고요하고 한적한 밤에 처하고, 죽음 또한 생의 일부로 알기에 두렵지 않다. 만약 사람들이 모두 일없음만을 추구한다면 아마도 성인은 일을 취하리라. 왜냐하면 성인은 존재 형성의 원리와 순환 변화하는 이치를 알기 때문이다. 그래서 말없음의 가르침을 행하고, 말없이 모든 것을 만들고, 생겨나게 했음에도 소유하지 않고, 공功에 거하지 않는다. 그러기에 더욱 공功이 있게 되는 것이다.

사실 이러한 대대적 사고는 우리 사회에 깊숙이 자리잡고 있다. 자기 공을 떠벌리는 사람에 대해 우리 사회는 그리 좋게 평가하지 않는다. 이미 대대적 사고는 알게 모르게 우리와 친근하다. 아무리 자기 광고의 시대라지만 실력이 받쳐주지 않으면 금방 바닥이 드러난다. 그래서 차라리 말없이 자기 일을 하는 사람이 더 눈에 들어오는 것이다.

제3장

不尚賢
불 상 현

不(불): 아니다 尚(상): 숭상하다, 귀히 여기다 賢(현): 현명하다, 현자

使民不爭.
사 민 부 쟁

使(사): ~으로 하여금 民(민): 백성 不(부): 아니다 爭(쟁): 다투다

不貴難得之貨
불 귀 난 득 지 화

不(불):아니다 貴(귀): 귀하다 難(난): 어렵다 得(득): 얻다 之(지): ~의 貨(화): 재물

使民不爲盜.
사 민 불 위 도

使(사): 하여금 民(민): 백성 不(불): 아니다 爲(위): 되다 盜(도): 도둑

不見可欲
불 견 가 욕

不(불): 아니다 見(현): 드러내다 可(가): 옳다, 가하다 欲(욕): 하고자하다

使民心不亂.
사 민 심 불 란

使(사): 하여금 民(민): 백성 心(심): 마음 不(불): 아니다 亂(란): 어지럽다

是以聖人之治
시 이 성 인 지 치

是(시): 이것 以(이): ~으로써 聖(성): 성스럽다 人(인): 사람 之(지): ~의 治(치): 다스리다

虛其心
허 기 심

虛(허): 비우다 其(기): 그것 心(심): 마음

實其腹
실 기 복

實(실): 실하다 其(기): 그 服(복): 배

弱其志
약 기 지

弱(약): 약하게하다 其(기): 그 志(지): 뜻, 마음

强其骨.
강 기 골

强(강): 강하게 하다 其(기): 그 骨(골): 뼈

常使民無知無欲.
상 사 민 무 지 무 욕

常(상): 항상 使(사): 하여금 民(민): 백성 無(무): 없다 知(지): 알다 欲(욕): 욕망

使夫智者
사 부 지 자

使(사): 하여금 夫(부): 무릇 智(지): 지혜롭다 者(자): 사람

不敢爲也.
불 감 위 야

不(불): 아니다 敢(감): 감히 ~하다 爲(위): 하다 也(야): ~이다

爲無爲
위 무 위

爲(위): 하다 無(무): 없다 爲(위): 하다

則無不治.
즉 무 불 치

則(즉): 곧 無(무): 없다 不(불): 못하다 治(치): 다스리다

현명함을 숭상하지 않으면

백성들이 다투지 않게 된다.

얻기 어려운 재물을 귀하게 여기지 않으면

백성들이 도둑질을 하지 않게 된다.

욕심낼 만한 것을 보이지 않으면

백성들의 마음이 어지러워지지 않는다.

그래서 성인의 다스림은

그 마음은 텅 비우고

그 배는 채워 주며

그 뜻은 약하게 하고

그 뼈는 강하게 한다.

언제나 백성들이 무지무욕하게 한다.

무릇 지혜로운 자들이

감히 의식적인 행동을 하지 못하게 한다.

무위를 하면

곧 다스리지 못하는 것이 없게 된다.

한자는 명사와 동사가 혼재되어 있다. 현賢은 현명함이기도 하지만 현자를 의미하기도 하다. 현명함을 숭상하지 말라는 이 구절을 두고 혹자는 공자를 의식한 구절로 보기도 한다. 평생 배움의 중요성을 강조했던 공자의 입장에서 현명함을 숭상하지 말라는 이 구절은 청천병력과도 같다. 현명함은 단순히 지혜롭다는 것뿐만 아니라 사회적 가치의 우위를 점령케 하는 모든 지식 체계 즉 강자들의 지배 덕목이라 할 수 있다. 인간 세상은 훌륭하고 똑똑한 사람을 숭상하도록 하여 가치의 위계 질서를 조성하고 다른 이의 삶을 예속시키게 한다.

우리는 흔히 지식과 지혜를 구분하여 사용한다. 지식은 공부해서 아는 것이라면 지혜는 터득하는 것이다. 학교 근처에도 가보지 않은 촌로村老가 현명하게 각각의 특성과 성향을 고려하여 가족들을 꾸려 나가는 것을 보면 지혜롭다는 의미를 절감할 것이다. 이 때 지혜는 고정되어 있지 않다. 탄력적이며 방편적이다. 그러나 배워서 아는 지식은 고정적이다. 전달하기 위해서는 고정되어야만 하기 때문이다. 감으로밖에 알 수 없는 영역은 가르쳐줄 수 없다. 스스로 터득해야 한다. 이렇듯 지식은 탄력적 적용이 안 되기 때문에 다툼을 유발한다. 얻기 어려운 재화 또한 방편적 운용이 불가하기에 다툼을 유발하고 욕망을 불러일으키는 재화 또한 노자는 부정한다.

노자는 기본에 충실하자고 말한다. 그것은 바로 욕심 없이 텅빈 마음으로 세상을 대하는 것이다. 강한 것은 약하게, 약한 것은 강하게 한다. 이것이 하지 않음의 함 즉 위무위爲無爲이다. 유약한 배는 채우고, 강한 뜻은 약하게, 약한 것은 강하게 하여 기본을 키우는 것이다.

중국인들은 예로부터 생명의 중추를 뇌나 심心으로 보지 않고 배와 뼈로 보았다. 그래서 노자는 심心을 허하게 하고 배를 실하게 하라고 한다. 마찬가지로 뜻을 약하게 하고 뼈를 강하게 하라고 한다. 이는 생명의 중추를 중시한다는 말로 심心은 번뇌의 주체이며, 뜻은 쓸데없는 개념적 지향성을 의미한다. 결국 인간이 살아간다는 행위는 '마음을 비우는 것'이다. 마음을 비우는 것이야말로 욕망을 줄이고 나의 생명 중추를 실하게 만드는 핵심이라 할 수 있다.

노자가 생각하는 마음 비움은 배를 채우고 뼈를 강하게 하는 하는 것으로 건강을 지향하는 것이다. 기초가 튼튼한 집은 아무리 리모델링을 해도 무너지지 않고 오히려 그대로의 멋을 가져 굳이 덧붙이지 않아도 그대로 아름다운 것처럼 세상을 어지럽히는 것들은 오히려 지혜롭다고 자부하는 이들이기에 노자는 오히려 지혜롭다고 자부하는 이들이 감히 무엇을 하지 못하게 하고 있다. 이것이 곧 함이 없지만 다스려지지 않음이 없는 통치라 하겠다.

노자가 말하는 무위無爲의 다스림은 매우 수동적이고, 실현 불가능한 일을 꿈꾸는 몽상가의 말처럼 들린다. 그러나 이 부분을 교육에 대비해보면 매우 타당하게 여겨진다. 좋은 교육은 기본적으로 아이를 잘 자고 잘 먹게 하는 것이다. 튼튼한 체력이 바탕이 된 위에 공부를 가르치는 것이지 아침밥도 못 먹고 학교 가는 것은 노자의 입장에서 볼 때는 옳지 못하다. 노자는 인간의 기본적인 의식주를 해결하게 해주는 것이 통치의 기본이라고 말하고 있는 것이다. 결국 세상을 도덕적 엄숙함과 명분으로 이상주의를 건설하겠다는 결심보다 인간의 자연성을 회복하여 자연성의 사실대로 세상을 본연하게 되돌리자는 것이 노자의 메시지라 하겠다.

제4장

道, 沖而用之
도 충 이 용 지

道(도): 도, 길 沖(충): 텅비다 而(이): 그러나 之(지): 그것 用(용): 쓰다

或不盈.
혹 불 영

或(혹): 늘, 언제나 不(불): 아니다 盈(영): 채우다, 다하다

淵兮.
연 혜

淵(연): 깊은 것, 심원(深遠)한 것 兮(혜): ~구나

似萬物之宗.
사 만 물 지 종

似(사): ~같다 萬(만): 많다, 만개 物(물): 사물 之(지): ~의 宗(종): 근원

挫其銳
좌 기 예

挫(좌): 꺾다 其(기): 그 銳(예): 날카로움

解其紛
해 기 분

解(해): 풀다 其(기): 그 紛(분): 어지러운 것, 섞인 것, 얽힌 것

和其光
화 기 광

和(화): 조화롭다 其(기): 그 光(광): 빛

同其塵.
동 기 진

同(동): 같다 其(기): 그 塵(진): 티끌

湛兮.
담 혜

湛(담): 물이 잔잔하여 맑은 모양 兮(혜): ~구나

似或存.
사 혹 존

似(사): ~인 듯 하다 或(혹): 늘, 언제나 存(존): 있다, 존재하다

吾不知.
오 불 지

吾(오): 나 不(불): 아니다 知(지): 알다

誰之子
수 지 자

誰(수): 누구 之(지): ~의 子(자): 아들

象帝之先.
상 제 지 선

象(상): 비슷하다, 같다 帝(제): 하느님 之(지): ~의 先(선): 앞서다

도는, 텅 비어 있어도 그것을 쓸 때는

늘 다하지 않는다.

깊구나!

만물의 근원인것 같다.

날카로운 것은 꺾고

얽힌 것은 풀어 주며

빛과도 화합하고

먼지와도 함께한다.

맑고 투명하구나!

(없는 듯) 존재하고 있는 것 같다.

나는 알지 못한다.

누구의 아들인지를

하느님보다도 앞서 있었던 것 같다.

이 장은 도의 모습과 작용을 형용하고 있다. 그 모습은 텅 빈 것 같은 데, 그 쓰임은 무궁무진하다. 충沖은 무한히 큰 그릇 혹은 빈 그릇이라 할 수 있는데 단순한 비어 있음이 아니라 채울 수 있는 가능성을 담은 빈 그릇이라 하겠다. 가령 작은 컵과 큰 컵이 있을 때 작은 컵은 그 컵만큼의 존재를 담을 수 있고, 큰 컵은 큰 컵의 경계만큼 존재를 담을 수 있다. 따라서 무한히 큰 그릇은 무한한 것을 담을 수 있게 된다.

이처럼 비어있다는 것은 아무 것도 없는 것이 아니다. 노자에게 있어 존재한다는 것은 생성하는 것이다. 그러나 생성하기 위해서는 비어 있어야만 한다. 비어있지 않으면 그 무엇도 담을 수 없듯이 비어있다는 것은 모든 가능성의 잠재태이자 창조성의 원천이라 할 수 있다. 우주 또한 비어있는 것이어서 창조하고, 생성하고, 타자와의 포용과 융합이 가능하고, 통합 또한 가능하다. 그래서 노자는 "도를 비어있다"고 하는 것이다.

이 도를 굳이 형용하자면 투명하고 맑은 것이 깊은 연못과도 같다고 할 수 있으며 그 작용은 무궁무진하다. 이 세계에 있는 모든 것은 자신만의 특정한 본질에 의해 그 본질이 다 실현되었을 경우가 그 존재의 최종적인 목적지에 도달한 상태이다. 이 경우를 노자는 꽉 채워졌다盈고 보았다. 그러나 만물은 그 자체로 변화하며 항상 반대편 것과의 관계 속에서 변화한다. 겨울이 지나고 봄이 오는 길목처럼 고드름의 날카로운 것은 물의 부드러움으로 변하고, 굳어서 얽힌 것은 풀어져 느슨해진다.

인류는 언제부터 우주 자연의 질서에 대해 관심을 가지게 되었을까? 유목을 하건, 농경 생활을 하건, 때가 되면 저절로 순환 변화하는 우주에 대해 인류는 자연스레 관심을 가지고 경외감을 품게 되었을 것이다. 얼어붙었던 땅이 녹고 만물을 소생시키는 자연의 거대한 변화에 대해 우리 선조들은 무엇이 어떻게 이렇게 변화하게 하는지 궁금해 했을 것이다.

노자는 이러한 변화의 근원에 대해 특정한 어떤 대상으로 보지 않는다. 즉 그것은 명사가 아니라 형용사나 부사로 이해되어야 하는 것이다. 그래서 연못을 형용하여 깊구나! 감탄하는 것이다. 이처럼 각각의 만물들은 텅 비어 있는 것으로 굳이 이름 하면 도의 작용이라 할 수 있다.

노자는 누가 시켜서 하는 것도 아니고, 언제부터 그러했는지도 알 수 없는 이 작용을 도라고 하였다. 그 도는 어떤 실체나 근원이 아니라 반대되는 두 계열의 범주로 꼬여 있는 원칙 내지는 그런 사실을 나타내는 범주이다. 즉 도는 어떤 본질적 내용으로 규정된 존재가 아니다. 이 세계의 모든 것은 그 자체로 변화하여 항상 반대편 것과의 관계 속에서 존재하는 것이다.

이 도의 위대함은 너무도 커서 상제인 하느님 보다 앞선다. 상제는 인과론적 개념으로 상제라는 원인에서 모든 것이 출발하여 자기동일성을 지닌 채 이 세상을 주재하는 존재이다. 그러나 노자가 말하는 도는 서로 반대면이 꼬여 있어 하나도 아니고 둘도 아닌 특성을 지닌다. 더구나 이는 자기 동일성을 지니지 않는다. 노자는 자신이 살던 당시의 가장 높고 위대했던 상제 개념 보다 더 근본적인 것으로 자연의 존재 형식인 도를 제시하고 있다. 노자에게서 도는 상제보다 앞서며 당시의 천명관을 과감히 벗어나 이 세상을 주재하는 개념이 아니라 의지가 전혀 개입되지 않았다. 도에 대한 이러한 관점은 노자사유의 탁월하고 놀라운 점이라 하겠다.

제5장

天地不仁
천지불인

天(천): 하늘 地(지): 땅 不(불): 아니다 仁(인): 어질다

以萬物爲芻狗.
이 만 물 위 추 구

以(이): ~으로써 萬(만): 온갖 物(물): 사물 爲(위): 삼다 芻(추): 짚, 꼴 狗(구): 강아지

聖人不仁
성 인 불 인

聖(성): 성스럽다 人(인):사람 不(불): 아니다 仁(인): 어질다

以百姓爲芻狗.
이 백 성 위 추 구

以(이): ~으로써 百(백): 온갖 姓(성): 겨레 爲(위): 삼다 芻(추): 짚, 꼴 狗(구): 강아지

天地之間
천 지 지 간

天(천): 하늘 地(지): 땅 之(지): ~의 間(간): 사이

其猶橐籥乎.
기 유 탁 약 호

其(기): 그 猶(유): 같다 橐(탁): 풀무 籥(약): 피리 乎(호): 어조사

虛而不屈
허 이 불 굴

虛(허): 비다 而(이): 그러나 不(불): 아니다 屈(굴): 다하다

動而愈出.
동 이 유 출

動(동): 움직이다 而(이): 그러나 愈(유): 더욱 出(출): 나오다

多言數窮.
다 언 삭 궁

多(다): 많다 言(언): 말 數(삭):자주 窮(궁): 막히다, 궁하다

不如守中.
불 여 수 중

不(불): 아니다 如(여): 같다 守(수): 지키다 中(중): 그릇이 텅 빈 것

하늘과 땅은 어질지 않으니

만물을 짚으로 만든 개처럼 여긴다.

성인은 어질지 않으니

백성을 짚으로 만든 개처럼 여긴다.

하늘과 땅 사이는

마치 풀무와 피리 같구나.

텅 비어 있으면서도 다하지 않고

움직일수록 더욱 나온다.

말을 많이 하면 자주 궁해진다.

중中을 지키는 것만 못하다.

이 구절은 반유가화 경향을 띤다는 말을 듣는 구절이다. 인仁이 유가의 핵심 개념임을 생각하면 이유가 있는 말이다. 천지는 그야말로 하늘과 땅 즉 자연이다. 고대로부터 인류는 자연의 능력에 대한 경외감과 두려움을 합해 신적인 개념을 부여하였다. 거대한 태풍이나 지진 해일을 생각해보면 인간은 그야말로 낙엽과 같이 바스락거리며 날아가는 나약한 존재다. 여기에 무슨 어짊이나 사랑이 있겠는가? 하늘과 땅은 그저 자연물일 뿐이다. 천지의 운행이나 활동, 그 모든 것이 인간을 위해서 있는 것이 아니라, 인간의 정감이나 바램과 무관하게 그 나름대로의 생성 법칙과 조화에 따라 이행되는 것이기 때문에 인간의 입장에서 보면 무자비하게 여겨진다. 우주는 인간의 힘을 빌리지 않고 스스로의 힘에 의하여 나아간다. 천지는 사사로움이 없이 사물 스스로 그러함을 듣는다. 그래서 천지는 만물을 추구芻狗로 삼는다.

추구芻狗는 짚으로 만든 개로 고대에 제사 때 제물 대신 쓰였다. 제사가 끝나기 전까지는 귀히 여기다가 제사 때 불태워진다. 짚으로 만들기 전에는 아마 살아있는 사람이나 동물을 제물로 썼을 것이다. 제사가 끝나면 불태워지는 추구芻狗처럼 천지는 만물을 어짊으로 대하지 않는다.

성인 또한 어짊과는 상관없이 백성을 추구처럼 여긴다. 이는 만물이 때에 따라 나타나고 때에 따라 사라지듯이 성인은 자연의 도리에 따라 운행하지, 인간의 감정에 따르지 않고 무위無爲의 태도로 대한다는 것이다. 노자는 만물의 자연 운행처럼 백성을 무위하게 대해서, 백성들이 자연의 기氣에 맞게 등장하고 때가 되면 사라지는 자연적 왕래의 순환으로서 이 세상을 살아가는 것이 바람직한 정치의 도라고 보았다.

그런 자연의 사심 없는 자기 섭리의 과정에서 변하지 않는 것이 바로 허공의 힘이다. 하늘과 땅 사이는 비어있다. 그러나 이 빈 곳은 노자가 보기에 쓸모없이 아무 것도 없는 것이 아니라 비었기 때문에 스스로의 쓰임이 있다고 보았다. 마치 풀무가 비었기 때문에 바람을 일으키는 것처럼, 방이 빈 공간이 있기에 잠을 자거나, 놀 수 있는 것처럼 말이다. 만약 천지가 비어 있지 않고 흙이나 건물로 가득 차 있다면 천지는 더 이상 쓰임이 없게 된다.

인간 또한 텅 빈 채로 말없이 있게 되면 다양한 캐릭터를 형성할 수 있으나, 말을 너무 많이 하게 되면 일관성 없는 사람이 되거나 거짓말쟁이가 되기 십상이다. 텅 빈 채로 중심을 지키고 있으면 그 작용은 무궁무진하게 된다. 여기서 중심은 풀무의 텅 비어 있는 중앙을 가리킨다. 이 중앙은 의지가 개입되지 않은 허정한 상태를 상징하고, 무위로 귀결된다. 풀무의 텅 빈 공간처럼 생명력을 토해내는 동력인 무위로 수중守中하고 있으면 그 작용은 무궁무진해진다.

이렇듯 천지를 자연물로 보는 시각은 노자가 쓰여졌을 당시를 생각해보면 지극히 과학적인 접근이다. 과학자 조셉 니담은 노자의 이러한 자연과학적 태도에 주목한다. 자연물에 인격을 부여하지 않고 자연 그대로 보는 접근은 흡사 그리스의 자연철학자를 연상케 하기 때문이다. 그는 서양인이 보기에 미개한 줄 알았던 동양이 고대에 이미 지적인 자연과학적 전통을 지녔다는 것에 놀라워했다. 이어서 그는 고대 중국의 놀라운 자연과학적 전통이 왜 사라졌는지에 대해 궁금해했다.

니담이 보기에 서양이 지적인 태도를 유지한 채 끊임없이 사물 자체에 대해 물음을 던졌다면 중국은 그 물음을 내면으로 돌린 것에 그 이유를 찾았다. 사실 이러한 내면으로의 관점 전환은 지극히 지적이고 당연한 것이다. 대상을 바라보는 나 자신에 대한 물음없이 어떻게 대상 자체를 인식할 수 있단 말인가? 그런 의미에서 중국인의 관점 회귀는 다분히 현대적이다. 왜냐하면 사물 자체에서 그것을 바라보는 나의 인식 자체로의 관점 전환을 꾀한 칸트의 코페르니쿠스적 전회가 중국에서는 이미 고대부터 이루어졌기 때문이다.

제6장

谷神不死
곡 신 불 사

谷(곡): 골짜기 神(신): 신 谷神(곡신): 골짜기의 신 不(불):아니다 死(사): 죽다

是謂玄牝.
시 위 현 빈

是(시): 이것 謂(위): 일컫다 是謂(시위): 이것을 ~라 일컫는다 玄(현): 미묘하다 牝(빈): 암컷

玄牝之門
현 빈 지 문

玄(현): 미묘하다 牝(빈): 암컷 之(지): ~의 門(문): 문

是謂天地根.
시 위 천 지 근

是(시): 이것 謂(위): 일컫다 天(천): 하늘 地(지): 땅 根(근): 뿌리

綿綿若存
면 면 약 존

綿(면): 이어지다 綿綿(면면): 끊임없이 계속되는 모양 若(약): 같다 存(존): 존재하다

用之不勤.
용 지 불 근

用(용): 쓰다 之(지): 그것 不(불): 아니다 勤(근): 피로하다

골짜기의 신은 죽지 않으니

이를 일러 현묘한 암컷이라 한다.

현묘한 암컷의 문이

하늘과 천지의 뿌리라 하는 것이다.

이 천지의 뿌리는 면면이 이어져서 존재하는 것 같고

그것을 사용해도 지치지 않는다.

노자가 21세기에 더욱 각광을 받은 이유는 새로운 밀레니엄을 맞아 새로운 사유가 등장했기 때문이다. 엄밀히 말하면 새로운 사조는 아니다. 오래되었지만 이전과는 새로운 지적 전통 위에서 이루어진 사고이다. 16세기 르네상스가 인간중심주의로 회귀한 이래 근대는 신중심의 중세를 넘어 놀라운 과학 발전의 단초를 마련한다. 그것은 변화 속에서 변하지 않는 그 무엇을 기준으로 삼는 것이다. 여기서 데카르트의 코기토 에르고 숨 즉, '나는 생각한다. 고로 나는 존재한다.'라는 말이 나왔다.

　　생각 속에서는 고정된 것 없이 흐름으로 존재한다. 나는 있다가도 없고, 죽은 것처럼 여겨지기도 하고, 눈 앞의 사물 또한 눈 감으면 없게 된다. 그러나 이런 저런 망상을 떠는 가운데 이런 생각을 하는 나 자신이 있다는 것은 부인할 수 없게 된다. 여기서 생각하는 나의 존재는 부정할 수 없는 확실성을 띤다. 이러한 확실성을 기반으로 한 객관적인 과학이 눈부신 발전을 이룬 이래 20세기는 두 번의 세계 대전과 핵무기, 그리고 사회주의 몰락을 겪게 되었다. 이러한 과정 속에서 사유하는 인류는 다시 숙고한다. 과연 과학적 이성은 진실로 객관적이고 무오류이며 완벽한가?

　　21세기에 들어 인류는 반성한다. 이성의 그늘에 가려진 감성의 유용함, 체계적인 일원론적 사고 속 숨은 폭력의 그늘과 이성적이고 체계적인 남성성의 확장이 낳은 전쟁의 광기와 경쟁으로 인한 생명의 파괴를 보면서 인류는 고민한다. 여기서 찾은 새로운 대안이 해체주의이다.

　　중심을 해체하여 다원을 지향하고, 이성보다는 감성의 소중함, 여성성의 새로운 도약은 21세기 포스트 모더니즘의 가장 큰 특징이라 할 수 있다. 그래서 여성성을 강조하는 노자는 새롭게 21세기와 만나는 것이다.

　　노자는 그의 우주론을 구성하는 데 있어 남성성보다는 여성성을 보다 근원적인 것으로 보았다. 노자가 말하는 여성성은 사회적 요청에 의하여 규정된 여성의 권리나 평등에 관한 주장이 아니라, 여성이라는 존재를 우주론적으로 예찬한 것이다. 이것은 사회적 권력 획득을 지향하는 여성성이 아니라 상대를 포괄하는 것이다. 그 대표적 예가 계곡이다.

곡신谷神은 계곡의 신으로 골짜기의 모양을 한다. 그 골짜기는 낮고, 움푹 패어 있고, 많은 생명들이 함께 공존한다. 그리고 골짜기는 자신을 낮추기 때문에 주변의 모든 것들이 몰려들고 생명의 원천인 물이 흐른다. 이는 여성의 덕성과 흡사하다. 계속 생명을 길러내기 때문에 곡신은 죽지 않는 것이다. 이것을 일러 현묘한 암컷이라 한다.

이 암컷에서 천지의 뿌리가 되는 생명들이 이어져서 유有를 창조한다. 누가 시키지 않아도 저절로 그리 된다는 것이 도의 능력이다. 또한 이 뿌리는 고정된 실체가 아니며 끊어질 듯 이어지는 우주 생명력의 연속성을 지닌다. 뿌리는 비록 눈에 보이지 않으나 모든 나무의 다양한 가지나 잎사귀나 꽃들의 생멸을 주관한다. 이러한 능력은 여성의 능력으로 고갈되지 않는다.

여성에 대한 노자의 예찬에서 혹자는 노자를 21세기의 페미니즘적 사고와 비교하기도 한다. 지난 근대가 이성 중심의 시대였다면 21세기는 감성이 각광을 받는다. 남성이 이성적 사고가 강하다면 여성은 감성이 강한 것이 보통이다. 이전 세대가 남성이 세상을 지배했다면 그 남성을 낳고 기르는 것은 여성이다. 그러나 노자가 말하고자 하는 여성성은 권력의 의미가 아니라 남성을 포괄하는 포용성과 유약함에 있다. 그래서 노자가 말하는 여성 예찬은 페미니즘과는 다소 거리가 있다 하겠다. 이처럼 오늘날 노자가 다시 각광받는 이유는 노자가 근대의 남성중심적 이성주의의 폐해를 지적하고 여성의 생명력을 강조했기 때문이라하겠다.

제7장

天長地久.
천 장 지 구

天(천): 하늘 長(장): 오래되다, 우두머리가 되다 地(지): 땅 久(구): 오래다

天地所以能長且久者
천 지 소 이 능 장 차 구 자

天(천): 하늘 地(지): 땅 所(소): 바 以(이): ~으로써 所以(소이): 까닭 能(능): 잘하다
長(장): 우두머리되다 且(차): 잠깐, 또 久(구): 오래되다 者(자): 것, 사람

以其不自生.
이 기 불 자 생

以(이): ~으로써 其(기): 그 不(불): 아니다 自(자): 스스로 生(생): 살다

故能長生.
고 능 장 생

故(고): 그러므로 能(능): 능하다 長(장): 길다 生(생): 살다

是以聖人
시 이 성 인

是(시): 이것 以(이): ~으로써 聖(성): 성스럽다, 성인 人(인): 사람

後其身而
후 기 신 이

後(후): 뒤로하다 其(기): 그 身(신): 자신 而(이): 그러나

身先
신 선

身(신): 자신 先(선): 먼저

外其身而
외 기 신 이

外(외): 도외시(度外視)하다 其(기): 그 身(신): 자신 而(이): 그러나

身存.
신 존

身(신): 자신 存(존): 보존하다

非以其無私邪
비 이 기 무 사 사

非(비): 아니다 以(이): ~으로써 其(기): 그 無(무): 아니다 私(사): 사사롭다 邪(사):
의문 어조사

故能成其私.
고 능 성 기 사

故(고): 그러므로 能(능): 능할 능 成(성): 이루다 其(기): 그 私(사): 사사로움

하늘은 오래가고 땅은 장구하다.

하늘과 땅이 능히 장구할 수 있는 까닭은

스스로를 위해 살지 않기 때문이다.

그러므로 능히 오래 살게 되는 것이다.

이로써 성인은

그 자신을 뒤로 미루지만

자기 자신이 앞서게 되며

그 자신을 도외시하지만

자기 자신이 보존하게 되는 것이다.

그 사사로움이 없기 때문이 아니겠는가?

그러므로 능히 사사로움을 완성할 수 있는 것이다.

이 장은 도를 말하지 않고 보다 구체적인 천지를 말하고 있다. 여기서도 노자는 이 천도天道에서 인도人道를 연역해 자연의 운행 원리를 모델로 인간 문명의 건설을 주장하고 있다. 천지는 시공간을 가지고 있다. 하늘은 너르고 땅은 오래간다. 그렇게 될 수 있는 까닭은 자기의 이익을 위해 조작하지 않기 때문이다.

자기 자신을 위하고 오래 존속하려는 것은 모든 생명체의 본능이다. 그러나 모든 생명체들이 자신만을 위하다보면 이 세계는 전쟁터와 다름없게 된다. 그래서 달라이라마는 이렇게 말했다.

"현명한 이기주의자가 되라"

자기를 이롭게 하는 것이 이기주의자이다. 그렇다면 어떤 것이 현명한 이기주의인가? 그것은 자기를 기껏 몸뚱아리 하나로 한정짓지 않고 타인 그리고 뭇 생명체, 나아가 우주와 동일시하는 것이다. 천지가 오래가고 장구한 까닭은 스스로를 위해 살기보다 우주와 하나 되어 살기 때문이다.

성인은 어떠한가? 성인은 그 자신을 뒤로 미루지만 자기 자신이 앞서게 되며, 그 자신을 도외시하지만 자기를 둘러싼 인문학적, 자연적 환경이 좋아지게 되면 자연히 그 자신도 오래 생존하게 되는 것이다.

학교가 문제가 많은 데 내 자식만, 사회는 혼탁한데 내 가족만, 자연이 병들었는데 내 몸만 잘 되고 좋아지기 힘들다. 건강한 자연 속에서 몸이 건강해지고, 건강한 사회 속에서 정신이 건강해진다. 사사로움을 추구하지 않았을 때 오히려 사사로운 자신이 완성되는 것이다. 이것이 바로 현명한 이기주의자가 되는 것이다.

자신의 의지나 욕망에 따라 자신의 이익을 도모하는 것은 자연의 존재 형식이나 운행 원칙이 관계 속에 있기 때문에 자신의 존재 근거를 자신에서 찾는 것은 불가능하다. 자신의 존재 근거는 상대와의 관계 속에서 이루어지기 때문에 자신 만을 근거로 하는 행위는 정당성도 없을 뿐 아니라 성과도 기대하기 힘들다.

노자의 사상이 얼핏 모든 이로움을 버리고 달관한 소극적인 은자의 이론 같지만, 사실은 더 크고 진정한 효과를 제시한다. 그것은 자신의 사적인 기준이나 의욕을 버리는 것이 능히 그 자신을 완성할 수 있는 길이라는 것이다. 이 완성은 사람들이 만들어 놓은 인위적 가치와 기준에 의한 것이 아니라 우주적 차원에서 향유되는 완성이다. 그러니 그 가치가 얼마나 무한하고 방대하겠는가?

어느 나라에서나 정치인이 된다고 하는 것은 대의를 위해 사사로운 개인의 삶을 포기하여 기꺼이 희생을 감내하겠다는 각오를 의미한다. 그런 사람이 하는 정치가 성인이 하는 정치가 된다. 성인의 도는 천지 자연의 도처럼 자의식이 없는 도이므로, 자신의 몸을 먼저 생각하는 아상我相과 아애我愛가 개입되지 않는다.

그러기에 성인이 하는 정치는 역사에 위대한 사람으로 남을 수도 있고 많은 사람의 생명을 구하며 역사의 진로를 바꾼다. 이처럼 자신의 사적인 기준이나 의욕을 버리는 것은 능히 그 자신을 완성할 수 있는 길이기 때문이다.

제8장

上善若水.   上(상): 뛰어나다, 최상 善(선): 선, 좋아하다, 잘하다 若(약): 같다 水(수): 물
상 선 약 수

水善利萬物而   水(수): 물 善(선): 잘하다 利(리): 이롭게 하다 萬(만): 온갖 物(물): 물건, 것 而(이): 그러나
수 선 이 만 물 이

不爭   不(부): 아니다 爭(쟁): 다투다
부 쟁

處衆人之所惡.   處(처): 처하다 衆(중): 무리 人(인):사람 之(지): ~의 所(소): 바 惡(오): 싫어하다
처 중 인 지 소 오

故幾於道.   故(고): 그러므로 幾(기): 거의 가깝다 於(어): -에 道(도): 도
고 기 어 도

居善地   居(거): 머물다 善(선): 좋다 地(지): 땅
거 선 지

心善淵   心(심): 마음 善(선): 좋다 淵(연): 깊은
심 선 연

與善仁   與(여): 더불어, 함께하다 善(선): 좋다 仁(인): 어질다
여 선 인

言善信   言(언): 말 善(선): 좋다 信(신): 믿음 있다
언 선 신

政善治   政(정):정치, 정사 善(선): 좋다 治(치): 다스리다
정 선 치

事善能   事(사): 일 善(선): 좋다 能(능): 능력있다, 능하다
사 선 능

動善時.   動(동): 움직이다 善(선): 좋다 時(시): 때에 맞추다
동 선 시

夫唯不爭   夫(부): 무릇 唯(유): 오직 不(부): 아니다 爭(쟁): 다투다
부 유 부 쟁

故無尤.   故(고): 그러므로 無(무): 없다 尤(우): 허물
고 무 우

최상의 선은 물과 같다.

물은 만물을 이롭게 해 주지만

다투지 않고

여러 사람들이 싫어하는 곳에 처한다.

그래서 거의 도에 가깝다.

머무는 데는 땅이 좋고

마음은 깊은 것이 좋으며

더불기는 어진 사람이 좋고

말은 믿음이 있는 것이 좋고

정치는 질서 있는 것이 좋고

일은 능력 있게 잘 하는 것이 좋으며

행동은 때에 맞게 하는 것이 좋다.

무릇 오직 다투지 않기에

그러므로 허물이 없다.

상선약수上善若水는 '가장 좋은 것은 물과 같다.'는 의미로 무위자연無爲自然과 더불어 『도덕경』에서 사람들이 가장 좋아하는 구절 중 하나이다.

선善은 흔히 '착할 선'으로 알고 있는데, 상선약수의 선은 악惡의 반대 의미가 아니다. 여기서 선은 '좋다'는 의미이다. 상선약수를 풀어 말하면 '가장 좋은 것은 물과 같은 덕성을 지니는 것'이라 할 수 있다. 물은 만물을 이롭게 한다. 사람뿐만 아니라 대부분 생명체는 물이 없이 삶을 지탱할 수 없다. 그래서 물은 동서고금을 막론하고 매우 중요하게 다루어져 왔다.

서양철학에서도 소크라테스 이전 그리스 자연철학자들은 우주 현상의 궁극적 근거이자 모든 현상이 그것 하나로 설명될 수 있는 실체인 아르게를 추구하였는데, 탈레스라는 철학자는 그것을 물이라고 규정하였다.

1993년 중국 호북성 곽점촌에서는 대량의 죽간본이 발견되었는데, 그곳에서는 가장 오래된 판본인 『노자』의 죽간본과 함께 맨 첫 머리 글자를 따라 『태일생수太一生水』라고 이름 붙인 새로운 자료가 출토되었다. 『태일생수』는 글자 그대로 가장 큰 하나가 물을 낳는다는 의미로, 물이 천지天地, 신명神明, 음양陰陽을 생하게 한다는 내용을 담고 있다.

물은 항상 위에서 아래로 흐른다. 아래로 흐른다는 것은 자기를 항상 낮춘다는 겸양의 미덕에 비유될 수 있다. 물은 자신을 낮추기 때문에 사람이 가기 싫어하는 더러운 곳도, 남이 가지 않으려는 곳도 마다 않고 다 흘러 들어간다. 자신 앞에 있는 장애물 또한 맞서거나 사양하지 않고, 그저 휘감고 돌거나 비켜간다.

이러한 물과 같은 마음은 성인의 마음과 다르지 않다. 도를 체득한 성인은 물처럼 자신 앞에 있는 사물들을 장애물로 생각하거나 그것들과 갈등을 빚지 않는다. 그저 무선무악無善無惡의 상태로 휘돌아 비켜갈 뿐이다. 이러한 성인의 마음은 더러운 연못의 물에 거주하면서 거기에 흔들리거나 물들지 않고 피는

연꽃에 비유될 수 있다.

선불교의 3조 僧璨승찬스님은 신심명信心銘에서 '至道無難 唯嫌揀擇 但莫憎愛 洞然明白지도무난 유혐간택 단막증애 통연명백'이라 하셨다. 이처럼 지극한 도는 어렵지 않고, 오직 가리고 선택함을 꺼릴 뿐이니 다만 미워하고 사랑하지 않으면 확 트여 명백한 것처럼 분별을 놓고 선악을 초탈한 마음이 바로 물의 마음이며 도의 마음이며 성인의 마음인 것이다.

그래서 물은 다투지 않는다. 물은 만물에게 생명의 원천을 제공해 준다는 점에서 무한한 공덕을 가지고 있지만, 자신의 공덕을 과시하지 않는다. 자신을 과시하려는 일체의 마음이 없기 때문에 다툼이 없다. 모든 것을 포용하고 감싸안으며 어떤 곳이든, 어느 그릇이든 담길 줄 안다. 이는 자기를 고집하지 않아야 가능한 경지라 할 수 있다. 대부분의 사람들은 고정된 자아관을 가지고 자신이 선택한 가치관과 신념에 골몰한다. 그러나 물은 모두 싫어하는 낮고도 더러운 곳을 향해 흐른다. 그리고 그 낮고 더러운 곳에 생명을 띄운다. 이러한 모습이 바로 도를 체득한 자의 모습이라 하겠다. 그래서 물과 같은 사람은 거의 도에 가깝게 되는 것이다

이처럼 물은 뭇 생명을 살리고, 낮은 곳에 처하고, 남과 다투지 않는다. 남과 다투지 않기 때문에 허물이 없다. 그런 사람은 땅에 처하기를 잘하고, 마음은 깊은 연못 같고, 타인과는 어짊으로 사귀고, 믿음 있게 말하며, 정치 또한 잘 하며, 일도 잘하고, 때에 맞게 행동한다. 이러한 물의 태도야 말로 함이 없는 자연스러운 무위자연의 모습이라 하겠다.

제9장

持而盈之
지 이 영 지

持(지): 가지다, 쥐다 而(이): 그래서 盈(영): 가득차다 之(지): 그것

不如其已.
불 여 기 이

不(불): 못하다 如(여):같다 其(기): 그것 已(이): 그치다

揣而銳之
취 이 예 지

揣(취): 쇠를 달구어 숫돌에 간다 而(이): 그리고 銳(예): 날카롭다 之(지): 그것

不可長保.
불 가 장 보

不(불): 못하다 可(가): 가하다, 할 수 있다 長(장): 오래다 保(보): 보전하다

金玉滿堂
금 옥 만 당

金(금): 황금 玉(옥): 보물 萬(만): 가득차다 堂(당): 집

莫之能守.
막 지 능 수

莫(막): 못하다 之(지): 그것 能(능): 할 수 있다 守(수): 지키다

富貴而驕
부 귀 이 교

富(부): 부유하다 貴(귀): 귀하다 而(이): 그러나 驕(교): 교만하다

自遺其咎.
자 유 기 구

自(자): 스스로 遺(유): 남기다 其(기): 그 咎(구): 허물, 재앙

功遂身退
공 수 신 퇴

功(공): 공 遂(수):성취되다, 이루다 身(신): 자신 退(퇴): 물러나다

天之道也.
천 지 도 야

天(천): 하늘 之(지): ~의 道(도): 도 也(야): ~이다

쥐고 있으면서 그것을 채우는 것은

멈추는 것만 같지 못하다.

갈아서 날카롭게 해놓은 것은

오래 보전할 수가 없다.

금과 옥이 집안에 가득 차면

그것을 지킬 수가 없게 된다.

돈 많고 지위가 높다고 교만하면

스스로 그 허물을 남기게 된다.

공을 이룩한 다음에 자신이 물러나는 것이

하늘의 도인 것이다.

노자의 눈으로 볼 때 마음을 소유욕으로 가득 채우는 것은 이해 득실을 예리하게 따지는 것과 다르지 않다. 소유를 위한 의지와 인식을 위한 사량심은 모두 지배욕과 연관성을 맺기 때문에 인간 욕심의 표현이라 할 수 있다. 소유욕에는 물질적 소유뿐만 아니라 정신적 소유와 그 지배도 포함된다. 그런 소유와 지배욕이 과학 기술과 경제를 유위적으로 만든다. 과학 기술과 경제는 인간의 이러한 소유욕과 지능의 반영이라 할 수 있다.

가득 쥐고 있는 것은 그치는 것만 못하다. 더 이상 채울 곳이 없기 때문에 더 가질 수가 없다. 아름다운 것은 절정의 순간이 아니다. 절정은 이제 시든다는 표현이기 때무이다. 그래서 1등은 최고가 아니다. 내려갈 일민 남있기 때문이다. 한발 한발 올라설 때의 기쁨과 희열을 아는 사람은 굳이 정상만을 고집하지 않는다. 더 이상 바라볼 곳이 없는 정상은 어쩌면 고독한 곳일 지도 모른다.

이와 관련하여 공자와 자로의 대화가 있다. 공자가 노나라 환공의 묘당에서 무게 중심을 계산해 텅 비면 기울어지고, 적절히 채우면 똑바르고, 가득 채워지는 그릇을 보고 " 아, 어찌 가득 차고서도 엎어지지 않는 것이 있겠는가!" 탄식했다고 한다. 이에 자로가 물었다. "감히 묻건데 가득 찬 것을 유지하는 데 도가 있습니까?" 공자는 "총명하고 지혜로우면 어리석음으로 지키고, 공이 천하를 뒤엎는데는 퇴양退讓으로 지키며, 용맹과 힘이 세상을 어루만지는데는 비겁함으로 지키고, 부유함이 사해를 가질 때 겸손으로 지키는 것, 이것이 이른바 조금을 덜어내는 도다." 라고 하였다.

이처럼 이 장에서는 모든 현상이 극에 달하면 반드시 그 반대의 것으로 돌아간다는 극즉반極則反의 사상이 드러나 있다. 가령 달은 차면 기울고, 기울면 다시 차오른다. 이러한 자연 현상으로부터 고대인들은 오늘의 화려함이 내일의 절망이 될 수 있고, 오늘의 절망이 곧 내일의 화려함이 될 수도 있다는 삶의 지혜를 터득하였다.

칼을 날카롭게 벼리면 금방 망가지듯이 좋은 물건이 집 안에 가득하면 도둑이 들어 지키기 어렵게 된다. 사람도 돈 많고 지위가 높아지면 교만하게 되어 자신도 모르게 타인에게 군림하고 싶어진다. 그만큼 돈 많고 지위가 높으면서도 겸손하기는 어렵다는 말이다. 이러한 사고 방식은 소유와 지배를 기반으로 한 자기중심적 사고방식이기 때문에 사고의 방식을 달리 하지 않는 한 결국 이기심의 합법화가 이루어지고 만다. 그래서 하늘의 도는 공을 이룩한 후에는 그치고 물러난다.

그친다는 것은 도중에 그만둔다는 소극적인 말이 아니라 오히려 집착을 버리고 변화에 능동적으로 따라야 한다는 적극적인 말이다. 만월은 비록 가득 차 있지만 가득 차 있음에 집착하지 않는다. 집착하는 마음이 없기에 쇠퇴함을 억지로 막으려고 애쓰지도 않는다. 다만 변화하는 사실을 자연스럽게 받아들인다. 중요한 것은 물러날 때 물러날 줄 아는 데 있다. 비록 최상의 지위에 있더라도 자신이 최상의 지위에 있음을 의식하지 말고 물러날 시기가 되면 물러날 줄 알면 위태롭지 않고, 보존하면서도 없어질 것을 잊지 않으면, 공을 이룬 후에도 자신이 물러나면 오히려 자신이 앞서게 된다.

이러한 모습은 순환을 통해 영원히 지속되는 자연의 모습이며 반대편을 향해 열려있다. 자연은 지식의 인식에 종속되지 않고, 존재의 본질을 정의할 수 없으며, 사량화할 수 없는 무분별지의 차원이다. 그러기에 그치고 비어있는 무지의 사유는 지배와 집착이 아니라 해방과 초탈을 의미한다 하겠다.

제10장

載營魄抱一
재 영 백 포 일
載(재): 싣다, 잘 간수하다 營(영): 혼 魄(백): 몸 抱(포): 껴안다, 않다 一(일): 하나

能無離乎.
능 무 리 호
能(능): 능하다 無(무): 없다 離(리): 떨어지다 乎(호): ~인가

專氣致柔
전 기 치 유
專(전): 모으다 氣(기): 기 致(치): 이르다 柔(유): 부드러움

能如嬰兒乎.
능 여 영 아 호
能(능): 능히 如(여): 같다 嬰(영): 어린아이 兒(아): 아이 乎(호): ~인가

滌除玄覽
척 제 현 람
滌(척): 씻다 除(제): 닦다 玄(현): 현묘하다 覽(람): 비치다, 거울

能無疵乎.
능 무 자 호
能(능): 할 수 있다 無(무): 없다 疵(자): 티끌, 흠 乎(호): ~인가

愛民治國
애 민 치 국
愛(애): 아끼다, 사랑하다 民(민): 백성 治(치): 다스리다 國(국): 나라

能無知乎.
능 무 지 호
能(능): 능히~할 수 있다 無(무): 없다 知(지): 지식 乎(호): ~인가

天門開闔
천 문 개 합
天(천): 하늘 門(문): 문 開(개): 열다 闔(합): 닫다

能爲雌乎.
능 위 자 호
能(능): 능히~할 수 있다 無(무): 없다 雌(자): 암컷, 여성 乎(호): ~인가

明白四達
명 백 사 달
明(명): 분명하다 白(백): 밝다 四(사): 사방 達(달): 이르다

能無爲乎.
능 무 위 호
能(능): 능히 無(무): 없다 爲(위): 하다 乎(호): ~인가

生之畜之
생 지 축 지
生(생): 낳아주다 之(지): 그것 畜(축): 기르다 之(지): 그것

生而不有
생 이 불 유
生(생): 낳다 而(이): 그러나 不(불): 않다 有(유): 소유하다

爲而不恃
위 이 불 시
爲(위): 하다 而(이): 그러나 不(불): 않다 恃(시): 바라다

長而不宰.
장 이 부 재
長(장): 기르다 而(이): 그러나 不(부): 않다 宰(재): 주재하다

是謂玄德.
시 위 현 덕
是(시): 이것 謂(위): 일컫다 玄(현): 현묘하다 德(덕): 덕

66

혼魂과 백魄을 하나로 안아

분리되지 않게 할 수 있겠는가?

기운을 집중시켜 부드러운 경지에 이르기를

능히 어린 아이와 같이 할 수 있겠는가?

현묘한 (마음의) 거울을 깨끗이 씻어내어

어떤 티끌도 없이 할 수 있겠는가?

백성을 사랑하고 나라를 다스림에 있어

능히 지식없이 할 수 있겠는가?

하늘의 문이 열렸다 닫혔다 하는 일을

능히 암컷처럼 할 수 있겠는가?

사방의 모든 일에 통달하면서도

무위로 할 수 있겠는가?

(도는) 낳고 기르고, 생존케 하면서도

 소유하지 않으며

그렇게 되도록 하고서도 의지하지 않고

기르면서도 지배하지 않는다.

이것을 일러 현묘한 덕이라 한다.

중국 철학에서는 인간의 정신적인 측면을 혼魂이라 하고, 육체적인 측면을 백魄이라 한다. 사람이 죽으면 혼과 백이 분리되어 혼은 흩어지고 백은 땅에 묻힌다. 그래서 사람이 임종하고 입관할 시에는 평상 시 입었던 옷을 세 번 털면서 복復을 세 번 외친다. 떠나간 혼이 다시 돌아오라는 기원이 담긴 의식이다. 사람이 살아있다는 것은 혼과 백이 분리되지 않고 하나로 된 상태를 의미한다. 사람은 이 혼백을 싣고 있어서 사려 망상의 마음을 가지게 된다. 그래서 『능엄경』에서는 "정신과 혼백이 교대로 분리되기도 하고 합치되기도 한다"고 언급한다. 그런데 이 혼백을 하나로 아우르게 되면 움직이면서도 항상 고요하여 성성惺惺하지만 저저寂寂하여 생각이 어지럽게 일어나지 않게 된다. 스스로 체득한 도가 이와 같이 되면 동정動靜이 둘이 아니고 잠을 자건 깨어 있건 한결같게 된다.

기氣를 오로지하여 부드럽게 이르는 경지는 바로 자신의 마음을 하나로 하여 허망하게 요동치는 것을 제어하는 것이다. 이렇게 하면 마음은 평안해지고 기는 저절로 부드러워진다. 특히 어린 아이는 기운이 맑고 오롯하여 부드럽다. 어린 아이는 무심하게 우는 까닭에 아무리 울어도 목이 쉬지 않는다. 『노자』에서 어린 아이를 예찬하는 것은 어린 아이의 무심함, 유연함, 생명력 때문이다. 생명을 지닌 것들은 자신을 고집하지 않고, 부드럽고 유연하다. 어린 아이의 천진함과 부드러움에는 이러한 놀라운 생명력이 깃들어 있는 것이다.

10장에는 특히 기氣를 전면에 내세웠다. 이 구절로 하여 노자는 한의학에서 매우 중요한 경전으로 삼고 있다. 한의학에서 기氣는 건강과 생명을 재는 아주 중요한 척도이기 때문이다. 우리말에도 이러한 흔적이 많다. '기가 차다'든가 '기가 막히다'든가 하는 말들이 그 예이다. 사람은 기가 막히면 죽는다. 건강한 사람은 기가 잘 전달되고 평탄하다.

노자적 수련은 기수련이라 해도 과언이 아니다. 기를 잘 수련하면 불로장생할 수 있다고 보는 것이 장생술이다. 이러한 기수련을 바탕으로 당나라에 와서는 황로학의 발전으로 바야흐로 도교의 황금기를 이루게 된다. 이러한 노자의 기를 전면에 내세우는 판본이 하상공본이다.

어린 아이들은 기가 맑고 충만하다. 어린 아이들은 세상을 바라봄에 이념이나 편견을 고집하지 않는다.

세상을 바라보는 우리의 마음이 어린 아이와 같을 때 우리는 세상을 있는 그대로 본다. 이솝우화 『벌거벗은 임금님』은 이와 같은 어린 아이의 맑고 천진함을 그대로 보여주는 예라 하겠다. 어린 아이의 마음처럼 있는 그대로 보는 것을 이 장에서는 현묘한 거울이라 표현하고 있다. 어린 아이의 마음은 깨끗하여 티끌이 없기 때문이다.

현묘한 거울은 마음이 허공처럼 잘 닦여진 거울을 일컫는다. 자연의 허공처럼 인간의 마음도 허심하게 잘 닦여지면 혼백과 음양의 왕래를 사심없이 읽을 수 있다. 불교에서는 그러한 마음상태를 여여如如하다고 한다. 여여如如는 분별이 끊어져 마음 작용이 일어나지 않는 상태로, 있는 그대로의 대상이 파악되는 상태를 말한다. 있는 그대로를 비추는 현묘한 거울은 원융자재하게 초탈의 입장에서 세상을 읽기 때문에 아상我相에 얽힌 알음알이의 지식을 내려놓아야 한다. 그것은 명백히 사방의 일에 통달한 무지無知의 지知로 대상을 그대로 비춘다. 이는 숭산 스님께서 말씀하신 "오직 모를 뿐"이라는 화두처럼 무지無知로 툭 내려 놓았을 때 부처의 근본적 마음에서 나오는 지知가 드러나는 것과 같은 이치라 할 것이다.

노자는 또한 어린 아이 외에 여자를 높인다. 왜냐하면 여자는 부드러울 뿐만 아니라 생명을 탄생시키기 때문이다. 이 장에서는 이를 천문天門이라 칭하고 있다. 아이가 맑고 깨끗하여 분별 이전에 있는 그대로 보는 것처럼 여자는 만물이 출몰하기 이전 만물의 생멸과 왕래를 다 허용한다. 하늘의 문이 열리면 허공처럼 만물의 생멸과 왕래가 이루어지듯이 여자 또한 생명을 잉태하기 때문이다.

이 모든 작용이 도의 작용이다. 도는 하지 않음의 함으로 사방의 일에 통하고, 낳고, 기르고, 생존케 하면서도 의지하지 않고, 지배하지 않는다. 이처럼 노자의 관심은 강함이 아니라 유약함, 부드러움, 무위의 생성과 양육에 있다고 하겠다. 이러한 태도는 자연의 모습과 유사하다. 자연은 변화하고 반대편으로도 열려있다. 이는 가치나 신념을 가지고 구분과 규정을 수행하는 지知의 세계가 아니라 반대편과의 관계 속에서 본질에 구애되지 않는 무지無知의 태도여야 가능하다 할 것이다.

도는 만물의 삶과 죽음 자체이다. 만물은 스스로 생기고 스스로 멸할 뿐이지, 누가 시켜서 그렇게 하는 것이 아니다. 그래서 도가 만물과 함께 생활하지만 그 만물을 소유하려 하지 않고, 만물에 영향을 미치지만 그것을 자랑하거나 의지하려 하지 않으며, 만물을 생장시키지만 지배하려 하지 않는 무소유의 덕을 지닌다. 노자는 이러한 오묘한 덕을 현덕玄德이라 표현했다.

제11장

三十輻
삼 십 복

三十(삼십): 30개 輻(복): 수레바퀴 살

共一轂.
공 일 곡

共(공): 함께하다 一(일): 하다 轂(곡): 수레바퀴 통

當其無
당 기 무

當(당): 순응하다 其(기): 그 無(무): 없다

有車之用.
유 차 지 용

有(유): 있다 車(차): 수레 之(지): ~의 用(용): 쓰임

埏埴以爲器.
선 식 이 위 기

埏(선): 흙을 물로 반죽하는 것 埴(식): 진흙 以(이): ~으로써 爲(위): 만들다 器(기): 그릇

當其無
당 기 무

當(당): 순응하다 其(기): 그 無(무): 없다

有器之用.
유 기 지 용

有(유):있다 器(기): 그릇 之(지): ~의 用(용): 쓰임

鑿戶牖以爲室.
착 호 유 이 위 실

鑿(착): 구멍을 뚫는 것 戶(호): 문짝 牖(유): 창문 以(이): ~으로써 爲(위): 만들다 室(실): 방

當其無
당 기 무

當(당): 순응하다 其(기): 그 無(무): 없다

有室之用.
유 실 지 용

有(유):있다 室(실): 방 之(지): ~의 用(용): 쓰임

故有之以爲利
고 유 지 이 위 리

故(고): 그러므로 有(유): 있다 之(지): 그것 以(이): ~으로써 爲(위): 삼다 利(리):이롭다

無之以爲用.
무 지 이 위 용

無(무): 없다 之(지): 그것 以(이):~으로써 爲(위): 삼다 用(용): 쓰다

서른 개의 수레바퀴 살이

하나의 바퀴통에 모인다.

그 없음으로 해서

수레의 쓰임이 있다.

진흙을 반죽하여 그릇을 만들면

없음으로 해서

그릇의 쓰임이 있다.

문과 창을 내어 집을 지으면

그 없음이 있어서

방의 쓰임이 있게 된다.

그러므로 유有가 이로움이 되는 것은

무無의 쓰임이 있기 때문이다.

이 장은 무의 쓰임에 대해 언급하고 있다. 무는 자신의 존재를 구체적으로 가지고 있지 않으면서 존재하는 다른 것들이 원하는 방향으로 기능할 수 있게 해준다. 노자가 보기에 세계는 유와 무의 두 축이 서로 교차하면서 이루어져 있는데도 사람들은 유의 측면만을 강조한다. 노자는 당시 철학자들과 달리 이 무의 중요성을 역설하였다.

서른 개의 바큇살이 바퀴통의 비어 있는 곡轂에 모여 수레의 쓰임이 있게 된다. 만약 그 빈 곳이 없게 되면 수레는 균형을 맞추기 힘들어 곧 부서진다. 이 서른 개의 바퀴살을 하나의 곡에 맞추는 것은 가르쳐서 되는 경지가 아니다. 부단히 숙련되었을 때 나오는 경지, 그것이 바로 도道의 경지다. 마치 TV 프로그램 '생활의 달인'에 나오는 달인처럼 눈을 감고도 오차 없이 해내는 경지, 한석봉의 어머니가 떡 썰 듯, 수천 번 수만 번 반복했을 때 다다를 수 있는 부족하지도 넘치지도 않으면서 지극히 자연스러운 경지, 그것이 도인 것이다.

찰흙을 이겨 그릇을 만들 때도 그릇 안이 비어있지 않으면 음식이나 물건을 담을 수가 없는 것처럼 건물 또한 문과 창이 있어 안이 비어 있기 때문에 쓸모가 있다. 문과 창이 없는 방은 안에 들어갈 수가 없어서 방의 기능을 하지 못한다. 방에도 빈 공간이 있어야 눕기도 하고 움직임이 가능하지 물건으로 가득 차 있으면 창고밖에 될 수 없다.

어디 이 뿐이겠는가? 일이나 공부를 함에도 적절이 쉬어주지 않으면 공부나 일을 오래 할 수가 없다. 이것이 쓸모없음의 쓸모이다. 그러므로 모양 있는 것이 쓸모가 있는 것은 모양 없는 것, 쓸모없는 것이 그 뒷받침을 하기 때문이다. 그러므로 성인聖人은 버리는 것이 없다 했던가? 나름의 역할을 제대로 알아 적절하게 잘 운용하기 때문에 군이 불필요한 것이 없는 것이다.

이 비어있음은 물리적 공간성만이 아니라 사물이 가지고 있는 잠재적 능력, 그 자정 능력의 여유와 그 여유로 인하여 생기는 창조적 순환을 추상적으로 일반화하여 일컬을 수 있다. 이 비어있음을 극대화하는 방향으로서의 인간의 노력과 지혜가 무위無爲인 것이다.

이 비어있음은 창조성의 근원이자, 새로움과 생명력의 근원이 된다. 비어있어야 창조가 가능하고, 새로움이 가능하고, 지속이 가능하고, 생명력이 유지된다. 비어있어야 자연의 순환이 가능해지고, 자연이 순환해야 인간 존재의 순환이 가능하고, 인간 존재의 순환이 가능해야 문명의 순환이 가능하다. 그러나 인간은 문명으로써 천지의 비어있음을 죽이고, 자신의 존재를 불건강하게 만들며, 문명을 파탄으로 몰고 간다.

노자는 당시 유가나 묵가 등과 같은 많은 철학들이 여백으로 방치한 부분, 즉 무無의 부분을 중시했다. 그렇다고 무無가 유有보다 더 중요하다는 것이 아니라 당시 사람들이 주시하지 못한 부분을 강조하다 보니 무가 도드라졌을 뿐이다. 노자가 보기에 존재는 유와 무의 교차로 서로 대등한 대립면이다. 유有 없는 무無도 불가능하지만 무無 없이는 유有도 존재할 수 없기 때문이다.

동양화 기법 중에 홍운탁월烘雲托月이라는 것이 있다. 직접 달을 그리지 않고 주변의 그림을 그려 달이 있는 것처럼 보이게 하는 것을 말한다. 이 때 달은 없지만 구름으로 인하여 달은 드러난다. 마찬가지로 무는 없지만 유로 인하여 무가 드러나고, 유는 무로 인하여 쓸모가 있게 된다. 노자는 이러한 대립면의 일치를 모르고 오로지 유약함을 배제한 강함만을, 밤을 배제한 낮만을, 여성을 배제한 남성을, 감성을 배제한 이성만을 추구하는 것에 대해 경계를 한다.

이와 비슷한 개념으로 불가에서는 공空을 말한다. 공은 없음이 아니라 텅빈 충만을 의미한다. 침묵이 더 많은 메시지를 전달하고, 여백이 더 많은 것을 보여주듯이 텅비어 있음은 무한한 가능성을 드러낸다. 그러나 중국에 이러한 공空의 개념이 없었다. 이와 흡사한 것이 노자의 무無였던 것이다. 따라서 중국의 불교는 이러한 무無의 개념에 기댈 수 밖에 없었기에 격의불교화 되었다 하겠다.

제12장

五色令人
오 색 령 인

五色(오색): 청·황·적·백·흑의 다섯 가지 색깔, 아름다운 옷이나 장식 令(령): ~로 하여금 人(인): 사람

目盲
목 맹

目(목): 눈 盲(맹): 눈멀다

五音令人
오 음 령 인

五音(오음): 궁(宮)·상(商)·각(角)·치()·우(羽)의 옛 다섯 음, 아름다운 음악이나 소리 令(령): 하여금 人(인): 사람

耳聾
이 롱

耳(이): 귀 聾(롱): 귀머거리, 귀먹다

五味令人
오 미 령 인

五味(오미): 신 것·쓴 것·단 것·매운 것·짠 것, 좋은 음식 令(령): 하여금 人(인): 사람

口爽
구 상

口(구): 입 爽(상): 잃다, 망치다, 버려놓다

馳騁畋獵
치 빙 전 렵

馳(치): (말을 타고)달리다 騁(빙): 말달리다 畋(전): 수렵, 새사냥 獵(렵): 사냥

令人心發狂
영 인 심 발 광

令(령): 하여금 人(인): 사람 心(심): 마음 發(발): 내다, 발생하다 狂(광): 미치다

難得之貨
난 득 지 화

難(난):어렵다 得(득): 얻다 之(지): ~의 貨(화): 재물

令人行妨.
영 인 행 방

令(령): 하여금 人(인): 사람 行(행): 행동 妨(방): 해롭다, 방해하다

是以聖人
시 이 성 인

是(시): 이것, 옳다 以(이): ~으로써 聖人(성인): 성스러운 사람

爲腹不爲目.
위 복 불 위 목

爲(위): 위하다 腹(복): 배 不(불): 아니다 爲(위): 위하다 目(목): 눈

故去彼取此.
고 거 피 취 차

故(고):그러므로 去(거): 버리다 彼(피): 저, 저것 取(취): 취하다, 얻다 此(차): 이, 이것

다섯 가지 색깔은 사람으로 하여금

눈을 멀게 하는 것이고

다섯 가지 소리는 사람으로 하여금

귀를 먹게 하는 것이며

다섯 가지 맛은 사람으로 하여금

입맛을 버리게 하는 것이다.

말 달리며 사냥하는 것은

사람으로 하여금 마음을 미치게 하는 것이며

얻기 어려운 재물은

사람으로 하여금 행동을 그르치게 만든다.

이것으로써 성인은

배를 위할지언정 눈을 위하지 않는다.

그러므로 저것을 버리고 이것을 취한다.

오색五色, 오음五音 그리고 오미五味는 갖가지 색깔이나 소리 혹은 맛으로 풀이된다. 이 장에서 오색은 화려한 색을 대표한다. 화려한 색을 자주 접하다보면 그에 익숙해져서 무감각해진다. 너무 강하고 많은 자극은 인간의 감각을 망칠 수 있다. 그래서 오색의 찬란한 빛은 사람의 눈을 멀게 하는 것이다.

오음은 화려한 소리를 대표한다. 이 세계는 무한한 소리로 가득 차 있다. 그리고 그 소리들은 주위의 다른 소리들과 구분되어 자신의 소리를 드러낸다. 그런데 오음만을 구분하여 한정하게 되면 나머지 무수히 많은 소리는 배제된다. 시끄럽고 화려한 소리를 자꾸 듣다보면 멍하게 되듯이, 오음의 소리는 사람의 귀를 먹게 한다. 그래서 우리에게 가장 친근하고 편안한 흰색이고, 가장 익숙하고 편안한 소리는 침묵인지도 모른다.

자극적이고 다채로운 오미五味의 좋은 맛은 오히려 사람의 입을 버려 놓는다. 자극적인 향신료를 뿌린 음식은 재료 본래의 맛을 느끼지 못하듯이 오미의 자극적인 맛으로 인하여 사람들은 재료 자체의 담담한 맛은 못 느끼게 된다.

말을 타고 짐승을 사냥하게 되면 사람의 마음을 미치게 만들고, 얻기 어려운 재물은 사람의 행실을 나쁘게 만든다. 그런 까닭에 성인은 자연 상태 그대로의 것인 배를 채울 뿐 겉치레를 하지 않는다. 그러므로 화려함을 버리고 담담함을 취한다.

얻기 어려운 재화 또한 어떤 특정한 가치 체계 안에서 그 가치나 이상을 확장하는 데 도움이 되거나 타인의 욕망을 부추겨 자신의 목적을 이루는 데 사용한다. 얻기 어려운 재화는 기본적인 삶을 영위하는 데 필수적이지는 않다. 다만 자본주의 사회는 그 희귀성으로 인하여 화폐로 교환할 때 가치를 지닌다.

노자는 이 세계를 구분해서 보지 않는다. 이 세계는 그 반대편 것으로 향해 열려 있으며 반대편 것과의 관계로 꼬여서 움직인다. 이처럼 이 세계의 모든 것은 주위의 모든 것들과의 관계 속에서 드러나는데, 인간은 자기 식으로 해석하고 보기 때문에 귀함과 천함을 구분하는 것이다. 그래서 성인은 배를 위하지 눈을 위하지 않는다.

　배는 나에게 있는 것을 느끼지만, 눈은 밖을 향해 열려 있다. 배는 생명의 중추이자 자기를 기르게 만든다. 눈은 사물로 하여금 자기를 부리게 하고 다른 것들을 분별하는 작용을 한다. 본다는 것은 자신과 다른 것을 구분짓는 행위이다. 그러기에 성인은 배를 위할망정 눈을 위하지는 않는 것이다. 배는 나에게 있는 것을 느끼지만 눈은 밖을 향해 뚫려 있으면서 내가 아닌 것을 보기 때문이다. 노자는 저 멀리 있는 이상이나 체계보다는 우리가 가지고 있는 몸, 우리를 둘러싸고 있는 자연 세계의 운행 원리를 모델로 하여 소박하게 살기를 권한다.

　그러나 공자는 이와 달리 자기를 버리고 예로 돌아갈 것을 주장한다. 이것이 바로 극기복례克己復禮이다. 즉 공자는 인위적 문화 체계의 시혜를 받기 이전의 자아, 전통을 학습하기 이전의 자아를 극복하고 이상적 문화 체계로 설정된 예禮로 나아가자고 말한다. 공자에게 있어 자연적 자아는 보호되어야 할 대상이 아니라 학습의 과정을 거쳐 다듬어야 할 대상인 것이다. 공자의 이런 인식은 정명正名의 방식으로 기술되고, 세계도 정명으로 파악한다.

　그러나 노자가 보기에 이러한 세계관은 오히려 갈등의 원인이 된다. 정해진 목표는 어떤 가치이자 이상이다. 그러한 목표는 또 다른 억압이자 폭력이 될 수 있다. 그래서 노자는 '저것을 버리고 이것을 취하라' 언급한다. 저것이 눈으로 구분해내는 모든 감각적 영상이자, 추상적 관념이자, 정치적 이념이라면 이것은 나의 일상적 현실이자. 나의 생명이 느끼는 실재이자 자연의 무궁한 순환과 변화라 할 것이다.

제13장

寵辱若驚
총 욕 약 경

寵(총): 총애, 사랑받다 辱(욕): 굴욕 若(약): 같다 驚(경): 놀라다

貴大患若身.
귀 대 환 약 신

貴(귀): 귀하게 여기다 大(대): 크다 患(환): 우환 若(약): 같다 身(신): 몸

何謂寵辱若驚.
하 위 총 욕 약 경

何(하): 무엇 謂(위): 일컫다 寵(총): 총애 辱(욕): 굴욕 若(약): 같다 驚(경): 놀라다

寵爲下, 得之若驚
총 위 하 득 지 약 경

寵(총): 총애 爲(위): 하다 下(하): 아래로 향하다 得(득): 얻다 之(지): 그것 若(약): 같다 驚(경): 놀리다

失之若驚, 是謂寵辱若驚.
실 지 약 경 시 위 총 욕 약 경

失(실): 잃다 之(지): 그것 若(약): 같다 驚(경): 놀라다 是(시): 이것 謂(위): 일컫다 寵(총): 총애 辱(욕): 굴욕 若(약): 같다 驚(경): 놀라다

何謂貴大患若身.
하 위 귀 대 환 약 신

何(하): 무엇 謂(위): 일컫다 貴(귀): 귀하게 여기다 大(대): 크다 患(환): 근심 若(약): 같다 身(신): 몸

吾所以有大患者, 爲吾有身.
오 소 이 유 대 환 자 위 오 유 신

吾(오): 나 所以(소이): 까닭 有(유): 있다 大患(대환): 큰 근심 者(자): 것 爲(위): 삼다 吾(오): 나 有(유): 있다 身(신): 몸

及吾無身, 吾有何患.
급 오 무 신 오 유 하 환

及(급): 이르다 吾(오): 나 身(신): 몸 無(무): 없다 身(신): 몸 吾(오): 나 有(유): 있다 何(하): 어찌 患(환): 근심

故貴以身爲天下
고 귀 이 신 위 천 하

故(고): 그러므로 貴(귀): 귀하다 以(이): ~으로써 身(신): 몸 爲(위): 삼다 天(천): 하늘 下(하): 아래

若可寄天下
약 가 기 천 하

若(약): 같다 可(가): 가하다 寄(기): 맡기다 天(천): 하늘 下(하): 아래

愛以身爲天下
애 이 신 위 천 하

愛(애): 아끼다 以身(이신): 몸으로써 爲(위): 위하다 天(천): 하늘 下(하): 아래

若可託天下.
약 가 탁 천 하

若(약): 같다 可(가): 가하다 託(탁): 맡기다 天(천): 하늘 下(하): 아래

총애도 굴욕도 깜짝 놀란 듯이 하고

큰 근심을 귀하게 여기는 것을 제 몸과 같이 하라.

무엇을 일컬어 총애도 굴욕도 깜짝 놀란 듯이 하라는 말인가?

총애는 위에서 아래로 행하여지므로, 얻어도 놀란 듯이 하고

잃어도 놀란 듯이 하니, 이것이 총애와 굴욕을 깜짝 놀란듯이 하라는 것이다.

무엇이 큰 근심을 귀하게 여기는 것을 내 몸과 같이 하라는 것인가?

내가 큰 근심이 있는 까닭은, 나에게 몸이 있기 때문이다.

내 몸이 없음에 이르면, 내게 어찌 근심이 있겠는가?

그러므로 내 몸을 소중히 여기듯이 천하를 여기면

천하를 맡길 수 있고

내 몸을 사랑하듯 천하를 아낀다면

천하를 맡길 수 있다.

우리는 귀한 자리에 있는 사람에게서 총애 받기를 원한다. 『장자』에는 진나라 왕의 종기를 터트려 고름을 뺀 자에게 수레 한 대, 치질을 핥아서 고친 자에게는 수레 다섯 대를 주었다는 이야기가 있다. 사람들이 그토록 기를 쓰고 얻으려는 그 총애란 것은 참으로 수치스러운 것이다. 그럼에도 불구하고 사람들은 그것을 혹시나 잃지나 않을 까 봐 노심초사 한다.

귀함이란 자신 스스로 권력을 행사하는 높은 자리이다. 총애를 받는 자는 남에 의해 자신이 길러지지만 귀한 자는 스스로 권력을 행사한다. 그런데 귀한 자리에 있는 자들은 언제나 걱정거리가 끊어지지 않는다. 왜냐하면 그들에게 막중한 의무와 책임이 주저지기 때문이다. 가령 왕은 백성들을 잘 다스려야 하는 의무와 책임이 있으며, 이것을 다하지 못하였을 경우 그 자리가 위태로워 질 수 있다. 이와 같이 귀함은 끊임없이 근심 걱정을 낳게 함에도 불구하고 자신의 몸처럼 귀하게 여긴다.

춘추전국 시대에 총애와 굴욕은 백지장 한 장 차이다. 총애를 입어 신분이 급상승하기도 하지만 총애가 떨어지면 같은 상황이라도 죽음에 이를 수 있다. 춘추시대 위衛나라 영공靈公의 총신으로 미자하彌子瑕라는 인물이 있었다. 그는 복숭아를 먹다가 너무 맛있어 그 반쪽을 왕에게 바쳤다. 군주의 총애를 입을 때 그것을 애정으로 받아들였으나, 총애를 잃자 먹다 남은 복숭아를 왕에게 먹였다며 벌을 받았다. 그래서 노자는 윗사람에게 총애를 입던 굴욕을 입던 깜짝 놀란 일을 당하는 것과 같이 하라는 것이다. 이것이 지혜로운 이의 가르침이다. 마찬가지로 지혜로운 이는 큰 근심을 귀하게 여긴다.

그런데 노자는 큰 근심이 있는 까닭이 몸을 가지고 있기 때문이라고 한다. 노자에게는 몸이 존재 자체이다. 몸을 나타내는 한자 身신은 애기를 배고 있는 여자의 모습을 옆에서 그린 상형자로 생명의 중추를 포함하여 그 전체를 포함한 글자이다. 노자에게서 몸은 마음心에 대비되는 글자가 아니다. 노자의 몸은 인격이자, 생명이다.

불가에서 마음心은 자아뿐만 아니라 일체 법을 형성하는 핵심 개념이다. 『아함경』에는 사량하고 요별하는 심리 작용의 총칭으로 심心을 언급한다. 오온五蘊 중에서도 심적 현상은 수受·상想·행行·식識의 다양한 인식 단계의 작용으로 나타낸다. 대승불교인 유식에서는 심心이 자아와 제법을 형성한다고 보았다. 무시이래 중생이 남긴 몸과 말과 생각으로 쌓은 업이 아뢰야식에 함장되어 있다가 인연이 닿으면 견분見分과 상분相分 즉 주관과 객관으로 이분화하여 견분이 상분을 대상으로 하여 자증분을 형성한다. 그런데 여기서 문제는 주관인 견분이 만들어낸 상분이 사실은 식 자체인 아뢰야식에서 나왔다는 것이다. 중생의 삶은 결국 자기가 만든 꿈속에서 자기가 만든 상대를 사랑하고 미워하는 형국인 것이다. 이처럼 불교에서 심心은 매우 중요한 개념이다.

그런데 노자 당시에는 그다지 중요하지 않았던 심心 개념이 맹자를 거쳐 송의 성리학에 와서는 마음에 내재하는 선천적인 도덕 원리로 고착화된다. 그 이유로 불교의 영향이 컸음을 부인하기는 힘들다. 그러나 불교에서 말하는 심心과 성리학의 심心과는 매우 다르다.

기원 후 2세기 경 성립한 초기 한역경전에 불교 중국사에 막강한 영향력을 미친 『안반수의경』이 있다. 안安은 숨을 들이마시는 흡吸에 해당하고, 반은 숨을 내쉬는 호呼에 해당하고 수의守意는 컨트롤한다는 의미이다. 다시 말하면 호흡을 조절하여 무위無爲에 이른다는 뜻이다. 당시 중국에는 열반이라는 개념이 없었기에 이와 비슷한 무위를 쓴 듯 보인다.

이는 당시 유행하던 노자의 태식법胎息法이 불교의 수식관數息觀으로 바뀌는 결정적 계기가 되었고 이는 결국 선종禪宗의 탄생을 예고하는 씨앗이 되었다고 할 수 있다. 따라서 노자의 신身과 불가의 심心은 크게 다르지 않다. 불가의 심心은 육체와 대비되는 개념이 아니다. 신身또한 심心의 산물이기 때문이다.

노자의 신身또한 몸과 인격을 아우르는 개념이다. 따라서 몸과 마음을 이분화하는 성리학의 전통보다 노자와 불교의 거리가 훨씬 가깝다 하겠다.

감산 덕청 스님은 노자 13장에 대해 오로지 도인道人이라야 부득이한 시절의 흐름을 따라 천하에 군림하더라도 스스로 현달한 것으로 여기지 않고, 고귀한 자리에 있다고 해도 단지 도로써 백성을 구제할 것만을 궁리한다 하였다. 그래서 도인이 자기 몸을 아끼는 것은 생명을 지키고 몸을 보전함으로써 도를 행하려 한 것이라 하였다. 이런 인물이라면 천하의 권세를 맡길 수 있고, 이런 사람이 왕의 자리에 오르면 무위無爲로써 다스리게 된다고 하였다.

모든 인간은 자기 몸을 가장 귀히 여긴다. 자기 몸을 위하는 것이 가장 큰 근심이다. 그런데 문제는 자신을 귀하게 여김으로 해서 남을 천하게 여긴다는 데 있다. 따라서 노자는 만일 내 자신을 귀하게 여김으로 해서 천하도 똑 같이 소중히 아낄 수 있는 통치자가 있다면 천하를 안심하고 그에게 맡길 수 있다고 하였다. 이것은 천하를 다스리는 자들이 자기를 귀하게 여기듯 천하를 귀하게 여겨야 함을 강조한 것이다. 그래서 큰 근심을 내 몸 여기듯 하는 이는 가히 천하를 맡길 수 있게 된다.

제14장

視之不見, 名曰夷
시 지 불 견 명 왈 이

視(시): 보다 之(지): 그것 不(불): 아니다 見(견): 보이다 名(명): 일컫다 曰(왈): 칭하다 夷(이): 형체나 형상이 없는 것

聽之不聞, 名曰希
청 지 불 문 명 왈 희

聽(청): 듣다 之(지): 그것 不(불): 아니다 聞(문): 들리다 名(명): 일컫다 曰(왈): 칭하다 希(희): 소리나 울림이 없는 것

搏之不得, 名曰微
박 지 불 득 명 왈 미

搏(박): 잡다, 만지다 之(지): 그것 不(불): 못하다 得(득): 집다 名(명): 일컫다 曰(왈): 칭하다 微(미): 은미(隱微)한 것

此三者, 不可致詰.
차 삼 자 불 가 치 힐

此(차): 이것 三(삼): 세개 者(자): 것 不(불): 아니다 可(가): 가하다 致(치): 얻어내다 詰(힐): 따져묻다

故混而爲一.
고 혼 이 위 일

故(고): 그러므로 混(혼): 합하다 而(이): 그래서 爲(위): 삼다 一(일): 하나

其上不皦, 其下不昧
기 상 불 교 기 하 불 매

其(기): 그 上(상): 위 不(불): 아니다 皦(교): 밝은 것 其(기): 그 下(하): 아래 不(불): 아니다 昧(매): 어두운 것

繩繩不可名.
승 승 불 가 명

繩繩(승승): 끊임없이 존재하면서 작용하는 모양 不(불): 아니다 可(가): 가능하다 名(명): 이름하다

復歸於無物.
복 귀 어 무 물

復(복): 다시 歸(귀): 돌아오다 於(어): ~에서 無(무): 없다 物(물): 것

是謂無狀之狀
시 위 무 상 지 상

是(시): 이것 謂(위): 일컫다 無(무): 없다 狀(상): 모양 之(지): ~의 狀(상): 모양

無物之象.
무 물 지 상

無(무): 없다 物(물): 물체 之(지): ~의 象(상): 모양

是謂恍惚.
시 위 황 홀

是(시): 이것 是謂(시위): 일컫다 恍(황): 있는 듯 없는 듯하다. 惚(홀): 없는 듯 있는 듯 하다

迎之不見其首
영 지 불 견 기 수

迎(영): 맞이하다 之(지): 그것 不(불): 아니다 見(견): 보이다 其(기): 그 首(수): 앞머리

隨之不見其後
수 지 불 견 기 후

隨(수): 따르다 之(지): 그것 不(불): 아니다 見(견): 보이다 其(기): 그 後(후): 뒤

執古之道
집 고 지 도

執(집): 지켜 간직하다 古(고): 옛 之(지): ~의 道(도): 도

以御今之有
이 어 금 지 유

以(이): ~으로써 御(어): 다스리다 今(금): 이제 之(지): ~의 有(유): 존재, 소유

能知古始, 是謂道紀.
능 지 고 시 시 위 도 기

能(능): 능하다 知(지): 알다 古(고): 옛 始(시): 처음 是(사): 이것 謂(위): 일컫다 道(도): 도 紀(기): 벼리

보려 해도 보이지 않는 것을, 이름하여 이夷라 하고

들으려 해도 들리지 않는 것을, 이름하여 희希라 하며

만지려 해도 만져지지 않는 것을, 이름하여 미微라 한다.

이 세 가지는, 끝까지 따져볼 수 없다.

그러므로 섞어서 하나로 삼는다.

그 위는 밝지가 않고, 그 아래는 어둡지가 않다.

새끼줄처럼 꼬여서 면면이 이어져 이름할 수 없다.

그것은 아무것도 없는 곳으로 돌아간다.

이것을 형상 없는 형상이라 하며

물체 없는 형상이라 한다.

이를 일러 황홀이라 한다.

앞으로 맞이해도 그 머리가 보이지 않으며

뒤를 따라가도 그 꼬리가 보이지 않는다.

옛날의 도를 잡아서

지금의 것들을 다스리는 것으로써

능히 옛날의 시작을 아는 것, 이것을 일러 도의 벼리라 한다.

이夷는 너무 평이해서 어떤 것과도 비교할 수 없어 말하기가 막막한 상태를 가리킨다. 희希는 매우 작거나 무에 가까운 상태를 말한다. 미微는 개념적으로 포착이 안되는 미세하고 오묘한 신비의 경지를 나타낸다. 치힐致詰은 말로 따져서 밝히는 것을 의미한다. 그러므로 불가치힐은 말이나 사량으로 따지거나 분별할 수 없는 차원을 가리킨다.

사람들은 눈을 뜨고 살펴보아도 보이지 않기 때문에 빛이 없다고 한다. 귀를 기울이고 들어도 들리지 않기 때문에 소리가 없다고 한다. 손으로 쳐보고 만져보아도 잡히지 않기 때문에 형체가 없다고 한다. 그러나 이 세 가지로는 도를 제대로 규정할 수 없다. 도는 이 세 가지를 섞어 하나로 한 존재인 깃이다. 도는 이 세계에 내재하면서 이 세계 전체의 생성을 관장하는 힘이며 원리이다. 그것은 전체이기에 부분적 인식 밖에 가지고 있지 못한 우리 인간의 인식 체계로는 구체적인 모습을 한정지을 수 없다. 우리가 그것을 한정지을 수 있다는 것은 우리가 그것을 이름지을 수 있고, 형상 지을 수 있다는 것인데, 그러한 한정된 것으로는 도의 모습을 나타낼 수 없다.

그래서 노자나 세계 많은 종교에서는 도道나 신神에 대해 '무엇이다' 규정하기 보다는 '무엇일 수 없다'는 부정적인 표현을 많이 쓴다. 힌두교에서는 궁극 실재인 브라만을 두고 '이것일 수도 저것일 수도 없다'고 표현하고, 토마스 아퀴나스도 '신에 대해서는 아무 것도 알 수 없다'고 규정하였다. 이러한 부정을 통해 말하고자 하는 것은 '말할 수 없음'이다. 그래서 노자는 형이상학적 세계에 대해서는 '밝지 아니하다'라는 표현을 쓰고 형이하학적 세계에 대해서는 '어둡지 아니하다'는 표현을 쓰는 것이다.

도를 굳이 묘사하자면 그 위 부분은 분명하지가 못하고, 그 아랫부분은 어둡지가 않다. 새끼줄처럼 꼬여 면면이 이어져 이름지을 수 없는 무물無物로 돌아간다. 이는 형이상자와 형이하자가 도 속에서 융섭하고 밝음과 어둠이 서로 포섭하기 때문이다. 이것이 모양 없는 모양, 어떤 물건도 없는 형상으로 어렴 풋해서 뭐라고 말할 수 없는 그런 것이다.

상象이라는 글자에 대해 『한비자』 「해로」 편에는 사람들이 살아있는 코끼리를 보는 것이 드물기 때문에 죽은 코끼리의 뼈를 얻어서 그 모습을 생각해보고 살아있을 때를 상상했다고 한다. 여기에서 사람들이 생각으로 상상하는 것을 모두 상象이라고 했다고 한다. 이러한 형상없는 형상, 물체없는 형상을 노자는 황홀이라 했는데, 이처럼 없는 것 같으면서도 있고, 있는 것 같으면서도 없는 그런 유무의 혼용이 도의 성질이다. 이러한 도는 옛 것의 원인이 지금이 되는 인과론적 사유가 아니라 옛 것이 지금과도 연계되어 서로 주고받는다.

노자의 인식이나 통치의 모델은 자연의 존재 형식이다. 자연은 어떤 특정한 목적이나 욕망을 따라 움직이지 않는다. 자연은 대립면들의 꼬임으로 두 계열이 동거하기에 오묘하다. 즉 자신의 본질을 가지고 배타적으로 존재하는 구체적 존재가 아니기 때문에 있다고 할 수도 없지만, 그것이 세계의 존재 형식으로 기능하기에 없다고 할 수 없다.

이처럼 도는 옛날과 지금이 둘로 쪼개져 있으면서도 하나도 아니고 둘도 아닌 관계로 얽혀있다. 그래서 앞에서 본다고 그 머리가 보일 리 없고 뒤에서 본다고 그 꼬리가 보일 리 없다. 이처럼 도는 머리와 꼬리가 인과로 고정된 것은 인과론적 사유가 아니라 순환적이고 상관적이다. 그래서 옛날의 도를 잡아서 지금의 유有를 맞아들이면 옛날의 시작을 알 수 있게 된다. 이것이 도의 본질이다.

제15장

古之善爲士者
고 지 선 위 사 자

古(고): 옛날 之(지): ~의 善(선): 잘하다 爲(위): 실천하다 士(사): 선비 者
(자): 사람

微妙玄通, 深不可識.
미 묘 현 통 심 불 가 식

微(미): 작다 妙(묘): 묘하다 玄(현): 가물다 通(통): 통하다 深(심): 깊이 不
(불): 아니다 可(가): 가능하다 識(식): 알다

夫唯不可識
부 유 불 가 식

夫(부): 무릇 唯(유): 오직 不(불): 아니다 可(가): 가능하다 識(식): 알다

故强爲之容.
고 강 위 지 용

故(고): 그래서 强(강): 억지로 爲(위): 하다 之(지): 그것 容(용): 형용하다

豫兮若冬涉川.
예 혜 약 동 섭 천

豫(예): 머뭇거리다, 코끼리 兮(혜): ~구나 若(약): 같다 冬(동): 겨울 涉(섭):
건너다 川(천): 내

猶兮若畏四隣.
유 혜 약 외 사 린

猶(유): 우물쭈물하는 것 兮(혜): ~구나 若(약): 같다 畏(외): 두려워하다 四
(사): 사방 隣(린): 이웃, 주위

儼兮其若客
엄 혜 기 약 객

儼(엄): 점잖은 모양 兮(혜): ~구나 其(기): 그 若(약): 같다 客(객): 손님

渙兮若氷之將釋.
환 혜 약 빙 지 장 석

渙(환): 얼음이 풀리는 모양 兮(혜): ~구나 若(약): 같다 氷(빙): 얼음 之(지):
~의 將(장): 장차, 곧 釋(석): 풀리다

敦兮其若樸
돈 혜 기 약 박

敦(돈): 착실한 모양 兮(혜): ~구나 其(기): 그 若(약): 같다 樸(박): 다듬지 않
은 통나무

曠兮其若谷.
광 혜 기 약 곡

曠(광): 넓직한 모양 兮(혜): ~구나 其(기): 그 若(약): 같다 谷(곡): 골짜기

混兮其若濁.
혼 혜 기 약 탁

混(혼): 여러 가지가 뒤섞여 있는 것 兮(혜): ~구나 其(기): 그것 若(약): 같
다 濁(탁): 흐리다

孰能濁以靜之徐清.
숙 능 탁 이 정 지 서 청

孰(숙): 누구 能(능): 능히 濁(탁): 탁하다 以(이): ~으로써 靜(정): 안정하다
之(지): 그것 徐(서): 서서히 清(청): 맑다

孰能安以動之徐生.
숙 능 안 이 동 지 서 생

孰(숙): 누구 能(능): 능히 安(안): 편안함 以(이): ~으로써 動(동): 움직임 之
(지): 그것 徐(서): 서서히 生(생): 생겨나다

保此道者, 不欲盈.
보 차 도 자 불 욕 영

保(보): 지키다 此(차): 이것 道(도): 도 者(자): 사람 不(불): 아니다 欲(욕):
바라다 盈(영): 채우다

夫唯不盈
부 유 불 영

夫(부): 무릇 唯(유): 오직 不(불): 아니다 盈(영): 채우다

故能蔽而不新成.
고 능 폐 이 불 신 성

故(고): 그러므로 能(능): 능히 蔽(폐): 헤어지는 것 而(이): 그러나 不(불):
아니다 新(신): 새롭다 成(성): 이루다

옛부터 (도를) 잘 실천하는 사람은

미묘하고 현통하며, 그 깊이를 알 수가 없다.

대저 오로지 알 수 없기에

억지로 그 모습을 형용할 뿐이다.

머뭇거리는구나! 마치 살얼음 낀 겨울 내를 건너는 것 같다.

주춤하는구나! 사방의 주위를 두렵게 경계하는 듯이 한다.

진중하구나! 그것이 손님과 같고

흩어지는 듯하구나! 녹으려 하는 얼음과 같다.

돈후하구나! 그것이 통나무 같고

텅비어있구나! 그것이 빈 계곡과 같다.

혼돈스럽구나! 그것이 흐린 물과도 같다.

누가 능히 흐린 것을 고요하게 하여 서서히 맑게 하겠는가?

누가 능히 안정되어 있는 것을 움직여서 서서히 생겨나게 하겠는가?

이 도를 지니고 있는 사람은, 채우려 하지 않는다.

대저 오직 채우려 않기 때문에

그러므로 낡아도 새롭게 이루려 하지 않는다.

이 장은 도를 지닌 선비의 모습을 형용하고 있다. 선비 사士자는 단순한 통치자나 선비를 가리키는 것이 아니라, 나라나 백성을 다스리는 일을 맡아 하는 사람을 일컫는다. 이렇듯 도를 지니고 나라나 백성을 맡아 다스리는 사람의 모습은 개념으로 설명하기에는 부족하여 다만 묘사할 뿐이다. 『도덕경』 1장에 나오는 말처럼 도의 속성을 언어화하기는 힘들다. 그 이유는 미묘微妙하고 현통玄通하여 그 깊이를 알 수가 없기 때문이다.

인간의 인식은 아는 만큼 보인다. 모자 장수의 눈에는 모자가 보이고, 신발 장수의 눈에는 신발이 보이듯 도를 잘 터득한 사람의 눈에는 도의 세계가 보인다. 그 도의 세계는 일반인이 보기에 미묘하고 현통하다. 그것은 도의 세계가 어떤 체계나 일정한 관점으로 접근하여 이해하는 세계가 아니기 때문이다. 즉 인간의 이성이나 알음알이로 알 수 있는 지식의 세계가 아니라는 것이다. 지식은 이미 일정한 가치 체계나 욕망이 깃들여 있는 것으로 어떤 지향성을 가진 의식 활동이다. 따라서 유한하고 제한적이다. 그러나 도는 이러한 앎의 영역이 아니다. 굳이 억지로 그 모습을 묘사하자면 마치 겨울 내를 건너듯이 천천히 움직이고, 사방을 두리번거리듯이 주춤거리고, 몸을 도사리는 것같이 한다. 그 모습은 손님처럼 진중하고, 얼음이 봄철에 녹듯이 쉽게 풀어지고, 다듬지 않은 통나무처럼 소박하다. 그 마음은 돈후해서 통나무 같고, 그 마음은 비어서 골짜기와 같고, 흐린 물과도 같다.

도를 체득한 사람들의 행위가 항상 주저주저한 것은 비겁해서가 아니다. 그것은 반대편까지 고려하여 전체를 아우르기 때문에 어느 한 쪽을 선택하지 않기 때문이다. 이러한 도를 지닌 선비의 모습은 흡사 이중적으로 보일 수도 있는데 이는 도가 서로 상반된 것들의 교차로 존재를 형성하기 때문이다. 도는 유무, 전후, 선악, 미추, 상하, 생멸, 왕래, 장단, 시비 등 서로 반대편 존재들의 짜임으로 이루어진다. 노자가 보기에 세계가 두 계열의 대립면이 자신의 존재 근거를 반대편에 두면서 꼬여 있기 때문이다. 이런 모습은 그 자신의 삶을 다른 것들과 뒤섞어 혼탁하게 꾸려 나갈 뿐 특정한 가치를 선명하게 부각시키지 않는다. 그러기에 혼탁한 흐린 물의 모습을 하지만 고요하게 하여 서서히 맑게 할 수 있다. 즉 흔들려서 흐려진 물은 가만히 안정되어 가는 과정을 거쳐 서서히 맑아지는 방향으로 나아가고, 죽은 듯이 움직이지 않는 상태도 변동이 가해져 서서히 새로운 형태의 생기를 갖는 방향으로 나아간다.

우리는 모두가 이미 도를 가지고 있다. 가령 우리 마음속에 이미 무한한 미묘함을 가지고 있으며, 이것이 사물에 응할 때 저절로 현통할 수 있다. 그런데도 사람들은 이 무한한 도를 알지 못할 뿐만 아니라 뭔가 새롭게 이루려고 부단히 노력하고 꽉 채우려 한다. 그러나 뭔가를 이루게 되면 곧 인위적인 것이 되고, 채우면 더 이상 들어갈 곳이 없다. 그래서 노자는 꽉 채워서 본질을 추구하기보다는 비우고 해체해서 중심이 없거나 여럿인 다원성을 추구하는 것이다.

본질을 추구할수록, 채울수록, 인위적일수록 도로부터는 멀어져간다. 도로부터 멀어져감이란 속박과 규범 속에 놓여 진솔, 순박, 꾸밈없음으로부터 멀어져 감을 의미한다. 이러한 것은 채우기 위해 부단히 노력한다고 하지만 사실은 궁핍과 고갈을 위해 부단히 노력하고 있는 것과 같다. 따라서 노자는 도를 보존한 사람은 도를 안에 소중히 간직하고 있을 뿐 도를 방치한 채 새롭게 뭔가를 이루려는 어리석은 짓을 하지 않는다고 하고 있다.

불가에서는 지관止觀수행을 통해 멈추고 그치게 되면 저절로 지혜의 눈을 통해 여여如如하게 된다고 한다. 이는 공(空)의 체득과 무관하지 않다. 공空은 비어있음이 아니라 충만함으로 가득 채워져 있는 것이다. 비어있기에 모든 것을 담을 수 있고, 비어있기에 가득 채울 수 있는 것처럼 도를 체득한 사람 또한 비우고, 무위로 행하기 때문에 작위하지 않고 능히 나날이 새로워질 수 있는 것이다. 그 힘은 낡아서 못쓰게 되는 법이 없기 때문에 새롭게 이룰 필요도 없다고 하겠다.

제16장

致虛極
치 허 극

致(치): 이르다 虛(허): 비다 極(극): 다하다

守靜篤
수 정 독

守(수): 지키다 靜(정): 고요하다 篤(독): 도탑다

萬物竝作
만 물 병 작

萬(물): 온갖 物(물): 물건 竝(병): 함께 作(작): 생장하다

吾以觀復.
오 이 관 복

吾(오): 나 以(이)~으로써 觀(관): 보다 復(복): 돌아오다

夫物芸芸
부 물 운 운

夫(부): 무릇 物(물): 물건 芸(운): 많은 모양 운, 다같이 번성하는 모양

各復歸其根.
각 복 귀 기 근

各(각): 저마다 復(복): 돌아오다 歸(귀):돌아오다 其(기): 그 根(근):뿌리

歸根曰靜
귀 근 왈 정

歸(귀): 돌아오다 根(근):뿌리 曰(왈): 말하다 靜(정): 고요함

是謂復命.
시 위 복 명

是(시): 이것 謂(위): 칭하다 復(복): 돌아가다 命(명): 목숨, 천성

復命曰常
복 명 왈 상

復(복): 되돌아오다 命(명): 목숨, 천성 曰(왈): 일컫다 常(상): 일정 불변하는 것

知常曰明.
지 상 왈 명

知(지): 알다 常(상): 항상 그러한 것 曰(왈): 일컫다 明(명): 밝다

不知常, 妄作凶.
불 지 상 망 작 흉

不(불): 아니다 知(지): 알다 常(상): 항상 그러한 것 妄(망): 망령되다 作(작): 짓다 凶(흉): 재앙

知常容, 容乃公.
지 상 용 용 내 공

知(지): 알다 常(상): 한결같음 容(용): 포용하다 容(용): 포용하다 乃(내): ~이야말로 公(공): 공평하다

公乃王, 王乃天.
공 내 왕 왕 내 천

公(공): 공평하다 乃(내): ~이에, ~이야 말로 王(왕): 왕노릇하다 왕 天(천): 하늘

天乃道, 道乃久
천 내 도 도 내 구

天(천): 하늘 乃(내): ~이에, ~이야 말로 道(도): 영원한 도 久(구): 오래다

沒身不殆.
몰 신 불 태

沒(몰): 없어지다 神(신): 몸 不(불): 아니다 殆(태): 위태롭다

텅 빈 상태가 극치에 이르고

고요함을 돈독히 지키면

만물이 더불어 번성하는데

나는 그것을 통해 되돌아감을 본다.

대저 만물은 풀처럼 무성하지만

제각기 다시 그 뿌리로 되돌아간다.

뿌리로 되돌아가는 것을 일컬어 고요함이라 하고

이것을 일컬어 운명으로 돌아간다 한다.

운명으로 돌아가는 것을 일컬어 늘 그러함이라 하고

늘 그러함을 아는 것을 일컬어 밝음이라 한다.

늘 그러함을 알지 못하면, 망령되이 흉함을 짓는다.

늘 그러함을 알면 포용하게 되고, 포용하면 곧 공정해진다.

공정해지면 곧 왕답게 되고, 왕답게 되면 곧 하늘같이 된다.

하늘같이 되면 곧 도가 되고, 도가 되면 곧 오래 갈 수 있으며

몸이 다 할 때까지 위태롭지 않는다

세상을 보는 것은 나이다. 아니 내 마음이다. 마음을 텅 빈 상태로 고요히 있으면 나라는 생각이 사라지고 사물을 사물 자체로 보게 된다. 다시 말하면 텅 빈 마음으로 사물을 보면 자아 중심적으로 보지 않게 되고 있는 그대로 보게 된다는 것이다. 그럴 경우 만물은 내 위주가 아니라 각기 그 자체로 존재하게 되며 각각 그 뿌리로 돌아감을 보게 된다. 마음이 그 자연의 법도를 익혀 무욕의 허공처럼 텅비울 때 우리는 자연의 모든 사실을 사실로서 그대로 볼 수 있게 된다. 이처럼 허심하면 마음이 이미 고요의 평정한 상태에 이른다. 그런 상태에서만 만물의 피고 스러짐을 사심없이 볼 수 있다. 이것이 복명復命이다.

노자의 사상에서 복復이라는 개념은 매우 중요하다. 만물은 무성하게 얽혀 자라나지만 나는 돌아감을 본다. 돌아감이란 생성의 완성을 의미한다. 생성이 완성되면 죽는다. 그러나 죽음은 새로운 생성을 위한 돌아감이다. 이것은 자연으로 돌아가는 것이며 인위에 물들지 않은 스스로 그러한 것이다. 그래서 복명이란 늘 그러함이고 늘 그러함을 알게 되면 현명해지며, 너그러워지고, 공평해져서 왕답게 된다.

한 나라를 경영할 사람이 갖추어야 할 덕목 가운데 중요한 것이 바로 대립되는 국면을 공평하게 다루고 조정할 줄 알아야 하는 것이다. 어느 조직에서든 리더가 갖추어야할 덕목이 사태를 전체적으로 파악하는 지식과 능력이다. 그 능력을 바탕으로 포용력을 갖고 그 포용력 때문에 일을 공정하게 처리하게 되는 것이다. 이처럼 어느 한 쪽에 치우침 없이 공평무사한 것이 왕다운 것이다.

명으로 돌아간다는 것은 천명을 받는 것이고, 천명을 받는다는 것은 항상 그러한 세계에 충실함을 의미한다. 이러한 이치가 하늘의 도리이자 도의 도리이다. 마음이 자연의 만물처럼 다 같이 무성하게 되면 자아의 욕망과 사심에서 벗어나 모든 것을 그대로 보게 된다. 자아중심적인 이기심이 없기에 남들로부터 미움과 위험의 질시를 당할 우려도 없고, 경쟁의 압력 속에 놓일 염려도 없다.

소유욕은 필연적으로 피곤함과 괴로움을 가져온다. 허공처럼 마음을 비우게 되면 자연스러운 무욕의 마음 즉 도의 마음을 지니게 된다. 『상서』「홍범」에서도 "치우침도 없고 쏠림도 없이 왕의 의로움을 따른다. 좋아하는 것을 만들지 않고 왕의 길을 따르며, 미워하는 것을 만들지 않고 왕의 길을 따른다."는 구절이 있다. 이러한 도의 도리를 알면 마음을 텅 비운 상태로 삶이 지치지도 않고, 위험하지도 않고, 게걸스러운 소유의 그물에서도 벗어날 수 있게 된다. 이처럼 왕도를 위해 공정하면 죽을 때까지 위태롭지 않게 된다.

도는 부단히 운동한다는 점에서 변화한다. 변화한다는 점에서 불변성이 없으며, 단지 변화 속에서의 영원성을 갖고 있다. 당시 사람들은 천지를 가장 영원한 것으로 보았으나 노자는 천지조차 영원하지 않다고 말하고 있다. 반면에 도는 천지가 생겨나기 이전부터 존재해 왔으므로 이 도야말로 진정으로 영원한 것이다. 따라서 도는 시작도 없고 끝도 없는 것이다. 만일 대립면의 양 쪽을 모두 포괄하여, 변화의 원리를 장악하지 못하게 되면, 대립되는 한 쪽을 선택할 수밖에 없고, 그렇게 되면 선택된 면과 선택되지 못한 면 사이에서 갈등이 생기고 그 갈등으로 통치는 어려워지고 결국 파국을 맞게 된다. 그러나 이러한 도를 체득하게 되면 대립면들 사이에서 균형을 유지하여 죽을 때까지 위험에 처하지 않고 장구함을 얻게 된다.

제17장

太上下知有之.
태 상 하 지 유 지

太(태): 크다 上(상): 임금 太上(태상): 가장 훌륭한 사람이 임금 자리에 있는 것 下(하): 아랫사람 知(지): 알다 有(유): 있다 之(지): 그것, 그

其次親而譽之.
기 차 친 이 예 지

其(기): 그 次(차): 그 다음 親(친): 친하게 여기다 而(이): 그리고 譽(예): 기리다 之(지): 그것, 그

其次畏之.
기 차 외 지

其(기): 그 次(차): 그 다음 畏(외): 두려워하다 之(지): 그것, 그

其次侮之.
기 차 모 지

其(기): 그 次(차): 그 다음 侮(모): 업신여기다 之(지): 그것, 그

信不足焉
신 부 족 언

信(신): 믿음 不(부): 아니다 不足(부족):부족하다 焉(언): 어조사

有不信焉.
유 불 신 언

有(유): 있다 不(불): 아니다 信(신): 믿음 焉(언): 어조사

悠兮其貴言.
유 혜 기 귀 언

悠(유): 한가하다 兮(혜): 감탄 어조사 其(기): 그 貴(귀): 귀중하다 言(언): 말씀

功成事遂
공 성 사 수

功(공): 공 成(성): 이루다 事(사): 일 遂(수):성취하다, 마치다

百姓皆謂我自然.
백 성 개 위 아 자 연

百(백): 일백 백 姓(성): 겨레 성 皆(개): 모두 謂(위): 이르다 我(아): 나 自(자): 스스로 然(연): 그러하다

최상의 군주는 밑에 있는 사람들이 그가 있다는 것을 알 뿐이다.

그 다음은 백성들이 친밀함을 느끼고 칭송한다.

그 다음은 그를 두려워한다.

그 다음은 그를 업신여긴다.

믿음이 부족하면

불신이 있게 된다.

느긋하구나! 그 말을 아낌이여.

공이 이루어지고 일이 마무리 되어도

백성들은 모두 나 스스로 그러할 뿐이라 이른다.

일반적으로 정치라 하면 통치자가 어떤 이념을 설정하고 무지한 백성들을 계몽하여 그 방향으로 이끄는 것이라 할 수 있다. 그래서 공자는 도덕적 방향으로, 묵자는 공리적 방향으로 백성들을 인도한다. 노자에 따르면 가장 수준 높은 정치는 백성들이 통치자의 존재만을 알 뿐 그가 무슨 방향으로 백성들을 인도하려 하고 무엇을 원하는지에 관심이 없는 정치이다. 즉 백성들이 통치자의 무게를 전혀 느끼지 못하는 정치이다.

노자는 나라를 다스리는 지도자의 유형을 네 개로 나누어 백성들의 반응과 비교하여 논한다. 가장 좋은 지도자는 무위의 도로 통치하기에 공기처럼 드러나지 않으면서도 순리대로 뒤에서 잘 다스려 나간다. 무위의 도기 정치의 원리가 되면, 공적을 이루고 일이 성취되어도 백성들이 다 스스로 자연스럽게 그런 일을 성취했다고 여기므로 누가 그 일을 이루도록 했는지 알지 못한다. 이것이 가장 좋은 정치이다.

그 다음은 군주를 친하게 여기고 명예롭게 여긴다. 정치는 인간이 세상을 기술적으로 개선하거나 도덕적으로 혁명하려는 일을 전제해왔다. 이런 정치를 하는 군주는 백성들로부터 정치를 잘한다고 여김을 받는다. 눈에 보이고 드러나는 정치를 하기 때문이다. 그러나 사람들이 좋아하고 칭송한다는 것 자체가 벌써 지도자를 의식한다는 뜻이다. 그것의 그늘이 언제 드러날지는 알 수 없다. 일면 세상이 좋게 바뀐 것 같지만 큰 틀로 보면 그렇지 않은 경우도 많기 때문이다. 구한말 신작로가 놓이고, 철도가 놓일 때 당시 백성들은 몰랐을 것이다. 그 길을 통해 식민지 수탈이 본격적으로 이루어지고, 전쟁의 소용돌이 속에 놓이게 될 줄을…

그 다음은 백성들이 무서워하는 지도자이다. 법가의 법치주의 지도자나 폭정을 행하는 독재자가 여기에 속한다. 그 다음은 사람들의 비웃음을 사는 부류이다. 스스로 도덕성을 상실했고 부패했기 때문에 사람들이 비웃는다. 역사적으로 이러한 통치자는 수도 없이 많다.

도덕적 이상주의는 무위의 정치와는 거리가 멀다. 도덕적 이상주의는 당위적이고, 명분적이다. 명분은 시시각각 변하고, 그러기에 위선적이기 쉽다. 그러나 무위의 정치는 인간의 이상에 따라 세상을 고치려 하지 않고, 인간의 마음을 바꿀것을 요구한다.

마음이 허공과 같이 텅 빈 채로 자연과 회통하게 되면, 세상이 자연처럼 스스로 다스려진다는 것이 무위지치無爲之治다. 무위지치는 의지와 지성의 노력으로 되는 것이 아니라 마음이 욕심이 없이 고요하며 무위의 자연성에 저절로 따르게 되는 것이다.

노자는 백성들이 왕이 있음을 알지만 그가 무엇을 하고 있는지 알지 못할 뿐 아니라 무엇을 하는 지에 대해서는 관심조차 두지 않으므로 그가 있음만을 알 뿐인 다스림을 최고의 이상 정치로 꼽는다. 이와 같은 정치가 무위 정치이다. 무위정치는 언뜻 소극적으로 보일 수 있지만, 단순히 소극적인 정치를 뜻하는 것이 아니다. 무위의 다스림은 자신의 사려에 의존하지 않고 대자연의 도에 일임한다. 그려면 대자연의 도는 큰 지혜로써 백성들을 길러내게 되는 것이다.

제18장

大道廢
대 도 폐

大(대):크다 道(도): 도리 廢(폐): 폐하다, 그만두다

有仁義
유 인 의

有(유): 있다 仁(인): 어질다 義(의): 의롭다 仁義(인의): 인자함과 의로움

智慧出
지 혜 출

智(지): 지혜 慧(혜): 슬기로움 出(출): 나오다

有大僞.
유 대 위

有(유): 있다 大(대): 크다 僞(위): 거짓 大僞(대위): 큰 속임

六親不和
육 친 불 화

六(육): 여섯 親(친): 친하다 六親(육친): 아버지·아들·형·아우·남편·처 不(불): 아니다 和(화): 화목
하다

有孝慈
유 효 자

有(유): 있다 孝(효): 효도 慈(자): 자애로움

國家昏亂
국 가 혼 란

國(국): 나라 家(가):집 昏(혼): 어둡다 亂(란): 어지럽다

有忠臣.
유 충 신

有(유): 있다 忠(충): 충성스럽다 臣(신): 신하

큰 도가 무너지자

어짊과 의로움이 있게 되었고

지혜가 생겨나면서

큰 거짓이 있게 되었다.

육친이 화목하지 않게 되자

효도다 자애다 하는 것이 생겨나고

국가가 혼란하게 되니

충신이라는 것이 있게 되었다.

물고기는 물속에서 헤엄치면서도 물을 의식하지 않고, 사람들은 매일 공기를 마시면서도 공기를 의식하지 않는다. 물고기가 물을 의식한다는 것은 물이 부족하다는 것을 의미하고, 사람들이 공기를 의식한다는 것은 공기가 부족하다는 것을 의미한다. 이처럼 어떤 것을 의식하다는 것은 오히려 그것이 부족하다는 것을 의미한다.

인의는 유가의 핵심개념이다. 공자에 따르면 인은 인간이라면 가지고 있어야 하는 가장 기본적인 정서로서, 인간을 인간이게 하는 인간의 본질이자 존재 근거이다. 의는 인이라는 인간의 본질이 잘 실현되도록 하기 위한 행위의 규칙이자 판단의 근거이다. 따라서 인의는 도덕적 인간의 완성, 도덕적 국가의 실현을 목적을 하는 공자 사상의 핵심이라 할 수 있다. 사실 인의를 행한다는 것 자체는 아무런 문제가 없다. 문제는 인의가 무엇 때문에 생겨났는가 하는 것이다. 노자가 보기에 인의는 인위人爲적 고안품일 뿐으로 자연인 대도大道의 방식보다는 낮은 단계의 것들이다. 인의를 만들고 그것을 실천하도록 강요하는 것은 그 사회가 이미 모순으로 가득차 있다는 것을 역설하는 것이다. 따라서 노자는 일체의 인위적인 것은 자연의 본성과 무관하게 생겨난 것이기에 거짓됨만을 조장한다고 본다.

대도는 무위를 행한다. 무위가 변화와 관계 속에서 스스로 그러함에 비해 인위는 모든 대상을 정지시키거나 구분시키는 지적 활동을 한다. 자연성을 기본으로 하는 무위의 대도가 무너지게 되면 인위적인 인의가 나오게 되고, 이러한 인위로서 구분하게 되자 구분 너머의 것은 거짓이 되게 된다. 그래서 지혜가 나오게 되자 큰 거짓도 생겨나게 되는 것이다.

이런 혼란 속에서 효자孝慈라는 사회 규범 또한 생겨나게 되고, 충신도 있게 되는 것이다. 이러한 규범들은 스스로 그러한 대도의 자연성을 잃은 상태에서 생겨나게 되는 것이다.

도가 행해진다면 그 나라는 저절로 다스려진다. 저절로 다스려지면 질서를 강요하지 않더라도 질서가 그 안에서 저절로 이루어져, 자식은 부모에게 저절로 효도하게 되고, 부모는 자식을 저절로 보살피게 되고, 신하는 군주에게 저절로 충성하게 된다. 효와 충이 이미 당연시된다고 한다면 효니 충이니 하는 말들이 생겨날 리 만무하다. 효자란 말이 있는 까닭은 불효자가 있기 때문이며, 충신이란 말이 있는 까닭은 간신이 있기 때문이다. 따라서 효자를 말할 수록 그만큼 불효자가 많은 것이며, 충신을 말할수록 그만큼 바르지 못한 신하가 많다고 할 수 있다.

노자에게서 인의는 여전히 도가 파괴되고 난 다음에 나오는 차선적인 선이다. 인의에 대해서 노자가 그렇게 보는 까닭은 인의가 아무리 좋은 것이라 하더라도 인의가 기준이 되면 타인으로 하여금 따를 것을 요구하기 때문이다.

'지혜가 생겨나면서 큰 거짓이 있게 되었다'는 이 구절들은 반야심경의 부정의 논리와도 만난다. 무명도 없고, 무명이 다한다는 것도 없고, 늙고 죽음도 늙고 죽음이 다함까지도 없다는 끝없는 반야심경의 부정의 논리는 바로 18장의 '대도가 무너지니 인의가 생겨났다'는 가치의 전복과 맥을 같이 한다 하겠다. 그것은 자연처럼 스스로 그러한 변화의 흐름 속에서 시대에 따라 자연스럽게 변해야 하는데 이는 고정된 채 절대화되는 규범들에 대한 전복을 말하는 것이다. 노자에서는 그것이 인의와 충효이고 불교에서는 상相이다. 이런 점에서 노자의 스스로 그러함과 불교의 연기는 만난다고 하겠다.

제19장

絶聖棄智
절 성 기 지

絶(절): 끊다 聖(성): 성스럽다 棄(기): 버리다 智(지): 지혜

民利百倍.
민 리 백 배

民(민):백성 利(리): 이익 百(백): 일백 倍(배): 갑절

絶仁棄義
절 인 기 의

絶(절): 끊다 仁(인): 어질다 棄(기): 버리다 義(의): 의로움

民復孝慈.
민 복 효 자

民(민):백성 復(복): 돌아오다 孝(효): 효도하다 慈(자): 자애롭다

絶巧棄利
절 교 기 리

絶(절): 끊다 巧(교): 재주, 교묘함 棄(기): 버리다 利(리): 이로움, 예리함

盜賊無有.
도 적 무 유

盜(도): 도적 賊(적): 해치다 無(무): 없다 有(유): 있다

此三者
차 삼 자

此(차): 이것 三(삼): 셋 者(자): 것, 사람

以爲文不足.
이 위 문 불 족

以(이):~으로써 爲(위): 삼다 文(문): 글 不(불): 아니다 足(족): 족하다

故令有所屬.
고 령 유 소 속

故(고)그러므로 令(령): 하여금 有(유): 있다 所(소): 바 屬(속):속하다

見素抱樸
견 소 포 박

見(견): 보다 素(소): 소박하다 抱(포): 안다, 지키다 樸(박): 생긴 그대로의 것, 통나무

少私寡欲.
소 사 과 욕

少(소): 적다 私(사): 개인의 사사로움 寡(과): 적다 欲(욕): 바라다

성스러움을 끊어버리고 지혜를 내버리면

백성의 이익은 백배가 될 것이다.

어짊을 끊고 의로움을 버리면

백성은 효도와 자애로움을 회복하게 된다.

기교를 끊고 이익을 버리면

도적이 없어진다.

이 세 가지는

인위적으로 만들어진 것이니 족한 것이 아니다.

그러므로 (백성으로 하여금) 귀속되는 바가 있도록 한다.

소박함을 견지하여 통나무를 안고

사사로움을 적게 하고 욕망을 줄여라.

이 장에서 끊고 버려야 할 것들은 성^聖, 지^智, 인^仁, 의^義, 교^巧, 리^利이다. 유가에서 성^聖은 지혜의 꽃이고 총명이다. 그리고 지^智는 인^仁이 열매 맺은 것이다. 그러나 『여씨춘추』「당무편」에는 망령된 생각을 품고 있는 것이 성^聖이고, 때를 아는 것이 지^智이고, 고르게 나누는 것을 인^仁이라 하여 인간적 지혜나 총명을 배척하였다. 노자가 보기에도 성^聖, 지^智, 인^仁, 의^義는 유위적인 것으로 교^巧와 리^利와 큰 차이가 없다.

유가의 성^聖은 성스러운 것과 그렇지 않은 것을 구분하여 성스러운 것을 지향하여 이루어진다. 지^智 또한 지혜로운 자의 형상을 기본적으로 그렇지 않은 것과의 구별을 통해 이루어진다. 인^仁과 의^義 또한 마찬가지로 분별과 구분을 기본으로 이루어진다. 유가는 이러한 분별과 구별을 통해 조화와 질서를 이루고 도덕을 확립한다. 이러한 도덕성의 확립은 왕도정치로 이어져 부국강병을 실현하여 국가 전체의 이익을 꾀하게 된다. 이러한 유가의 인위는 노자가 보기에는 이익^利를 추구하는 교묘함^巧일 뿐이다.

노자가 보는 진정한 이로움은 성스러움을 끊고, 지혜를 버리는 것이다. 인을 끊고 의를 버리는 것이다. 사람들은 총명함을 통하여 자꾸만 무언가를 만들어 내려고 하며, 외적인 것에 대한 분별지를 통하여 자꾸만 사물을 분별하려고 한다. 그러나 노자는 사람들이 말하는 총명함이나 지식들을 진정한 지혜라고 보지 않았다. 노자는 왜 절성기지^{絶聖棄智}, 절인기의^{絶仁棄義}를 주장했을까?

유가적 이념들은 대부분 성인의 언표 위에 세워진 전통들이다. 그래서 성인들이 이상적 모델이 되는 것이다. 그러나 노자가 보는 이 세계는 관계와 변화 속에 있기 때문에, 정지시켜 구분하는 것을 거부한다. 유가 철학의 구조 속에서는 사회를 하나의 전통으로 묶고, 그 전통에 대한 부단한 학습을 요구한다. 그 전통은 성인이라는 이상적 인간으로 추앙된다. 이런 구조 속에서는 성스러움을 기준으로 구분되고 차별된다. 그렇게 되면 그것이 갈등과 경쟁의 원인으로 작용하여 사회 혼란의 출발점이 된다.

노자가 보는 이 세계는 순환하는 자연의 변화 속에 있기 때문에, 고착되고 정지되어 있는 죽은 지식이 아니다. 그래서 성스러움을 끊고 지혜를 버리면 백성들이 자연의 흐름 속에서 이익을 취하게 되고, 국가의 이익을 극대화시켜 자연적 윤리 도덕을 회복하게 된다.

오늘날 법 중 가장 기본이 되는 것이 헌법이다. 헌법은 기본적으로 자연법을 기본으로 한다. 자연법은 오랜 옛날부터 있었던 것으로 인간이라면 누구나 느끼는 가장 기본적이고 소박한 감정을 기반으로 한다. 이런 기본 위에 문명이 더해지는 것이지, 이러한 자연적인 기본이 무너지면 그 문명은 오래 유지되기 힘들게 된다. 이런 이유에서 노자는 우리의 자연성이 보장되는 진정한 삶의 세계로 인도하는 방법 두 가지를 제시한다.

바로 소박한 태도를 유지하고, 이기적인 욕망을 줄이는 것이다. 소박함은 문화적 칼이 닿기 이전의 자연적인 모습이며 특정한 내용으로 판단되기 이전의 것이다. 따라서 인의를 끊어버리라는 말은 인의를 없애라는 것이 아니라 도가 행해지면 인의와 같은 덕목이 저절로 행해지므로 더 이상 내세울 필요가 없게 된다는 것을 의미한다.

제20장

絶學無憂.
절 학 무 우

絶(절): 끊다 學(학): 배우다 無(무): 없다 憂(우): 근심하다

唯之與阿, 相去幾何.
유 지 여 아 상 거 기 하

唯(유): 네, 공손한 대답 之(지): ~의 與(여): ~과 阿(아): 어, 공손치 못한 대답 相(상): 서로 去(거): 차 幾(기): 거의 何(하): 얼마, 의문사

善之與惡, 相去何若.
선 지 여 오 상 거 하 약

善(선): 좋아하다 之(지): 그것 與(여): ~과 惡(오): 싫어하다 相(상): 서로 去(거): 차이 何(하): 얼마 若(약): 같다

人之所畏, 不可不畏.
인 지 소 외 불 가 불 외

人(인): 사람 之(지): ~의 所(소): ~하는 바 畏(외): 두려워하다 不(불): 아니다 可(가): 가능하다 不(불): 아니다 畏(외): 두려워하다

荒兮.
황 혜

荒(황): 넓고 아득하다 兮(혜): 감탄어조사

其未央哉.
기 미 앙 재

其(기): 그 未(미): 없다 央(앙): 다하다 哉(재): ~구나

衆人熙熙
중 인 희 희

衆(중): 무리 人(인): 사람 熙(희): 놀아나다 熙熙(희희): 즐거워하는 모양

如亨太牢
여 향 태 뢰

如(여): 같다 亨(향): 잔치할 향 太(태): 크다 牢(뢰): 우리

如春登臺.
여 춘 등 대

如(여): 같다 春(춘): 봄 登(등): 오르다 臺(대): 누대

我獨泊兮, 其未兆
아 독 박 혜 기 미 조

我(아): 나 獨(독): 혼자, 오직 泊(박): 담담한 모양 兮(혜): ~구나 其(기): 그 未(미): 없다 兆(조): 조짐

如嬰兒之未孩.
여 영 아 지 미 해

如(여): 같다 嬰(영): 갓난아기 兒(아): 아이 之(지): ~의 未(미): 없다 孩(해): 어린애의 웃음

儽儽兮.
내 래 혜

儽(내): 게으르다 兮(혜): ~구나 儽儽兮(내래혜): 맥이 풀려 있는 모양

若無所歸.
약 무 소 귀

若(약): 같다 無(무): 없다 所(소): 곳 歸(귀): 돌아가다

衆人皆有餘
중 인 개 유 여

衆(중): 무리 人(인): 사람 皆(개): 모두 有(유): 있다 餘(여): 남다

而我獨若遺.
이 아 독 약 유

而(이): 그러나 我(아): 나 獨(독): 홀로 若(약): 같다 遺(유): 잃어버리다

我愚人之心也哉.
아 우 인 지 심 야 재

我(아): 나 愚(우): 어리석다 人(인): 사람 之(지): ~의 心(심): 마음 也(야): ~이다 哉(재): ~로다

배움을 끊어 버리면 근심이 없어진다.

'예'와 '응'이 서로 얼마나 다른가?

좋음과 싫음의 차이가 얼마나 되는가?

사람들이 두려워하는 것을 (나 또한) 두려워하지 않을 수 없다.

망망하구나!

그 끝이 드러나지 않는다.

뭇 사람들은 다 희희낙락하여

마치 큰 소를 잡아 잔치를 벌이는 것 같고

봄에 누각에 오른 것처럼 떠들썩하다.

나 홀로 덤덤하게, 아무런 조짐도 드러내지 않고

마치 웃음이 아직 터지지 않은 갓난 아이 같다.

축 처져 있구나!

돌아갈 곳이 없는 것 같다.

뭇 사람들은 모두 여유가 있는데

나만 홀로 잃어버린 듯하다.

나는 어리석은 사람의 마음 이로구나!

沌沌兮.
돈 돈 혜

沌(돈): 어둡다 兮(혜): ~구나 沌沌兮(돈돈해): 멍청한 모양, 혼돈(渾沌)한 상태

俗人昭昭, 我獨昏昏.
속 인 소 소 아 독 혼 혼

俗(속): 무리 人(인): 사람 昭(소): 밝다 我(아): 나 獨(독): 홀로 昏(혼): 어둡다

俗人察察, 我獨悶悶.
속 인 찰 찰 아 독 민 민

俗(속): 무리 人(인): 사람 察(찰): 살피다 察察(찰찰): 분명한 것 我(아): 나 獨(독): 홀로 悶(민): 어둡다

澹兮.
담 혜

澹(담): 깊고 깊다 兮(혜): ~구나 澹兮(담혜): 담담한 모양

其若海.
기 약 해

其(기): 그 若(약): 같다 海(해): 바다

飂兮.
요 혜

飂(요): 높이 부는 바람 兮(혜): ~구나

若無止.
약 무 지

若(약): 같다 無(무): 없다 止(지): 그치다

衆人皆有以
중 인 개 유 이

衆(중): 무리 人(인): 사람 皆(개): 모두 有(유): 있다 以(이): ~으로써 有以(유이): 행동하는 까닭이 있는 것, 목적을 갖고 행동하는 것

而我獨頑似鄙.
이 아 독 완 사 비

而(이): 그러나 我(아): 나 獨(독): 홀로 頑(완): 우둔하다 似(사): 비슷하다 鄙(비): 촌스럽다

我獨異於人而貴食母.
아 독 이 어 인 이 귀 식 모

我(아): 나 獨(독): 홀로 異(이): 다르다 於(어): ~에서 人(인): 사람 而(이): 그러나 貴(귀): 귀히 여기다 食(식): 먹이다 母(모): 어미

혼돈스럽구나!

속세 사람들은 사리에 밝은데 나만 홀로 어둑하다.

속세 사람들은 분명한데 나만 홀로 어늘하다.

담담하구나!

마치 바다와 같다.

세차게 몰아치는구나!

마치 멈출 곳이 없는 듯하다.

뭇 사람들은 모두 쓸모가 있는데

나만 홀로 우둔하고 비루한 것 같다.

나만 홀로 사람들과는 달리 먹여 주는 어머니(자연)를 귀중히 여긴다.

이 장은 도를 체득한 모습이 형용되어 있다. 일상적 주객 분리의 이분법적 사고 방식에 의하면 정중한 '예'와 오만한 '응'은 거리가 있다. 좋음과 싫음 또한 본질적으로 다르다. 그러나 도의 관점은 이러한 이분법적 상식의 세계를 넘어서기 때문에 '예'와 '아니오'가 그렇게 명쾌하게 구별되지 않는다.

일상적 의식의 합리적 차원에 머물고 있는 사람이 보기에 도를 체득한 사람을 보면 아주 흐리멍텅하고 답답하기 그지없다. 세상 사람들은 모두 희희 낙락하고, 똑똑하고 영리하고, 분명하고, 여유 있고, 쓸모 있고, 목적 의식이 투철하고 희망으로 가득하다. 그러나 도를 체득한 사람은 자기 혼자 멍청한 것 같고 촌스럽고 답답하고 미욱하고 그 모습은 배움을 끊어 근심이 없고, 정중한 대답이건 오만한 대답이건, 선악과 같은 이분법적 가치를 분별하지 않고 그저 담담하여 끝을 알 수가 없다. 마치 갓난 아기같고, 어리석은 사람 같고, 바다와 같고, 바람과 같이 고요하고, 흐릿하고, 멈출 곳이 없다. 다시 말하면 특정한 경계가 없다.

만일 특정한 신념이나 경계를 지니고 살아간다면 어떤 의미에서는 편할 수 있다. 기준을 정해 기준에 따라 나누기만 하면 되기 때문이다. 그러나 그 기준은 시간이나 상황에 따른 변화를 허용하지 않는다. 모든 존재의 드러남은 시간이라는 조건과 환경이 맞았을 때 드러난다. 이런 경우 존재는 존재 그 자체로 빛을 발한다.

그러나 인간이 인위적인 기준을 설정해 놓으면 무리가 따르고 부작용이 생기는 것이다. 아이를 키울 때 아이는 아이의 상황과 조건 속에서 자라난다. 자고 싶을 때 자고, 먹고 싶을 때 먹으면 그 아이는 무럭무럭 자란다. 그런데 기준에 맞춰서 아이를 키우게 되면 아이는 본인의 기준이 아니라 타인의 기준대로 움직이게 되어 실존적 결단을 내리기 힘들어진다. 그래서 성인은 모든 가치들 속에서 아주 다른 모습으로 포용하는 자세를 잃지 않는다. 분명한 기준

없이 부족한 듯, 어리석은 듯 자신을 모호함 속에 남겨둔다. 만약 분명한 영역에 있게 되면 그 영역에만 속하게 되기 때문이다.

일반사람들은 어떤 기준이나 목적에 부합하면 유용하다 여겨 지향하고 경계 짓는다. 그리고 기준이나 목적에 따라 행위하지만 성인은 어떤 특정한 경계를 짓지 않고 모든 가치들 속에서 아주 너른 모습으로 어느 것이나 다 포용한다. 그리고 모든 만물을 살게 해주는 자양분인 천지의 어머니 식모食母를 귀하게 여긴다. 『예기』「내측편」에는 "대부의 자식에게는 유모가 있고, 사士의 경우에는 부인이 직접 그 자식을 기른다."는 말로 보아 식모는 유모로 본다. 어머니든 유모든 생명을 기르는 사람임에는 동일하다. 어머니는 도道를 상징하므로 결국 어머니를 귀하게 여기는 것은 도에 의존하여 도와 함께 사는 삶을 귀중히 여긴다는 의미로 이러한 삶이야말로 반대면의 조화를 꾀해 이분법적 의식을 넘어 도를 구현한다고 하겠다.

제21장

孔德之容
공 덕 지 용

孔(공): 구멍, 크나크다 德(덕): 덕 之(지): ~의 容(용): 모습

惟道是從.
유 도 시 종

惟(유): 오직 道(도): 도 是(시): ~이다 從(종): 따르는 것

道之爲物
도 지 위 물

道(도): 도 之(지): 그것 爲(위): 하다 物(물): 것

惟恍惟惚.
유 황 유 홀

惟(유): 오직 恍(황): 있을 듯 없는 것 惟(유): 오직 惚(홀): 없는 듯 있는 것

惚兮恍兮, 其中有象.
홀 혜 황 혜 기 중 유 상

惚(홀): 없는 듯 있는 것 兮(혜): ~구나 恍(황): 있을 듯 없는 것 兮(혜): ~구나 其(기): 그 中(중): 가운데 有(유): 있다 象(상): 형상

恍兮惚兮, 其中有物.
황 혜 홀 혜 기 중 유 물

恍(황): 있을 듯 없는 것 兮(혜): ~구나 惚(홀): 없는 듯 있는 것 兮(혜): ~구나 其(기): 그 中(중): 가운데 有(유): 있다 物(물): 사물

窈兮冥兮, 其中有精.
요 혜 명 혜 기 중 유 정

窈(요): 깊고 그윽하다 兮(혜): ~구나 冥(명): 어둡고 아득하다 兮(혜): ~구나 其(기): 그 中(중): 가운데 有(유): 있다 精(정): 생명력, 정기(精氣)

其精甚眞, 其中有信.
기 정 심 진 기 중 유 신

其(기): 그 精(정): 정기 甚(심): 매우, 극히 眞(진): 참되다 其(기): 그 中(중): 가운데 有(유): 있다 信(신): 미더움

自古及今, 其名不去
자 고 급 금 기 명 불 거

自(자): ~로부터 古(고): 옛 及(급): ~까지 今(금): 지금 其(기): 그 名(명): 이름 不(불): 아니다 去(거): 제거하다, 없어지다

以閱衆甫.
이 열 중 보

以(이): ~으로써 閱(열): 총괄하다, 살피다 衆(중): 무리 甫(보): 처음

吾何以知衆甫之狀哉.
오 하 이 지 중 보 지 상 재

吾(오): 나 何(하): 어찌 以(이): ~으로써 知(지): 알다 衆(중): 무리 甫(보): 처음 之(지): ~의 狀(상): 형상 哉(재): ~인가

以此.
이 차

以(이): ~으로써 此(차): 이

큰 덕의 모습은

오직 도를 따르고 있다.

도라고 하는 것은

오직 황하고, 오직 홀하다.

홀하도다 황하도다! 그 안에 형상이 있다.

황하도다 홀하도다! 그 안에 사물이 있다.

고요하고 그윽하도다! 그 안에 정기가 있다.

그 정기는 매우 참된 것이어서, 그 가운데 미더운 것이 있다.

옛날부터 지금까지, 그 이름이 없어지지 않았는데

그로써 만물의 시작을 살필 수 있다.

내가 어찌 만물이 시작하는 형상을 알았겠는가?

이것 때문이다.

이 장은 덕德 즉 인도人道를 설명하고 있다. 공자의 덕이 성인에 의해 확립되고 전승된 전통을 기준으로 한다면 노자의 덕은 자연의 운행 방식과 존재 형식인 도를 따른다. 노자에 있어 도와 덕은 같은 것으로 다만 일자一者의 측면에서는 도가 되고 다자多者의 측면에서는 덕이 된다.

도는 애초부터 형태가 없고, 이름도 없고 알 수도 없다. 그런데 서양에서는 하느님이라 이름하여 신앙의 대상으로 삼았다. 인격적 존재인 하느님은 높은 존재이기에 남성으로 상징되기에 이르렀다. 그런데 남성인 하느님은 전쟁을 좋아하고, 억압과 권위 속에서 덕성을 구현한다. 그래서 모든 인격신은 인간에게 필연적으로 내재하는 두려움과 소망 같은 감정을 투영하는 우상의 성격을 가지게 되는 것이다. 모든 종교는 사랑을 가르치지만 실제로 그 사랑의 주체인 하느님은 인간을 정죄하고 소외시킨다.

그러나 노자는 이미 기원 전에 하느님이 아닌 도道를 말한다. 도는 명사로 지칭할 수 없어 그저 형용할 수 밖에 없다. 도의 모습을 형용하자면 흐릿하여 오로지 황恍하고 홀惚하다. 황이나 홀은 모두 흐릿하다는 의미이나 황은 너무 밝아서 흐릿해진 상태이고, 홀은 어둠 속에서 흐릿해진 상태이다. 마치 새벽 안개와도 같고 저녁 노을과도 같다. 즉 큰 덕이 지닌 흐릿함은 밝음과 어두움을 모두 포괄한 미묘하고 분간하기 어려운 상태를 말한다. 상象과 물物은 서로 구별할 수 있는 말로 상은 감각할 수 있지만 아직 구체적인 모양과 질량이 없는 것이고, 물은 모양과 질량을 갖춘 물건이다. 도는 없는 듯 홀하고 있는 듯 황하니 그 가운데 상象이 있고, 있는 듯 황하고 없는 듯 홀하니 그 가운데 물物이 있다. 없는 듯 황홀하고 홀황하고 또 황홀한 가운데 도는 그 자태를 은은히 드리운다. 이처럼 도를 따르는 큰 덕은 세계의 반대되는 대립면들을 모두 포괄하여 황하고 홀하며, 홀하며 황한 것이다.

도는 흐릿한 가운데 형상이 있고, 아득하고 심원한 가운데 알맹이精가 있다.

이 알맹이는 진수, 정수, 본질, 생명력, 정기, 에센스 등 다양하게 해석할 수 있는데 지극히 진실되고 참된 그 무엇이라 할 수 있다. 그 정이 진실되기에 미더움이 있어 성실하게 되어 서로가 서로를 신뢰할 수 있게 된다.

도는 예로부터 지금까지 면면히 이어져 내려와 잠시도 떠난 적이 없었다. 떠나가지 않았다는 것은 유구한 세월동안 사물은 무수히 변화하였지만 도의 본질은 여전히 일관성을 갖고 있다는 의미이다. 이렇게 도 자체는 보이지도 않고, 만질 수도 없고, 잡을 수도 없는 무엇이지만, 그 속에 들어있는 형상, 질료, 씨앗 등이 서로 어울려 세상의 모든 것을 생겨나게 하는 근원衆甫이 된다. 중보衆甫의 보甫에는 처음始의 뜻이 있다. 우리가 황홀한 도를 체험할 때, 우리는 만물의 원초적 모습, 도의 최초의 모습을 알고 싶어 한다. 이 최초의 모습을 알고 싶어하는 인간에게 노자는 답한다. 무형의 도로써 알 수 있다는 것이다.

이처럼 도는 일관성을 갖고 여전히 지금도 이어지고 있기에 우리는 현재의 모습에서 만물의 근원을 살펴볼 수가 있다. 이 때의 근원은 발생학적인 시원始原이 아니라 모든 대립물들이 함께 존재하는 그 자체라고 봐야 한다. 그 자체는 사물을 태어나게 한 것이 아니라 조건과 환경 속에서 저절로 생겨나는 자연스러운 것이라 하겠다. 이처럼 도는 규정된 일정한 상像이 없기 때문에 조건과 환경 속에서 무수히 다양한 상을 이룬다고 할 수 있다. 즉 도는 배타적 본질을 가지고 실재하는 것이 아니고, 세계의 존재 형식이나 운행 원칙으로 모든 것의 존재와 운동에 관여하는 기능을 하기에 없다는 측면에서는 없지 않고, 있다는 측면에서는 있지 않은 것이다.

제22장

曲則全, 枉則直.
곡 즉 전 왕 즉 직

曲(곡): 구부러지다 則(즉): 곧 全(전):온전하다 枉(왕):구부러진 것 則(즉): 곧 直(직): 곧다

窪則盈, 敝則新.
와 즉 영 폐 즉 신

窪(와): 웅덩이, 땅이 파인 곳 則(즉): 곧 盈(영):차다 敝(폐): 낡은 것 則(즉): 곧 新(신): 새롭다

少則得, 多則惑.
소 즉 득 다 즉 혹

少(소): 적다 則(즉): 곧 得(득): 얻다 多(다): 많다 則(즉): 곧 惑(혹): 미혹되어 잃는 것

是以聖人, 抱一爲天下式.
시 이 성 인 포 일 위 천 하 식

是(시): 이것 以(이): ~으로써 聖(성): 성스럽다 人(인): 사람 抱(포): 지니다, 一(일): 하나 爲(위): 되다 天(천): 하늘 下(하): 아래 式(식): 규범

不自見故明
불 자 현 고 명

不(불): 아니다 自(자): 스스로 見(현): 드러내다 故(고): 그러므로 明(명): 밝다

不自是故彰.
불 자 시 고 창

不(불): 아니다 自(자): 스스로 是(시):옳다 故(고): 그러므로 彰(창): 빛나다

不自伐故有功
불 자 벌 고 유 공

不(불): 아니다 自(자): 스스로 伐(벌): 자랑하다 故(고): 그러므로 有(유): 있다 功(공): 공

不自矜故長.
불 자 긍 고 장

不(불): 아니다 自(자): 스스로 矜(긍): 뽐내다 故(고): 그러므로 장(長): 우두머리가 되다

夫惟不爭
부 유 부 쟁

夫(부): 무릇 唯(유): 오직 不(부): 아니다 爭(쟁): 다투다

故天下莫能與之爭.
고 천 하 막 능 여 지 쟁

故(고):그러므로 天(천): 하늘 下(하): 아래 莫(막): 없다 能(능): 능히 與(여): 더불다 之(지): 그것 爭(쟁): 다투다

古之所謂曲則全者
고 지 소 위 곡 즉 전 자

古(고): 옛날 之(지): ~의 所(소): 바 謂(위): 일컫다 曲(곡): 굽다 則(즉): 곧 全(전): 온전하다 者(자): 것, 사람

豈虛言哉
기 허 언 재

豈(기): 어찌 虛(허):비다 言(언): 말씀 哉(재): 의문어조사

誠全而歸之
성 전 이 귀 지

誠(성): 진실로 全(전): 온전하다 而(이): 그래서 歸(귀): 돌아오다 之(지): 그것

굽은 것은 온전해지고, 휘면 펴지게 된다.

패이면 채워지게 되고, 낡은 것은 새롭게 된다.

적은 것은 더 보태어지게 되고, 많으면 미혹된다.

그래서 성인은 하나를 지녀 천하의 규범이 된다.

스스로 드러내려 하지 않기 때문에 밝고

스스로 옳다하지 않기 때문에 빛난다.

스스로 뽐내지 않기 때문에 공이 있고

스스로 내세우지 않기 때문에 지도자가 된다.

무릇 오로지 다투지 않아

그러므로 천하에 그와 더불어 다툴 자가 없다.

옛날 사람들이 소위 "굽은 것은 온전해진다"고 한 것이

어찌 헛된 말이겠는가!

진실로 온전하여지는 것들은 도로 돌아간다.

조삼모사朝三暮四라는 한자성어가 있다. 송나라 때 저공狙公이 원숭이들에게 먹이를 아침에 세 개, 저녁에 네 개 준다고 하자 원숭이들이 화를 냈다. 그러자 저공이 아침에 네 개 저녁에 세 개 주겠다고자 원숭이들이 기뻐하였다고 한다. 이는 당장 눈 앞에 나타나는 차별만을 알고 그 결과가 같음을 모름을 비유한 것이다. 보통의 사람은 대부분 눈 앞에 나타난 면만 보고 선택하여 전심전력한다.

우리는 흔히 곧은 나무를 쓸모 있는 나무라고 여기고 굽은 나무를 쓸모없는 나무라고 여긴다. 그러나 곧은 나무는 쓸모 있음으로 해서 먼저 베어져 죽임을 당하는 반면에, 굽은 나무는 쓸모가 없음으로 해서 오히려 천수를 누릴 수가 있다. 이는 눈앞에 나타난 상황만을 보아서는 알 수 없는 의외의 결과라 할 수 있다. 자벌레 또한 몸을 굽힘으로써 뻗을 수도 있게 된다. 자벌레가 굽힌 상태 만을 보고 자벌레 생김새를 말한다면 이는 자벌레의 본모습을 모르는 것과 마찬가지로 어리석은 것이다. 자연의 섭리는 굽어져야 곧아지고, 곧아져야 굽어진다. 곧 굽힘없이 곧아짐은 없고, 곧아짐 없이 굽어짐 또한 없는 것이다.

마찬가지로 물도 너무 많이 모이면 넘치게 되고, 옷은 낡아 헤어져야만 다시 새 것을 입게 된다. 욕심이 적으면 오히려 마음의 만족을 얻을 수 있고, 지식이 많으면 갈피를 잡지 못하게 된다. 이처럼 파임과 메워짐, 헐어짐과 새로워짐, 적음과 얻음, 많음과 곤혹 등등은 모두 반대되는 별개의 개념이 아니라 변화의 다른 이름일 뿐이다.

그래서 자연의 이치는 끊임없이 변화한다는 점에서 없음은 영원한 없음이 될 수 없으며 있음 또한 영원한 있음이 될 수 없다. 없음은 있음을 향하고, 가득 채워진 것은 반드시 쇠퇴의 길로 향하게 된다. 그러므로 우주는 서로 반대편 존재들의 짜임으로 생성, 변화한다. 왜냐하면 세계는 두 계열의 대립면이 자신의 존재 근거를 반대편에 두면서 꼬여 있기 때문이다.

22장을 처세술로 잘못 읽으면 온전해지기 위해 굽고, 펴기 위해 휘어지는 것으로 읽을 수도 있다. 그러나 다음 구절 즉 성인은 오직 하나를 지녀 천하의 규범이 된다는 구절을 보면, 굽은 것과 온전해지는 것, 휘는 것과 펴지는 것, 패이고 채워지는 것이 본래 하나라는 것을 말하고자 함을 알게 된다.

이처럼 우주의 생성, 변화는 이러한 반대편의 짜임으로 이루어지기 때문에 무위 자연의 성인은 '반대의 일치'라는 위대한 진리를 통달하여 거기에 따라 한 쪽에 치우치는 일이 없이 사물을 하나로 파악함抱一으로 유연함을 유지한다. 그러기에 천지 자연의 도를 지켜 천하의 법이 되는 것이다.

시간 속에서 굽은 것과 온전해지는 것은 연속된 것이다. 그러나 인간은 그것을 구분하여 굽는 것과 휘는 것으로 나누어 놓는다. 무위 자연의 성인은 분별을 넘어 자기를 내세우는 일이 없기 때문에 오히려 그의 존재가 뚜렷해지고, 자신을 옳다 하지 않기에 그 좋은 것이 세상에 나타난다. 자기의 공을 자랑하지 않기에 그 공이 자기의 것이 되고, 자신의 우쭐댐을 버리기에 언제까지고 존경을 받게 된다.

모든 생명은 자연계에 의해서 생겨났다가 천수를 다하면 자연계로 돌아간다. 그래서 성인은 절대로 남과 다투는 일이 없고, 세상에 그를 적으로 대하는 사람이 없다. 옛 사람이 굽은 나무는 제 수명을 다한다고 했는데, 참으로 인생의 진리를 제대로 말한 것이라 하겠다. 그래서 성인과 굽은 나무는 수명을 온전히 마칠 수 있게 되는 것이다. 이러한 성인의 사유 방식은 불교에서 말하는 무아無我와 다르지 않다. 자기 중심적 아상我相을 내려 놓고, 도의 실상을 있는 그대로 여여如如하게 보게 되면 변화 그대로 무심하게 받아들일 수 있게 된다. 자기 긍정과 자기 주장의 아집은 도道와는 거리가 멀다. 무심히 무아의 상태를 견지할 때 도는 자연히 드러나 빛난다. 이것이야말로 포일抱一 즉 반대면들을 하나로 안는 도道의 모습이라 하겠다.

제23장

希言自然.
희 언 자 연

希(희): 드물다 言(언): 말씀 自(자): 스스로 然(연): 그러하다

故飄風不終朝
고 표 풍 불 공 조

故(고): 그러므로 飄(표): 돌개바람 風(풍): 바람 不(불): 아니다 終(종): 마치다 朝(조): 아침

驟雨不終日.
취 우 불 종 일

驟(취): 빠르다 雨(우): 비 驟雨(취우): 소나기 不(불): 아니다 終(종): 마치다 日(일): 하루, 날

孰爲此者, 天地.
숙 위 차 자 천 지

孰(숙): 누가 爲(위): 하다 此(차): 이 者(자): 것 天(천): 하늘 地(지): 땅

天地尚不能久
천 지 상 불 능 구

天(천): 하늘 地(지): 땅 尚(상): 오히려 不(불): 아니다 能(능): 능히 久(구): 오래다

而況於人乎.
이 황 어 이 호

而(이): 그런데 況(황): 하물며 於(어): ~에서 人(인): 사람 乎(호): ~인가

故從事於道者, 道者同於道
고 종 사 어 도 자 도 자 동 어 도

故(고): 그러므로 從(종): 따르다 事(사): 섬기다 於(어): ~에 道(도): 도 者(자): 사람 道(도): 도 者(자): 사람 同(동): 하나 되다 於(어): ~에 道(도): 도

德者同於德, 失者同於失.
덕 자 동 어 덕 실 자 동 어 실

德(덕): 덕 者(자): 사람 同(동): 함께하다, 하나 되다 於(어): ~에 德(덕): 덕 失(실): 잃다 者(자): 사람 同(동): 같다 於(어): ~에 失(실): 잃다

同於道者, 道亦樂得之
동 어 도 자 도 역 락 득 지

同(동): 같다 於(어): ~에 道(도): 도 者(자): 사람 道(도): 도 亦(역): 또한 樂(락): 즐겁다 得(득): 얻다 之(지): 그것

同於德者, 德亦樂得之.
동 어 덕 자 덕 역 락 득 지

同(동): 같다 於(어): ~에 德(덕): 덕 者(자): 사람 德(덕): 덕 亦(역): 또한 樂(락): 즐겁다 得(득): 얻다 之(지): 그것

同於失者, 失亦樂得之.
동 어 실 자 실 역 락 득 지

同(동): 같다 於(어): !에 失(실): 잃다, 버리다 者(자): 사람 失(실): 잃다 亦(역): 또한 樂(락): 즐겁다 得(득): 얻다 之(지): 그것

信不足焉, 有不信焉.
신 부 족 언 유 불 신 언

信(신): 믿음 不(부): 못하다 足(족): 족하다 焉(언): 어조사 有(유): 생기다 不(불): 못하다 信(신): 믿다 焉(언): 어조사

말이 없는 것이 자연스러운 것이다.

그러므로 회오리 바람은 아침 한나절을 불지 못하고

소나기는 하루 종일 내리지 못하는 것이다.

누가 이렇게 하는가? 그것은 하늘과 땅이다.

하늘과 땅도 오히려 이렇게 오래 할 수 없거늘

하물며 사람에서랴

그러므로 도를 따르는 사람은 도와 같아지고

덕있는 사람은 덕과 같아지고, 잃은 사람은 잃음과 같아진다.

도와 같아지는 사람도, 도 역시 그것을 즐거이 취하고

덕과 같아지는 사람은, 덕 역시 그것을 즐거이 취한다.

잃음과 같아지는 사람은, 잃음 역시 그것을 즐거이 취한다.

믿음이 모자라면, 불신이 생기게 마련이다.

말이 별로 없는 것이 자연스러운 것이다. 공자는 또한 『논어』에서 "하늘이 무슨 말을 하더냐? 사시가 돌아가고, 백물이 생겨나는 데, 하늘이 무슨 말을 하더냐?" 라고 하였다. 그러나 『노자』에서 희언希言은 '언어로 체계화되어 있지 않다'는 의미와 연결된다. 즉 자연 내지는 자연스러움 혹은 자연의 모습인 '스스로 그러함'은 어떤 내용으로 확정하고 한계지우는 언어 체계로 담아지는 것이 아니라는 뜻이다. 노자가 보기에 인간이 모델로 해야 할 자연의 모습은 모두 반대편 것과의 관계 속에 있거나 반대편으로 향하는 운동 과정 속에 있다. 그러므로 어떤 특정한 의미로 정지시키거나 고정할 수 없는 것이다.

자연의 모습인 스스로 그러한 것은 언어 체계로 되어 있지 않아 희언希言하다. 하늘과 땅이 합하여 꽃이 피고 열매를 맺게 하며 대자연의 온갖 일을 이루어 내지만 그런 것을 말로 하지는 않는다. 자연은 말이 없기에 어떠한 내용으로 확정하고 한계 지우는 언어 체계로 담기지 않는다. 큰 소리로 말을 하거나 자기 과시를 하는 것은 인간들이 하는 행위이다. 인간의 언어 행위는 어떤 특정한 의미로 정지시키거나 고정시킨다. 시간에 따라 변화하는 자연의 순리와는 상반된다.

『노자』에 의하면 자연도 가끔 말을 한다. 가끔 부는 회오리바람이나 갑자기 내리는 소낙비는 하늘과 땅의 말이다. 그러나 이러한 자연의 언어는 인간의 언어처럼 고정되어 불변하지 않는다. 길어봐야 한나절이다.

그래서 도를 따르는 사람은 도와 하나가 되고, 덕을 따르는 사람은 덕과 하나가 되고, 도를 잃은 사람은 도를 잃음과 하나가 된다. 결국 인간은 자신이 추구하는 것을 얻게 되고, 그것에 도달하게 되면 기뻐한다. 이는 인과응보적인 도덕적 형벌이 아니라 인생 득실의 자연적 프로세스를 말한다. 그것이 도를 얻게 되면 도와 하나가 된 상태가 되고, 도를 잃게 되면 도와 떨어진 상태가 된다. 덕은 득得과 발음이 상통한다. 도를 얻은 상태가 덕이고 도를 잃은 상태는 실덕失德

이다. 덕을 얻어서 기뻐하는 것은 주객이 분리되지 않은 상태처럼 자연 속에서 스스로 그러한 경지라 할 수 있다.

처음과 같이 스스로 그러한 상태는 얻음과 잃음이 같은 상태로 모두 기뻐하게 된다. 물은 습한 곳으로 흘러가고, 불은 마른 곳으로 나아가고, 구름은 용을 따르고, 바람은 호랑이를 쫓는다. 성인이 태어나면 만물이 우러러본다. 하늘에 근본한 자는 위와 친하고 땅에 근본한 자는 아래와 친하다. 이것이 자연스러운 것이다.

그런데 말을 많이 한다는 것은 결국 분별을 많이 한다는 것이다. 말을 하기 전에는 대상이 대상 그대로 있다가 말을 하는 순간 고정되고 확정되면서 주객 분리가 일어난다. 이것은 일상생활에서는 필요한 상황이기는 하지만 주객을 넘어선 도의 경지와는 거리가 멀다. 그래서 믿음이 모자라게 되고 불신이 생기게 된다.

우리가 살아가는 데 필요한 합리적 사고나 논리적인 언어조차도 인간을 구속하고 인간을 인간답지 못하게 한다. 심지어 말장난 같은 정치나 변론에 불과한 학문 등이 우리 주위에 널려있다. 이것들은 말로 할 수 없는 경지가 있다는 것, 이성적 추구만으로 뚫을 수 없는 경지가 있다는 것을 깨닫지 못한 것이라 하겠다.

제24장

企者不立
기 자 불 립

企(기): 발돋움하다 者(자): 사람 不(불): 못하다 立(립): 서다

跨者不行.
과 자 불 행

跨(과): 성큼 걷다 者(자): 사람 不(불): 못하다 行(행): 나아가다

自見者不明
자 현 자 불 명

自(자): 스스로 見(현): 드러내다 者(자): 사람 不(불): 못하다 明(명): 밝다, 현명하다

自是者不彰
자 시 자 불 창

自(자): 스스로 是(시): 옳다 者(자): 사람 不(불): 못하다 彰(창): 드러나다

自伐者無功
자 벌 자 무 공

自(자): 스스로 伐(벌): 자랑하다 者(자): 사람 無(무): 없다 功(공): 보람

自矜者不長.
자 긍 자 부 장

自(자): 스스로 矜(긍): 뽐내다 者(자): 사람 不(부): 못하다 長(장): 오래가다

其在道也
기 재 도 야

其(기): 그것 在(재): 있다 道(도): 도 也(야): ~이다

曰餘食贅行
왈 여 식 췌 행

曰(왈): 말하다 餘(여): 남다 食(식): 먹다 贅(췌): 군더더기 行(행): 행동

物或惡之.
물 혹 오 지

物(물): 만물 或(혹): 아마도 惡(오): 싫어하다 之(지): 그것

故有道者不處.
고 유 도 자 불 처

故(고): 그러므로 有(유): 있다, 갖추다 道(도): 도 者(자): 사람 不(불): 아니다 處(처): 머물다

128

발돋움하여 서 있는 자는 오래 서 있지 못하고

큰 걸음으로 걷는 사람은 멀리 다니지 못한다.

스스로를 드러내는 사람은 현명하지 못하고

스스로를 옳다고 하면 드러나지 못하며

스스로 자랑하는 사람은 공로를 인정받지 못하고

스스로 뽐내는 사람은 (덕이) 오래가지 못한다.

도의 입장에서 보면

남은 밥이나 군더더기 같은 행동으로

만물은 그런 것들을 싫어한다.

그러므로 도 있는 사람은 처하지 않는다.

생명체들은 장구한 시간동안 부단히 환경에 적응해왔다. 우리의 본성도 몇 억년에 걸친 경험의 축적을 통하여 이루어진 것이다. 따라서 본성이 이끄는 대로 살아가는 것이야말로 가장 자연스러울 뿐만 아니라 가장 적합한 것이라 할 수 있다. 그런데 욕심이 앞서면 이 자연스런 본성에 역행하게 된다.

발꿈치를 들고 서있는 사람이나 큰 걸음으로 걷는 사람은 모두 자연스럽지 못한 행동을 하고 있다. 잠깐 발꿈치를 들고 서 있을 수는 있으나 십 분이상 서있게 되면 발가락에 무리가 오고 힘들어 곧 앉고 싶어진다. 큰 걸음 또한 잠깐은 걸을 수 있으나 뱁새가 황새 따라가다 가랑이가 찢어진다는 옛 속담처럼 몸에 무리가 올 수 있다. 발꿈치를 들고 서있는 사람은 무엇인가를 향해 욕망을 발휘하는 것으로, 큰 걸음으로 걷는 사람도 무엇인가를 위해 서두르는 것으로 비유될 수도 있다. 그 욕망의 모습은 자연의 모습과는 차이가 있어서 안정적으로 오래 서있지 못하고, 오래 걷지 못하여 지속적으로 유지될 수가 없다.

자기의 관점에서 스스로를 드러내려 하는 것, 스스로 자랑하고, 스스로 뽐내는 것은 모두 자연스러운 일이 아니다. 그런 행위들은 음식 찌꺼기나 몸에 난 종기처럼 버려져야 될 군더더기 같은 것들이다. 왜냐하면 자연의 원칙과는 너무나 거리가 멀기 때문이다. 자연의 존재는 대립물들의 얽힘과 꼬임의 방식으로 서로를 이루기 때문이다. 자연의 존재 원칙 속에서는 어떤 것도 실체로서 존재하지 않는다. 모든 것은 존재의 반대편 것과의 관계 속에 스며들어 있다. 이러한 자연 속에서 자신 만의 유한한 체계를 가지고 집착하거나 고집하게 되면 부정적인 결과를 초래한다.

자기가 한 일의 공이 알려져 다른 사람들의 칭송을 받기 원하는 것은 일반 사람들이 가지고 있는 가장 기본적인 욕구이다. 따라서 일반 사람들의 이런 마음을 이해하고 그들의 공로나 훌륭한 일을 인정하고 찬양하는 것은 좋은 일이라 하겠다. 그러나 스스로 자신을 드러내고 거들먹거리고 교만하게 행동하는 것은 스스로도 고달프게 하고, 남도 괴롭게 한다는 사실을 깨달아야 한다. 이는 모두 찌꺼기 밥이나 군더더기 같은 행동인 것이다. 잔치에서 남은 찌꺼기 음식은 처음에는 맛있을지 모르지만 나중에는 혐오하는 것이 된다. 마찬가지로 자기를 내세우고 자랑하는 사람은 처음에는 주목받을지 몰라도 나중에는 안위가 걱정된다.

찌꺼기 밥이나 군더더기 행동에 대해서는 미천한 미물조차도 싫어하는 비굴함의 극치이다. 남이 칭찬한다고 한 치 더 커지는 것도 아니요, 남이 비난한다고 몸이 가려워지는 것도 아니다. 구태여 자신을 과시하여 남의 인정을 받으려 하거나, 멸시를 피하려 인위적이고 가식적이고 작위적으로 행동하는 것은 결국 부자연스럽고 거추장스러운 일이다.

도의 입장에 선 사람은 남의 칭찬이나 비난에 초연하여 자신에게 주어진 삶을 소박하고 충실하게, 묵묵히 살아갈 뿐이다. 단순하고 꾸밈 없이 사는 삶 속에서는 자유와 행복을 누리며 해방의 삶을 살아간다. 이것이 단순하고 꾸밈없이 살아가는 도의 입장이자 진정한 자유의 길이라 하겠다.

제25장

有物混成
유 물 혼 성

有(유): 있다 物(물): 것 混(혼): 섞이다, 혼돈 成(성): 이루다

先天地生.
선 천 지 생

先(선): 앞, 먼저 天(천): 하늘 地(지): 땅 生(생): 나다, 생기다

寂兮寥兮.
적 혜 요 혜

寂(적): 고요하다 兮(혜): ~구나 寥(요): 텅비다 兮(혜): ~구나

獨立不改.
독 립 불 개

獨(독): 홀로 立(립): 서다, 있다 不(불): 아니다 改(개): 바뀌다

周行而不殆
주 행 이 불 태

周(주): 두루 行(행): 움직이다 而(이): 그러나 不(불): 아니다 殆(태): 위태롭다

可以爲天下母.
가 이 위 천 하 모

可(가): 가능하다 以(이): ~으로써 爲(위): 삼다 天(천): 하늘 下(하): 아래 母(모): 어머니

吾不知其名
오 부 지 기 명

吾(오): 나 不(부): 못하다 知(지): 알다 其(기): 그 名(명): 이름

字之曰道
자 지 왈 도

字(자): 글자, 붙이다 之(지): 그것 曰(왈): 말하다 道(도): 도

强爲之名曰大.
강 위 지 명 왈 대

强(강): 강제로 하다 爲(위): 삼다 之(지): 그것 名(명): 이름 曰(왈): 말하다 大(대): 크다

大曰逝, 逝曰遠, 遠曰反
대 왈 서 서 왈 원 원 왈 반

大(대): 크다 曰(왈): 말하다 逝(서): 가다 遠(원): 멀다 反(반): 돌아오다

故道大, 天大
고 도 대 천 대

故(고): 그러므로 道(도): 도 大(대): 크다 天(천): 하늘 大(대): 크다

地大, 王亦大.
지 대 왕 역 대

地(지): 땅 大(대): 크다 王(왕): 왕 亦(역): 또한 大(대): 크다

域中有四大
역 중 유 사 대

域(역): 나라, 세상 中(중): 가운데, 사이 有(유): 있다 四(사): 넷 大(대): 크다

而王居其一焉.
이 왕 거 기 일 언

而(이): 그리고 王(왕): 왕 居(거): 머물다 其(기): 그 一(일): 하나 焉(언): ~이다

人法地, 地法天
인 법 지 지 법 천

人(인): 사람 法(법): 본받다 地(지): 땅 法(법): 본받다 天(천): 하늘

天法道, 道法自然.
천 법 도 도 법 자 연

天(천): 하늘 法(법): 본받다 道(도): 도 法(법): 본받다 自(자): 스스로 然(연): 그러하다

어떤 것이 혼돈스런 모습으로 이루어져 있는데

천지보다도 앞서 생겼다.

고요하구나! 텅 빈 듯 하구나!

홀로 서있지만 변하지 않는다.

두루 운행하면서도 위태롭지 않으니

가히 천하의 어미로 삼을 만하다.

나는 그 이름을 알지 못하므로

글자를 붙여 그것을 도라 하고

억지로 그것을 이름지어 크다고 하였다.

큰 것은 가게 되고, 가는 것은 멀어지고, 멀어지는 것은 되돌아온다.

그러므로 도는 크고, 하늘도 크고

땅도 크고, 왕도 또한 크다.

세상에는 네 가지 큰 것이 있는데

왕도 그 중의 하나를 차지한다.

사람은 땅을 본받고, 땅은 하늘을 본받고

하늘은 도를 본받고, 도는 스스로 그러함을 본받는다.

25장은 노자의 우주발생론, 세계관, 인생론의 대강을 압축시킨 장으로『도덕경』전체 텍스트 중에서 가장 완성도가 높으며 전체 논리 체계를 가장 체계적으로 요약시켜 놓은 장이다. 더욱이 이 장은 지금의 통행본과 거의 일치하는 모습으로 곽점 죽간본에도 나온다. 이는 우리가 알고 있는『도덕경』의 기본 골격이 이미 B.C. 400년 경에 확실하게 규정지어졌다는 것을 의미한다. 왕필의『노자』에도 이 25장 내용은 완전한 형태로 들어있을 뿐만 아니라 주석 또한 공을 들여 성실하고 치밀하게 논리를 담고 있다. 그 말은 왕필 또한 25장을 매우 중요하게 생각하였다는 것이다.

유물有物은 어떤 것, 어떤 존재, 있는 것 등으로 해석할 수 있다. 이 유물이 혼돈스러운 모습으로 천지보다 앞서 생겨났다. 천지는 유형·유명의 세계라고 하는 점에서 규정 즉 로고스의 세계이다. 그런데 규정이란 다른 한 편으로 제약을 의미한다. 노자는 오직 무규정을 통해서만이 무한한 개별성을 가진 만물들이 나올 수 있다고 보았고, 이 무규정의 세계를 곧 혼돈으로 보았다. 그리고 이 혼돈인 카오스는 시간을 초월하는 것이 아니라 시간 내에서 생성하는 과정이다. 즉 어떤 것으로부터 생겨나는 것이 아니라 생육하고 생활하는 것이다. 혼돈하여 하나가 된 그 무엇이 천지가 생기기 이전부터 존재하는 중이었다는 것이다.

그것은 고요하여 소리도 없고, 아득하여 모양도 없고, 어느 것에도 의존하지 않고, 삼라만상에 두루 나타나 잠시도 쉬는 일이 없다. 그것을 만물의 어머니라고 말할 수도 있겠지만 실상 그 이름마저 알 수 없다. 임시로 이름 지어 도라 하고, 억지로 이름 붙여 크다 한 것이다.

이름은 무엇인가를 규정짓고, 한정하기 위함이다. 그러나 도는 한정할 수 없는 무제약적인 것이다. 크다는 것은 일체의 유한한 것들을 모두 포괄하고 있을 뿐만 아니라 서로 대립되는 것들조차 그 안에 수용하기 때문에 크다 한 것이다. 이 큰 것은 흘러 움직이면 끝이 안 보이는 넓이를 갖게 되고, 멀고 먼 넓이를 가지면 또 본래의 근원으로 되돌아간다. 이것은 대립면으로 부단히 운행하여 극점에 이르면 다시 그 반대방향으로 되돌아가는 자연의 운행 모습이라 할 수 있다.

이리하여 도는 큰 것이라 불리지만 큰 것으로는, 하늘도, 땅도, 제왕도 크다. 왜냐하면 우리가 살고 있는 세상의 하늘이나 땅도 전체 자연이 존재하는 원칙을 본받아 운행逝하고 멀어지고遠 되돌아가기反에 크다 할 수 있는 것이다. 이는 천도天道와 인도人道가 한 덩어리로 같이 움직이고, 하늘과 땅도 전체 자연의 원리를 실현하면서 운행하기 때문이다.

이 세상에 네 가지 큰 것 중 제왕 역시 크다고 한 것은 천지 운영에 있어 인간의 책임성을 강하게 부여한 것이라 할 수 있다. 억지로 이름 붙인 도의 특성을 이어받은 제왕은 인류의 지배자로서 땅의 참모습을 본받고 땅은 하늘의 참모습을 본받으며 하늘은 다시 도의 참모습을 본받는다. 그리고 도의 본 모습은 스스로 그러함을 본받는다.

자연은 실체가 아니라 도가 존재하는 방식이다. 도가 스스로 그러함을 본받는다는 것은 결국 도의 완전함을 나타내는 말이다. 이를 중국 불교와 연결 시켜 본다면 이미 우리 안의 자성自性은 이미 청정하기에 그대로 지켜보면 그대로 불국토인데 헛된 망상으로 중생심을 짓는 것과 다르지 않다. 스스로 그러함을 본받는다는 것은 스스로 부처임을 알아 우리 안의 부처의 마음을 쓰는 것과 유사하다. 우리가 이미 부처인데 왜 중생으로 사는가? 그것은 부처임을 모르고 구하고, 망상 지어 윤회를 거듭하는 것이다. 수행이란 바로 스스로 그러함을 본받는 것, 즉 우리 안의 부처의 마음을 쓰면서 사는 것이라 하겠다.

제26장

重爲輕根
중 위 경 근

重(중): 무겁다 爲(위): 되다 輕(경): 가볍다, 경솔하다 根(근): 뿌리

靜爲躁君.
정 위 조 군

靜(정): 고요하다 爲(위): 되다 躁(조): 조급하다 君(군): 장수, 군주

是以聖人
시 이 성 인

是(시): 이 以(이): ~으로써 聖(성): 성스럽다 人(인): 사람

終日行
종 일 행

終(종): 끝내다 日(일): 하루 行(행): 다니다

不離輜重.
불 리 치 중

不(불): 아니다 離(리): 떠나다 輜(치): 짐수레 重(중): 무겁다 輜重(치중): 군 보급품 수레

雖有榮觀
수 유 영 관

雖(수): 비록 有(유): 있다 榮(영): 화려하다 觀(관): 볼거리 榮觀(영관): 굉장한 구경거리

燕處超然.
연 처 초 연

燕(연): 제비 處(처): 곳 燕處(연처): 안락하게 처신하다 超(초): 멀리하다 然(연): 그러하다

奈何萬乘之主
내 하 만 승 지 주

奈(내): 어찌 何(하): 어찌 萬(만): 일만 乘(승): 수레 之(지): ~의 主(주): 주인, 군주

而以身輕天下.
이 이 신 경 천 하

而(이): ~이면서 以(이): ~으로써 身(신): 몸 輕(경): 가볍다 天(천): 하늘 下(하): 아래

輕則失本
경 즉 실 본

輕(경): 가볍다 則(즉): 곧 失(실): 잃다 本(본): 뿌리, 근본

躁則失君.
조 즉 실 군

躁(조): 조급하다 則(즉): 곧 失(실): 잃다 君(군): 임금, 우두머리

무거운 것은 가벼운 것의 뿌리가 되고

안정된 것은 조급한 것의 우두머리가 된다.

그러므로 성인은

종일 길을 가더라도

식량이나 짐을 실은 수레에서 내려놓지 않는 것이다.

비록 아름다운 경치가 있다 하더라도

조용한 곳에서 초연해 있다.

어찌 만수레의 주인으로

하늘 아래 그 몸을 가벼이 다루겠는가?

가벼이 하면 근본을 잃게 되고

조급하면 그 우두머리됨을 잃게 된다.

앞서 『도덕경』은 이 세계가 상반되는 대립물들이 상호 꼬임으로 되어 있다고 언급했다. 그러나 노자는 분명 어느 한 쪽을 지향한다. 즉 경솔함보다는 중후함, 조급함보다는 안정됨, 추함보다는 아름다움, 악보다는 선, 남성성보다는 여성성, 강함보다는 부드러움, 굳셈보다는 약함, 채움보다는 비움, 불보다는 물 등이다.

이 장에서도 노자는 중후함이 경솔함의 근본이 되고, 안정된 것이 조급함의 우두머리가 된다고 말한다. 그러기에 성인은 종일 행군을 하더라도 군량미를 실은 우마차인 치중輜重이 항상 함께한다. 이 말은 무슨 일을 하든지 중후함을 잃지 않는다는 것이다. 마음이 늘 초연하여 화려함과는 거리를 유지하기 때문이다.

치중輜重에는 군량미를 실은 우마차라는 의미도 있지만 고요한 상태를 지속하고 자신의 존재를 감춘다는 의미도 있다. 노자는 치중부대가 공격을 당함으로써 다른 부대의 생존이 성립하지 못하게 혼란이 오는 것을 마음의 중요성에 비유한다고도 볼 수 있다. 그런 혼란을 방지하기 위해서는 마음의 뿌리를 고요하고 안정되게 진정시켜야 한다. 마음이 고요하지 못하고 조급하고 뿌리를 잃으면 중심을 잡지 못하고 흔들려서 일을 그르치게 된다.

특히 만대의 수레를 동원할 수 있는 지도자는 가볍게 처신할 수 없다. 만승지국을 다스리는 임금이 마음을 잡지 못하고 가벼이 행동하고 근본을 잃게되면 국가는 흔들리고 임금의 지위 또한 위태롭게 될 것이다. 근본을 잃는다는 것은 자기 목숨 뿐만 아니라 나라를 잃는다는 뜻이기도 하다. 경거망동하거나 부화뇌동하면 근본을 잃어버릴 뿐 아니라 임금됨도 잃어버릴 수 있다. 임금됨을 잃어버리는 것은 임금으로서의 자리를 잃는다는 것이며 자기 스스로 제어할 힘을 잃는다는 것이다. 이는 결국 자기도 망하고, 자기가 속한 집단도 망하는 결과를 가져오게 된다. 그러므로 마음이 뿌리를 지키고 고요함을 유지하는 것은 모든 통치의 근본이라 하겠다.

우리 주위에는 지도자가 눈앞의 이해 관계에 따라 정책을 결정하거나 인기를 위해 당리 당략에 따라 움직이는 일이 허다한다. 만약 그들이 세계 평화나 사회 정의, 인권 존중, 민리 같은 대원칙에 따라 무겁고 침착하게 움직인다면 이것이야말로 성인의 통치라 할 것이다. 노자는 이 세계의 질서와 평화는 이 세계를 이끌어가는 모든 리더들의 올바른 생각과 비젼에 달려 있다고 보았다.

성인의 삶은 묵직하고 조용하며, 어느 면에서 우직하기까지 하지만 결국 긴 안목으로 볼 때 경박한 삶보다 훌륭하다. 그것은 사물을 높은 차원에서 내려다보기 때문에 사물의 어느 한 면만 보는 것이 아니라 조바심에 지배되지 않고 자기 기본자세에서 흐트러짐이 없이 의연하고 초연한 자세를 유지하는 것이라 하겠다.

『한비자』「유로」에서는 조나라 무령왕의 일에 비유하여 군주의 도리에 대해 말하고 있다. 무령왕은 대단히 현명한 군주로 조나라를 크게 확대하고 국력을 키웠지만 일찍 그 자리를 자식에게 물려주었기 때문에 왕자들의 분쟁에 휘말려 굶어죽었다. 무령왕이 일찍 자식에게 나라를 물려준 것이 치중 곧 나라를 떠난 것이고, 그 결과 무령왕은 근본도 잃고 군주의 지위도 잃었다 할 수 있다. 이처럼 도를 아는 군주는 아무리 힘들어도 근본을 잃지 않는다.

제27장

善行,無轍迹
선 행 무 철 적

善(선): 잘하다 行(행): 행하다 無(무): 없다 轍(철): 바퀴자국 迹(적): 발자국

善言,無瑕謫
선 언 무 하 적

善(선): 잘하다 言(언): 말하다 無(무): 없다 瑕(하): 흠 謫(적): 꾸짖다

善數,不用籌策.
선 수 불 용 주 책

善(선): 잘하다 數(수): 헤아리다 不(불): 아니다 用(용): 쓰다 籌(주): 주판 策(책): 꾀

善閉,無關楗而不可開
선 페 무 관 건 이 불 가 개

善(선): 잘하다 閉(폐): 닫다 無(무): 없다 關(관): 빗장 楗(건): 문빗장 而(이): 그러나 不(불): 못하다 可(가): 가능하다 開(개): 열다

善結,無繩約而不可解.
선 결 무 승 약 이 불 가 해

善(선): 잘하다 結(결): 맺다 無(무): 없다 繩(승): 줄 約(약): 묶다 而(이): 그러나 不(불): 못하다 可(가): 가능하다 解(해): 풀다

是以聖人,常善求人
시 이 성 인 상 선 구 인

是(시): 이것 以(이): ~으로써 聖(성): 성스럽다 人(인): 사람 常(상): 늘 善(선): 잘하다 求(구): 구하다 人(인): 사람

故無棄人,常善救物
고 무 기 인 상 선 구 물

故(고): 그러므로 無(무): 없다 棄(기): 버리다 人(인): 사람 常(상): 늘 善(선): 잘하다 救(구): 구하다 物(물): 사물

故無棄物.
고 무 기 물

故(고): 그러므로 無(무): 없다 棄(기): 버리다 物(물): 사물

是謂襲明.
시 위 습 명

是(시): 이것 謂(위): 일컫다 襲(습): 간직하다 明(명): 밝다

故善人者
고 선 인 자

故(고): 그러므로 善(선): 선하다 人(인): 사람 者(자): 것

不善人之師
불 선 인 지 사

不(불): 아니다 善(선): 선하다 人(인): 사람 之(지): ~의 師(사): 스승

不善人者,善人之資.
불 선 인 자 선 인 지 자

不(불): 아니다 善(선): 선하다 人(인): 사람 者(자): 것 善(선): 선하다 人(인): 사람 之(지): ~의 資(자): 밑천, 거울

不貴其師,不愛其資
불 귀 기 사 불 애 기 자

不(불): 아니다 貴(귀): 존귀하다 其(기): 그 師(사): 스승 不(불): 아니다 愛(애): 좋아하다, 아끼다 其(기): 그 資(자): 거울, 밑천

雖智大迷.
수 지 대 미

雖(수): 비록 智(지): 슬기롭다 大(대): 크다 迷(미): 미혹하다

是謂要妙.
시 위 요 묘

是(시): 이 謂(위): 일컫다 要(요): 중요하다 妙(묘): 현묘하다

잘 가는 사람은 자취를 남기지 않고

잘하는 말은 흠이 없으며

잘 헤아리는 사람은 주산을 쓰지 않는다.

잘 닫힌 문은 빗장을 걸지 않아도 열리지 않고

잘 묶인 것은 매듭을 짓지 않아도 풀 수가 없다.

그러므로 성인은 사람을 잘 구제하며

그러므로 사람을 버리는 일이 없고 늘 물건을 잘 구제하여

그렇기 때문에 물건을 버리는 일이 없다.

이것을 일컬어 밝음을 터득한다고 한다.

그러므로 선한 사람은

선하지 않은 사람의 스승이며

선하지 않은 사람은, 선한 사람의 거울이다.

스승을 귀히 여기지 않고, 그 거울을 아끼지 않으면

비록 지혜로운 사람이라도 크게 미혹될 것이다.

이것을 일컬어 현묘한 요체라 한다.

성인은 마음을 비우고 무위로 다스려 무한한 감동을 준다. 그러나 보통사람은 이러한 성인의 행위를 본보기로 삼아 모방할 수가 없다. 성인이 하는 일은 흔적을 남기지 않고 어떤 도구에 의존하지 않기 때문이다. 주판이나 빗장을 쓴다는 것은 정해진 규칙이나 틀에 박힌 행위이다.

노자가 보기에 진정으로 잘된 것, 참된 것은 정해진 규칙이나 틀에 박힌 본질주의 방식을 따르지 않는다. 우리에게 익숙한 본질주의 방식은 노자와 같은 시대에 살았던 공자의 경우, 성인의 말씀이 기준이자 전통이 되었다. 공자의 패러다임에서는 이 전통에 부합하면 바람직한 행위가 되지만 부합하지 못하면 배제된다. 그러나 노자의 경우 이러한 배제를 따르는 것은 진정 참된 것이라 할 수 없다.

우리는 길을 가거나 일을 할 때 어떤 하나의 기준이나 원칙에 따라 움직인다. 그런데 그 기준이나 원칙은 그 자체의 영역과 거기에서 벗어난 영역을 필히 구분하게 된다. 그러나 세상은 원래 특정한 욕망이나 의도만 가지고 달릴 수 있는 원칙이나 궤도로 되어 있지 않다. 따라서 세상은 특정한 체계의 원칙이나 궤도와 거기서 벗어난 영역으로 나누어질 수 없고 또 나누어져서도 안된다. 진정으로 참된 행위는 많은 사람들이 동의하는 고정된 궤도를 따라 움직이는 것이 아니라 그 기준과 원칙에 따르는 궤도와 비궤도의 영역을 아우르는 것이 되어야 한다.

그래서 진정으로 참된 것은 배제하는 무엇을 남기지 않는 것이다. 진정으로 잘 가는 것은 흔적이 없으며, 참된 말은 흠을 남기지 않고, 셈을 할 때는 주판을 사용하지 않으며, 문을 잠글 때는 빗장을 쓰거나 무엇을 묶을 때 끈을 사용하지 않는다. 이는 모두 어떤 하나의 일정한 기준이나 체계에 의해 인도되거나 고정되는 것이 아닌 행위이다.

성인은 일정한 가치 체계로 배제와 억압의 논리를 구사하여 강요하는 대신 전체 자연의 운행 원리를 모델로 한다. 성인은 이런 원리를 현실에서 응용할 수 있기 때문에 사람을 잘 구제하면서도 구제하지 못한 사람을 만들지 않는다. 사물 또한 잘 구제하기에 구제하지 못하는 사물이 없다. 이것은 성인이 명明을 알기 때문이다. 밝음을 터득한 사람은 이분하는 대립적 의식 구조에서 탈피하여 사물을 불가분, 불가결의 하나로 보는 총체적 안목을 가진다.

명明은 어떤 하나의 관점을 통해 세상을 보는 인식 능력이 아니라 세계의 전체 면목을 파악하는 인식 능력이다. 그런 인식 능력을 지닌 성인은 좋은 사람은 좋지 않은 사람의 스승이고, 좋지 않은 사람은 좋은 사람의 거울이자 자산임을 안다. 『한비자』 「유로」에 따르면 은의 주왕紂王은 주 문왕에게 옥판이 있다는 것을 알고 사람을 보내 요구했는데, 문왕은 간사한 신하가 왔을 때 그것을 주었다고 한다. 간사한 신하 비중은 이로 인해 왕의 신임을 얻게 되고, 결국 은나라는 쇠망의 길을 재촉했다고 한다. 이것에 대해 「유로」에서는 이 때 불선한 신하 비중은 선한 사람 문왕을 돕는 사람이라고 한다.

이처럼 반대편의 것을 자신의 스승과 거울로 삼을 줄 모르면 아무리 큰 지혜를 발휘해도 혼란에 직면하게 되고, 반대편의 것을 자신의 스승이나 거울로 삼을 줄 안다면 버려지는 사람이 없을 정도로 사람을 구제하는 경지가 될 것이다. 만약 반대편의 것을 자신의 스승과 자산으로 삼을 줄 모르면 아무리 큰 지혜를 발휘해도 혼란에 직면하게 되고, 미혹된다. 이것이 바로 현묘한 요체인 것이다.

제28장

知其雄, 守其雌
지 기 웅   수 기 자

知(지): 알다 其(기): 그 雄(웅): 수컷 守(수): 지키다 其(기): 그 雌(자): 암컷

爲天下谿.
위 천 하 계

爲(위): 되다 天(천): 하늘 下(하): 아래 谿(계): 시내, 계곡

爲天下谿, 常德不離
위 천 하 계   상 덕 불 리

爲(위): 되다 天(천): 하늘 下(하): 땅 谿(계): 시내, 계곡 常(상): 늘 德(덕): 덕 不(불): 아니다 離(리): 떠나다

復歸於嬰兒.
복 귀 어 영 아

復(복): 다시 歸(귀): 돌아오다 於(어): ~에 嬰(영): 갓난 아기 兒(아): 아이

知其白, 守其黑
지 기 백   수 기 흑

知(지): 알다 其(기): 그 白(백): 희다 守(수): 지키다 其(기): 그 黑(흑): 검다

爲天下式.
위 천 하 식

爲(위): 되다 天(천): 하늘 下(하): 아래 式(식): 법, 규범

爲天下式, 常德不忒
위 천 하 식   상 덕 불 특

爲(위): 되다 天(천): 하늘 下(하): 아래 式(식): 법, 규범 常(상): 늘 德(덕): 덕 不(불): 없다 忒(특): 어긋나다

復歸於無極.
복 귀 어 무 극

復(복): 다시 歸(귀): 돌아오다 於(어): ~에 無(무): 없다 極(극): 끝, 다하다

知其榮, 守其辱
지 기 영   수 기 욕

知(지): 알다 其(기): 그 榮(영): 영화 守(수): 지키다 其(기): 그 辱(욕): 욕되다

爲天下谷.
위 천 하 곡

爲(위): 되다 天(천): 하늘 下(하): 아래 谷(곡): 골짜기

爲天下谷, 常德乃足
위 천 하 곡   상 덕 내 족

爲(위): 되다 天(천): 하늘 下(하): 아래 谷(곡): 골짜기 常(상): 늘 德(덕): 덕 乃(내): 이에, 이야말로 足(족): 만족하다

復歸於樸.
복 귀 어 박

復(복): 다시 歸(귀): 돌아오다 於(어): 에 樸(박): 통나무, 소박하다

樸散則爲器.
박 산 즉 위 기

樸(박): 통나무 散(산): 흩어지다 樸散(박산): 소박함이 흩어지다 則(즉): 곧 爲(위): 되다 器(기): 그릇

聖人用之
성 인 용 지

聖(성): 성스럽다 人(인): 사람 用(용): 쓰다 之(지): 그것

則爲官長.
즉 위 관 장

則(즉): 곧 爲(위): 되다 官(관): 관리 長(장): 우두머리

故大制不割.
고 대 제 불 할

故(고): 그러므로 大(대): 크다 制(제): 다스리다 不(불): 아니다 割(할): 가르다 不割(불할): 쪼개지 않다, 나무를 굳이 깎고 다듬지 않는다는 뜻

그 남성성을 알고 그 여성성을 지키면

천하의 계곡이 된다.

천하의 계곡이 되면, 늘 덕이 떠나질 않아

갓난 아이의 단계로 되돌아간다.

흰 것을 알면서 검은 것을 지키면

천하의 본보기가 된다.

천하의 본보기가 되면 늘 덕이 어긋남이 없이

무극으로 돌아가게 된다.

영예를 알면서 욕됨을 지키면

천하의 큰 골짜기가 된다.

천하의 골짜기가 되면, 늘 덕이 족하니

질박한 통나무로 뒤돌아간다.

통나무를 쪼개면 즉 그릇이 된다.

성인은 그 이치를 사용하여

지도자가 된다.

그러므로 정말로 큰 통치는 가르지 않는다.

이 장에서도 노자는 역시 대립의 논리를 지양하고 반대면을 향한 대립면의 상보와 일치를 강조하고 있다. 프로이드의 제자 칼 융은 중국인들이 모든 생명 있는 것 속 생래적으로 내재하는 모순성과 양극성을 인지하고 있다고 보았다. 그는 반대처럼 보이는 것은 언제나 다른 편에 대한 균형을 뜻하는 것으로 이를 고급 문화의 징표로 보았다. 즉 일면성은 야만성의 표시라는 것이다. 그는 곧 남성다움과 여성다움, 흰 것과 검은 것, 영광과 오욕 같은 반대 개념을 모두 껴안는 것이 음양을 나타내는 태극처럼 양극의 조화를 이루는 것이며 이 것이 지도자가 취해야할 품성으로 보았다.

수컷과 암컷, 흰 것과 검은 것, 영화와 욕됨은 반대되는 개념이다. 그러나 이 둘을 다 껴안아야만 천하의 인심이 그에게 모여들어 골짜기가 된다. 어떤 것은 앎을 대상으로 하고, 어떤 것은 지켜야 할 것을 대상으로 한다. 수컷과 흰 것, 영광은 발산하는 기질을 지녀 남에게 보여주려는 외향성을 지닌다. 반면 암컷, 검은 색, 욕됨은 모든 것을 감싸 안으며 안으로 삭이는 내향적 성격을 지닌다.

은나라 주왕은 주나라 문왕의 세력이 장대함을 보고, 측근의 조언을 듣고 문왕을 유리에 가둔다. 그러다 뇌물을 바쳐 풀려나 여악女樂을 즐기는 척 주왕의 눈을 속였다. 그것을 본 주왕은 마음 놓고 방탕해져 충신을 죽이고 마침내 은나라는 멸망하고 주나라가 건국하게 되었다. 이 때 욕됨을 참았던 주나라 문왕의 덕이 없었으면 문왕은 죽임을 당하였을 것이다. 이처럼 영화와 욕됨은 한 쌍인 것이다.

수컷의 양陽은 자기를 버리고 방출하는 기질을 담고 있으므로 허공의 공기처럼 투명하고, 빛의 방사와 유사해서 비어있는 양상에 비유된다. 반면 암컷의 음陰은 저장하고 담아두는 기질을 상징하므로 땅의 안정성과 부동성에 더 잘 어울린다. 그래서 양은 동적이고 음은 정적이다. 흰색 또한 양적이고 검은 색은 음적이다. 낮은 외향적인 활동의 시간이고, 검은 색은 밤의 음을 상징한다. 이것은 영광을 낮처럼 보게 하고, 오욕을 밤처럼 숨기고 싶은 입장에 비유될 수 있다.

계곡은 이런 양면성의 합일이 잘 결합된 이미지를 상징한다. 계곡은 무형한 허공의 기질과 유형한 골짜기의 음적인 기질이 함께 공존하는 모양을 담고 있다. 상덕常德은 이러한 음양의 조화에서 발생하는 무불위적인 기운을 말한다. 음양의 조화는 또한 어린 아이의 분리 이전과 비슷하다.

이런 음양의 조화를 노자는 천하의 법식法式이라고 말했다. 천하의 법식은 결국 무극으로 복귀한다. 통나무는 이러한 음양의 양가성을 잘 대표한다. 계곡과 어린아이, 무극과 통나무는 다 동일한 도의 음양 분화 이전을 의미한다. 성인은 이 통나무를 쪼개서 그릇을 만든다. 통나무는 모든 가능성을 향해 열려 있는 상태로 성인은 자연의 원리를 모델로 하면서 우열을 알리는 비교의 차별성이 아니라 차이성으로 다양하게 그릇으로 사용한다.

이처럼 성인은 현상 세계의 사물을 사용하여 다시 원목 상태를 회복하게 한다. 정말 위대한 다스림은 이분법적 세계관에서 해방되어 근원으로 돌아가 양면을 동시에 보는 비이분법적 의식구조를 갖는다. 이는 하나의 가치 체계를 기준으로 해서 부합하는 부류와 그렇지 못한 부류로 또 어떤 기준을 적용해서 유능한 자와 무능한 자를 구분하는 것이 아니라 가르지 않고 차이를 다양한 무늬 그대로 쓰는 것이라 하겠다.

제29장

將欲取天下而爲之
장 욕 취 천 하 위 위 지

將(장): 장차 欲(욕): 하고자 하다 取(취): 취하다 天(천): 하늘 下(하): 아래 而(이): 그래서 爲(위): 하다 之(지): 그것 爲之: 천하를 인위로 다스리는 것

吾見其不得已.
오 견 기 부 득 이

吾(오): 나 見(견): 보다 其(기): 그 不(불): 못하다 得(득): 취하다 已(이): ~뿐이다

天下神器
천 하 신 기

天(천): 하늘 下(하): 아래 神(신): 신묘하다 器(기): 그릇 神器(신기): 천하란 사람의 능력이나 지혜로 처리될 수 없는 물건임을 비유

不可爲也.
불 가 위 야

不(불): 아니다, 없다 可(가): 가능하다 爲(위): 하다, 인위 也(야): ~이다

爲者敗之
위 자 패 지

爲(위): 다스리다 者(자): 것, 사람 敗(패): 실패하다 之(지): 그것

執者失之.
집 자 실 지

執(집): 고집하다 者(자): 것, 사람 失(실): 잃다 之(지): 그것

故物, 或行或隨
고 물 혹 행 혹 수

故(고): 그러므로 物(물): 사물 ,것 或(혹): 때로 行(행): 앞서다 或(혹): 때로 隨(수): 뒤따르다

或歔或吹
혹 허 혹 취

或(혹): 때로 歔(허): 입김을 불다 或(혹): 때로 吹(취): 숨을 내쉬다

或强或羸
혹 강 혹 리

或(혹): 때로 强(강): 강하다 或(혹): 때로 羸(리): 약하다

或挫或隳.
혹 좌 혹 유

或(혹): 때로 挫(좌): 꺾이다 或(혹): 때로 隳(유): 무너지다, 위태하다

是以聖人
시 이 성 인

是(시): 이 以(이): ~으로써 聖(성): 성스럽다 人(인): 사람

去甚, 去奢, 去泰.
거 심 거 사 거 태

去(거): 버리다 甚(심): 극심하다 去(거): 버리다 奢(사): 사치하다 去(거): 버리다 泰(태): 과도하다

장차 천하를 취하려고 무엇을 하는 데

나는 그것이 뜻대로 되지 않음을 볼 뿐이다.

천하란 신기한 기물이어서

인위로 할 수 없다.

인위로 하는 자는 그것을 망칠 것이요

집착하는 자는 그것을 잃을 것이다.

그러므로 사물은, 앞서기도 하고 뒤따르기도 하고

숨을 내쉬기도 하고 입김을 불기도 하며

강한 것이 있는가 하면 약한 것이 있고

꺾이는 것이 있는가 하면 무너지는 것이 있다.

그러므로 성인은

극단적인 것을 버리고, 사치한 것을 버리고, 과분한 것을 버린다.

여기서도 노자는 다시 무위無爲를 말한다. 천하는 현실주의자의 소유적 대상이 되거나 이상주의자의 혁명적 대상이 아니다. 천하를 차지하기 위해서 무위와는 반대로 무엇을 하는 것은 어떤 의지나 체계를 개입시키기 때문에 모두 실패한다. 왜냐하면 천하는 신령스런 기물이어서 다양하고 복잡한 원리와 리듬이 내재해 있기 때문이다. 세상을 위해 무엇인가를 해보겠다고 나서는 것은 나라나 자연 자체에도 손상을 입히는 어리석은 것이다.

『장자』에서는 짧은 오리 다리를 길게 늘이려 하거나 긴 황새 다리를 짧게 오그라뜨리려 하는 것은 오리나 황새에게 고통을 가져다 줄 뿐이라고 하였다. 이는 나라나 사회도 하나의 생명체로서 그 자체의 생리와 리듬이 있는 데 이를 무시하고 함부로 덤비게 되면 고통이 따르게 됨을 경고한 말이라 하겠다.

세상을 바꾸려는 계급혁명은 많은 이들로 하여금 피를 흘리고 고통을 당하게 하였으며, 자연을 바꾸려고 불도저로 산을 옮기고 강의 흐름을 바꾸는 개간은 호수와 강을 죽이고 산성비와 산업 재해 및 온난화로 이어져 수많은 동식물의 멸종을 가져왔다. 이는 나라든 자연이든 신령스러운 것이기에 마음대로 함부로 대하면 안된다는 것을 보여준다.

신령스럽다는 것에 대해 왕필은 일정한 형태나 방향성이 없는 것이라 해석했다. 천하는 일정한 내용을 근거로 나누어지는 배타적 구조 속에 있지 않기 때문에 일정한 방향으로 나아가지 않는다. 때문에 이 천하에 대해서 일정한 의지나 의욕을 덧씌우는 행위는 아무 소용이 없게 된다. 그런데도 누군가가 이런 유위적 행위를 시도한다면 이는 천하를 망치려는 것이고, 결국 천하를 잃게 된다고 노자는 보았다.

도는 신령스러운 것이다. 천하 만물은 이 신성한 도로부터 나왔다는 점에서 천하 만물 역시 신령스런 존재들이다. 백성들은 이처럼 신령한 존재들이므로 위정자들이 함부로 다루면 안 된다. 그러기에 통치자가 자신의 손아귀에 넣어

제멋대로 하려 한다면 그런 시도는 끝내 실패하고 만다. 그것은 무위가 아니라 유위이기 때문이다.

노자가 보기에 세상은 앞서는 것, 따뜻한 온기로 감싸주는 것, 강한 것, 안정된 것만 있는 것이 아니라, 그와 반대되어 뒤따르는 것, 찬 기운을 내뿜는 것, 유약한 것, 무너지는 것이 있다. 그러니 한쪽편 만을 담을 수 있는 체계나, 한편으로 향해 있는 방향, 하나의 의미로 인도 되는 유위적 행위를 개입시켜서는 안된다. 그래서 성인은 극단적이거나 사치하거나 지나친 행위를 하지 않는다. 이는 어떤 일정한 의미체계를 과도하게 밀고 나간 것이기 때문이다. 택일적 사고 방식은 진리와 허위, 선과 악, 옳음과 그름을 선택하는 방식이기에, 자기가 선택한 것을 절대적으로 옳다고 주장하게 된다. 그러나 만물이 양면성을 지니고 있는 이중성임을 인정한다면 모든 차이와 다름을 용인하는 태도를 가져야할 것이다.

그래서 노자는 자기 소유의 극대화를 통해 남에게 과시하려는 사치스러운 마음을 버려 검소함을 실천하고, 교만스러운 마음을 버려 겸허한 자세를 취하기를 권하고 있다. 이러한 마음은 차분한 마음으로 자연에 내재한 흐름과 리듬을 알고 거기에 순응할 때 가질 수 있을 것이다.

제30장

以道佐人主者
이 도 좌 인 주 자

以(이): ~으로써 道(도): 도 佐(좌): 돕다 人(인): 사람 主(주): 임금 者(자): 사람

不以兵强天下.
불 이 병 강 천 하

不(불): 아니다 以(이): ~으로써 兵(병): 무력, 군사력 强(강): 강제로 ~하다 天(천): 하늘 下(하): 아래

其事好還.
기 사 호 환

其(기): 그 事(사): 짓, 행동 好(호): 좋아하다 還(환): 돌아오다

師之所處, 荊棘生焉
사 지 소 처 형 극 생 언

師(사): 군사 之(지): ~의 所(소): 장소 處(처): 머물다 荊(형): 가시나무 棘(극): 가시나무 生(생): 생기다 焉(언): ~뿐이다

大軍之後, 必有凶年
대 군 지 후 필 유 흉 년

大(대): 크다 軍(군): 군사 之(지): ~의 後(후): 뒤 必(필): 반드시 有(유): 있다 凶(흉): 흉하다 年(년): 해

善者果而已
선 자 과 이 이

善(선): 잘하다 者(자): 사람 果(과): 성과 而(이): 어조사 已(이): 멈추다, 그치다

不敢以取强.
불 감 이 취 강

不(불): 아니다 敢(감): 감히 以(이): ~으로써 取(취): 취하다 强(강): 강하다

果而勿矜
과 이 물 긍

果(과): 성과 而(이): 그러나 勿(물): 없다 矜(긍): 뽐내다

果而勿伐
과 이 물 벌

果(과): 성과 而(이): 그러나 勿(물): 없다 伐(벌): 자랑하다

果而勿驕.
과 이 물 교

果(과): 성과 而(이): 그러나 勿(물): 없다 驕(교): 교만하다

果而不得已
과 이 부 득 이

果(과): 성과 而(이): 그러나 不(부): 아니다 得(득): 하다 已(이): 그치다

果而勿强.
과 이 물 강

果(과): 성과 而(이): 그러나 勿(물): 없다 强(강): 강제로 ~하다

物壯則老
물 장 즉 로

物(물): 사물, 만물 壯(장): 굳세다 則(즉): 곧 老(로): 쇠하다, 늙다

是謂不道.
시 위 부 도

是(시): 이 謂(위): 일컫다 不(부): 아니다 道(도): 도

不道早已.
부 도 조 이

不(부): 아니다 道(도): 도 早(조): 빠르다 已(이): 그치다, 멈추다

도로써 임금을 보좌하는 자는

군사력으로 천하를 강제하지 않는다.

그 일은 (보복으로) 되돌아 온다.

군사가 처했던 곳에는, 가시덤불이 생겨나고

대군이 일어난 후에는, 반드시 흉년이 든다.

잘하여 성과를 내면 이내 멈추고

감히 강함을 취하지 않는다.

성과를 이루고도 뽐내지 않고

성과를 이루고도 으스대지 않으며

성과를 이루고도 교만하게 굴지 않는다.

성과를 이루고도 부득이하게 한 일

성과를 이뤘지만 강포하지 않는다.

만물이란 굳세어지면 늙게 마련이니

그것을 도답지 않는다고 한다.

도답지 않으면 일찍 끝나버린다.

노자의 전쟁관이 드러나 있는 이 장을 보면 춘추전국시대의 필요악이었던 전쟁으로 인해 군대가 어디에 있든 반드시 재앙이 따르며 모든 것이 황폐해졌음을 알 수 있다. 무위 자연의 도로써 임금을 보좌하는 사람은 무력으로 천하를 강압하지 않는다. 왜냐하면 그 일은 곧잘 보복을 부르기 때문이다. 그래서 노자는 이 장에서 평화주의자의 진면목을 보여준다.

도를 따라 다스리는 자는 근본인 무위자연의 경지로 복귀하고자 하기 때문에 무력으로 천하를 강압하지 않는다. 평화주의자이면서도 현실주의자로서 노자는 군사력이 국가 운영에 필연적인 것으로 갖추어야 할 요소라는 것을 천명하면서, 그 군사력을 유지하는 그 근본적인 원칙을 말한다. 그래서 노자는 비록 부드러움과 무위의 다스림이 자국의 확실한 길이기는 하지만 당장 이웃 나라가 침략해올 경우는 부득이하게 방어해야 한다고 본다. 물론 이런 방어전에도 승리로 이끄는 길은 부드러움의 길, 무위의 길이 현명하고 효과적이다. 그러나 노자는 목적을 달성했다면 거기서 끝내야 한다고 주장한다. 노자가 전쟁을 좋아하고 승리를 취하려는 자 중에서 끝이 좋은 사람이 별로 없다는 이유는 전쟁 자체가 도에 들어맞지 않기 때문이다.

여기서 노자는 군사적 강제를 들었지만 모든 기존의 것들로부터 강제된 억압 그리고 모든 힘 있는 자들로부터 오는 억압도 알아채야 한다고 보았다. 우리는 이미 익숙한 학습 체계 혹은 옳다고 믿는 것들로부터 우리가 강제되고 있다는 사실을 알기는 쉽지 않다. 그래서 노자는 일정한 성과를 거두었을 때 그만두는 지혜가 필요함을 강조하고 있다.

군주는 뽐냄, 자랑, 교만, 이 세 가지를 경계해야 한다. 왜냐하면 이것들은 자연의 원리에 위배되기 때문이다. 전쟁은 지나치게 동일자의 동일성으로 지배하려는 사고 방식으로 인하여 발생한다. 그래서 노자는 무선 무악의 상태를 무위의 선으로 즐겼기 때문에 동일성의 승리와 그 지배를 요구하는 강자의 정치를 거부하고, 그런 정치는 결국 세상을 황폐하게 만드는 재앙의 씨앗임을 밝힌다.

사물은 모두 가장 왕성한 단계로 발전한 후에는 늙어간다. 그런데 화려한 단계를 지속시키려 하거나 왕성함을 자랑하려 한다면 오히려 추해질 뿐이다. 이는 자연의 존재 형식과는 다른 모습이기 때문에 모두 일찍 끝나 버린다. 결국 노자는 자연의 존재 형식이 장구한 것이듯 자연의 존재 형식을 모델로 삼아 행하는 통치 또한 장구하게 유지된다고 보았다.

그렇다면 사물은 어째서 왕성하게 되면 금방 쇠퇴하는 것일까? 왕성함은 도의 덕성과 멀기 때문이다. 도의 덕성은 물과 같아서 사물에 유연히 적응해 나가 쓸모없는 에너지를 낭비하지 않는다. 이 때문에 도가 장구할 수 있는 것이다. 반면에 도의 덕성과 멀리하는 자는 장구한 도와 멀어진 자이기 때문에 빨리 사멸하고 만다.

이처럼 자연의 존재 형식인 도 자체가 장구한 것이듯 자연의 존재 형식을 모델로 삼아 행하는 통치나 자연의 존재 형식을 모델로 한 문화는 장구하게 유지되는 효과를 얻을 수 있다는 것이 노자의 생각이다. 왜냐하면 강장强壯은 쇠망으로 가는 과정으로 도道가 아니기 때문이다.

제31장

夫佳兵者, 不祥之器.
부 가 병 자 불 상 지 기

夫(부): 무릇 佳(가): 예리하다 兵(병): 무기 者(자): 것 不(불): 아니다 祥(상): 상서롭다 之(지): ~의 器(기): 물건

物或惡之.
물 혹 오 지

物(물): 것 或(혹): 늘 惡(오): 싫어하다 之(지): 그것

故有道者不處.
고 유 도 자 불 처

故(고): 그러므로 有(유): 있다 道(도): 도 者(자): 사람 不(불): 아니다 處(처): 머물다

君子居則貴左
군 자 거 즉 귀 좌

君(군): 군주 子(자): 사람 居(거): 자리잡다 則(즉): 곧 貴(귀): 귀하게 여기다 左(좌): 왼쪽

用兵則貴右.
용 병 즉 귀 우

用(용): 부리다 兵(병): 군대 則(즉): 곧 貴(귀): 귀하게 여기다 右(우): 오른쪽

兵者, 不祥之器
병 자 불 상 지 기

兵(병): 무기 者(자): 것 不(불): 아니다 祥(상): 상서롭다 之(지): ~의 器(기): 물건

非君子之器.
비 군 자 지 기

非(비): 아니다 君(군): 군주 子(자): 사람 之(지): ~의 器(기): 물건

不得已而用之
부 득 이 이 용 지

不(부): 아니다 得(득): 하다 已(이): 그치다 不得已(부득이): 피치 못하게 而(이): 그래서 用(용): 쓰다 之(지): 그것

恬淡爲上, 勝而不美.
염 담 위 상 승 이 불 미

恬(념): 초연하다 淡(담): 담담하다 爲(위): 삼다 上(상): 최상이다 勝(승): 이기다 而(이): 그러나 不(불): 아니다 美(미): 아름답다

而美之者, 是樂殺人.
이 미 지 자 시 락 살 인

而(이): 그리고 美(미): 아름답다 之(지): 그것 者(자): 것 是(시): ~이다 樂(요): 좋아하다 殺(살): 죽이다 人(인): 사람

夫樂殺人者
부 락 살 인 자

夫(부): 무릇 樂(요): 좋아하다 殺(살): 죽이다 人(인): 사람 者(자): 사람

則不可以得志於天下矣.
즉 불 가 이 득 지 어 천 하 의

則(즉): 곧 不(불): 아니다 可(가): 가능하다 以(이): ~으로써 得(득): 얻다 志(지): 뜻 於(어): ~에서 天(천): 하늘 下(하): 아래 矣(의): ~이다

吉事尙左, 凶事尙右.
길 사 상 좌 흉 사 상 우

吉(길): 좋다 事(사): 일 尙(상): 받들다 左(좌): 왼쪽 凶(흉): 나쁘다 事(사): 일 尙(상): 받들다 右(우): 오른쪽

偏將軍居左, 上將軍居右.
편 장 군 거 좌 상 장 군 거 우

偏(편): 한쪽 將(장): 장수 軍(군): 군사 居(처): 자리앉다 左(좌): 왼쪽 上(상): 위 將(장): 장수 軍(군): 군사 居(처): 자리앉다 右(우): 오른쪽

言以喪禮處之.
언 이 상 례 처 지

言(언): 말하다, 요컨대 以(이): ~으로써 喪(상): 잃다 禮(례): 예의 處(처): 맞이하다 之(지): 그것

殺人之衆, 以哀悲泣之.
살 인 지 중 이 애 비 읍 지

殺(살): 죽이다 人(인): 사람 之(지): ~의 衆(중): 많다 以(이): ~으로써 哀(애): 슬프다 悲(비): 슬프다 泣(읍): 울다 之(지): 그것

戰勝以喪禮處之.
전 승 이 상 례 처 지

戰(전): 싸움 勝(승): 이기다 以(이): ~으로써 喪(상): 잃다 禮(례): 예의 處(처): 맞이하다 之(지): 그것

무릇 예리한 무기는 상서롭지 못한 기물이다.

어떤 것은 그것을 싫어한다.

그러므로 도를 따르는 사람은 머물지 않는다.

군자가 거할때 곧 왼편을 귀하게 여기고

군대를 부릴 때는 오른편을 귀하게 여긴다.

무기는 상서롭지 못한 기물이니

군자의 기물이 아니다.

부득이하게 그것을 쓸 뿐이니

초연하고 담담한 것이 제일 좋으며, 승리하더라도 아름답게 여기지 않는다.

그것을 아름답게 여기는 자는 살인을 즐기는 자이다.

무릇 사람 죽이는 것을 즐기는 사람이라면

천하에 뜻을 얻는 것은 불가하다.

길한 일에는 왼쪽을 높은 자리로 하고, 흉한 일에는 오른편을 높인다.

편장군은 왼편에 자리잡고, 상장군은 오른편에 자리한다.

이것은 곧 전쟁에는 상례로써 처하라는 말이다.

많은 사람들을 죽였으니, 비통과 자비의 마음으로 읍해야 할 것이다.

전쟁에 이겼다 하더라도 반드시 상례로써 처신해야한다.

이 장은 곽점본과 백서본에 원문 그대로 들어있다. 이는 『노자』 문헌이 쓰여질 당시부터 추상적이고 철학적인 논의와 더불어 구체적이고 현실적인 세상사에 관한 논의까지 다 갖추어졌다는 것을 의미한다. 그리고 『노자』의 정치와 전쟁에 대한 사상적 기반은 완벽하게 하나로 융합되어 있었다는 것을 의미한다.

철학은 평화를 전제로 한다. 그런데 평화는 전쟁의 결여를 의미한다. 결국 평화, 문화, 태평성세는 모두 전쟁을 컨트롤할 수 있는 능력의 기반 위에 서 있는 것이다. 이 장은 30장에 이어 평화주의자로서의 노자의 사유를 다시 한 번 느낄 수 있다.

전쟁을 할 때 위대한 장수는 전쟁을 하지 않고 이긴다. 병가兵家는 항상 변화를 중시한다. 병법이란 시시각각 변하는 모든 요소를 전반적으로 고려하는 데서 성립한다. 지형地形, 시세時勢, 천후天候 등 모든 조건의 변화를 항상 동적으로 파악한다. 더구나 병법에서는 임기응변도 잘 활용해야 한다.

결국 싸움이란 물리적 조건보다 참여하는 인간 모두의 심리전이기 때문에 그 심리를 잘 관장하는 사람이 궁극적으로 이기게 된다. 따라서 사실과 경험의 관찰, 연구의 축적과 예지를 통한 병법의 세계는 노자의 평화사상과 만난다. 노자가 말하는 상대적이고 대대적인 관계의 포용을 병가는 실전 속에서 실천한다. 그러므로 최고의 모략가는 유위가 아닌 무위, 코스모스가 아닌 카오스의 무형적 존재가 되어야하는 것이다. 그것이 대도大道의 논리이다.

이 장에서 왼쪽, 오른 쪽은 무엇을 의미하는 것인가? 옛날 중국에서는 왼쪽을 양陽적인 것, 곧 남성적인 것으로 하늘, 동쪽, 생명 등을 관장하는 자리로 생각하고, 오른쪽을 음陰적인 것 곧 여성적인 것으로서 땅, 서쪽, 죽음 등을 관장하는 자리라 생각하였다. 『회남자』 「병략훈」에도 "음에는 숨기고 감춘다는 뜻이 있고, 병사兵事는 책모를 헤아릴 수 없게 하고 모습을 감추는 것을 귀하게 여기므로 용병할 때 오른 쪽을 귀하게 여긴다."고 한다.

　노자가 오른 쪽보다 왼쪽을 중시 여기는 이유는 오른 쪽은 왼쪽에 비해 늘 무기를 잡는 쪽이기 때문이다. 서양에서 악수를 오른쪽으로 하는 이유는 무기를 잡는 쪽이 오른 쪽이기 때문에 무기가 없음을 상대방에게 보이기 위함이다. 따라서 보통 때는 생명을 관장하는 자리인 왼쪽을 귀하게 여기지만, 전시에는 죽음이 판치므로 오른 쪽을 귀하게 여긴다. 지위가 높은 장군을 오른 쪽에 배치하고 지위가 낮은 장군을 왼쪽에 배치하는 것도 전쟁을 흉사로 인식하기 때문에 상례에 따른 것이다.

　이처럼 아무리 전쟁에 승리하였더라도, 전쟁 자체는 부득이한 흉사이다. 사람이 대량으로 살상되기 때문에 비록 전쟁에서 승리하였다 하더라도 그 승리에 도취될 것이 아니라 아군이든 적군이든 그 싸움에서 죽어 간 많은 사람을 애도하는 마음가짐을 가져야 한다. 그래서 노자는 이러한 흉사에서 승리하였다고 그것을 기뻐한다는 것은 예가 아니기에 천하를 관장하는 사람은 전쟁에 승리하고도 비통함으로 떠들썩한 승리의 잔치가 아니라 엄숙한 상례喪禮따라 처신해야 한다고 강조한다.

제32장

道常無名.
도 상 무 명

道(도): 도 常(상): 늘 無(무): 없다 名(명): 이름

樸雖小, 天下莫能臣也.
박 수 소 천 하 막 능 신 야

樸(박): 통나무 雖(수): 비록 小(소): 보잘것 없다 天(천): 하늘 下(하): 아래 莫(막): 없다 能(능): 능히 臣(신): 신하, 부리다 也(야): 그것

侯王若能守之
후 왕 약 능 수 지

侯(후): 임금 王(왕): 임금 若(약): 만약 能(능): 능히 守(수): 지키다 之(지): ~의

萬物將自賓.
만 물 상 자 빈

萬(만): 일만 物(물): 사물 將(장): 장차 自(자): 스스로 賓(빈): 따르다

天地相合以降甘露
천 지 상 합 이 강 감 로

天(천): 하늘 地(지): 땅 相(상): 서로 合(합): 합하다 以(이): ~으로써 降(강): 내리다 甘(감): 달다 露(로): 이슬

民莫之令而自均.
민 막 지 령 이 자 균

民(민): 백성 莫(막): 없다 之(지): 그것 令(령): 명령하다 而(이): 그러나 自(자): 스스로 均(균): 가지런해지다

始制有名.
시 제 유 명

始(시): 시작하다 制(제): 통제하다 有(유): 있다 名(명): 이름

名亦旣有
명 역 기 유

名(명): 이름 亦(역): 또한 旣(기): 이미 有(유): 있다

夫亦將知止
부 역 장 지 지

夫(부): 무릇 亦(역): 또한 將(장): 장차 知(지): 알다 止(지): 그치다

知止可以不殆.
지 지 가 이 불 태

知(지): 알다 止(지): 그치다 可(가): 할 수 있다 以(이): ~으로써 不(불): 아니다 殆(태): 위태롭다

譬道之在天下
비 도 지 재 천 하

譬(비): 비유하다 道(도): 도 之(지): 그것 在(재): 있다 天(천): 하늘 下(하): 아래

猶川谷之於江海.
유 천 곡 지 어 강 해

猶(유): 같다 川(천): 개울 谷(곡): 골짜기 之(지): ~의 於(어): ~에서 江(강): 강 海(해): 바다

160

도는 늘 이름이 없다.

통나무처럼 비록 보잘것없지만, 천하에 능히 신하로 부릴 자가 없다.

군왕이 만일 그것을 지킨다면

만물은 장차 저절로 따르게 될 것이다.

천지가 서로 화합하여 단비를 내리고

백성들은 법령을 내리지 않아도 스스로 가지런해지다.

처음에 제한을 하고 나서야 이름이 있게 된다.

이름이 있고 나면

무릇 또한 그침을 알아야 할 것이다.

그침을 알아야 위태롭지 않을 수 있다.

도가 천하에 있는 것을 비유하면

마치 시내와 골짜기의 물이 강과 바다로 흘러 가는 것과도 같다.

도란 이름이 없으니 통나무와 같다. 도가 이름이 없다는 것은 어떤 특정한 내용을 의미로 갖는 그런 이름을 가질 수 없다는 의미이다. 이 세계는 모든 것이 반대편 것과의 관계 속에서 존재하고 항시 변화한다. 이 세계는 반대되는 대립항들이 꼬여서 되어 있지만, 이는 인간 세계 뿐만 아니라 자연의 대행 원칙이다. 대립항들이 꼬여서 되어 있는 이러한 자연의 운행 원칙은 유약하며 여성적이고 은밀하게 작용한다.

이름은 그것을 그것이게 하는 본질을 담아내는 개념화 작용을 한다. 그래서 이름은 세계의 어떤 부분을 어떤 본질 안에 가두고 정지시키며 구분시킨다. 그러나 노자가 보기에 세계는 일정한 본질로 기둘 수도 한 순간도 징지시길 수 없다. 도는 이름으로 한정할 수 없다. 이러한 도의 특성을 굳이 비유하자면 통나무 같다.

문제는 그런 통나무가 보잘 것 없어 보인다는 것이다. 이렇듯 이름도 없고 보잘 것 없어 보이는 통나무가 쪼개져 마름질을 당하면 여러 기물이 생겨나고 거기에 각각 이름이 붙는다. 이는 단순하던 원초적 미분의 세계에서 의식적인 분별의 세계로 바뀌어 여러 사회 제도가 생겨나고 거기에 여러 기구의 명칭이 따르는 것을 의미한다. 이러한 사회제도와 기구들은 일상 생활을 영위하는 데 유용하게 쓰이지만 여기에는 언제나 인위적인 조작이나 부자연스러움이 있고 이로 인한 갈등과 투쟁과 분쟁이 있게 된다. 그러므로 이러한 현상 세계의 본질과 한계를 꿰뚫어보고 이러한 대립의 세계에 계속 안주하거나 몰입하는 일을 멈출 줄 알아야 한다. 멈출 줄 알면 위험을 면할 수 있기 때문이다.

이러한 멈춤은 우리에게 도와 하나 되는 경지에서 살아가는 것이 최선의 삶이라는 것을 알게 해준다. 『대학』에서도 "머물러야 할 곳을 안 이후에야 지향점이 정해져서 안정됨이 있고, 안정한 이후에야 고요해질 수 있고, 고요해진 이후에야 편안할 수 있고, 편안해진 이후에야 사려가 깊어질 수 있고, 사려가 깊어진 이후에야 체득할 수 있다."고 언급한다.

도는 너무 크고 너무 높아서가 아니라, 오히려 너무 미약하고 너무 낮게 있어서 별 볼일 없는 것처럼 보인다. 도는 아버지가 아니라 어머니이다. 도는 물처럼 유약하며 달처럼 은미하고 계곡처럼 낮고도 낮다. 그러나 도는 이 세계의 모든 존재와 모든 가치를 관장하여 천하 만물의 근본이 된다.

만일 군왕이 도에 따라 통치를 하게 되면 명령을 내리지 않아도 무위의 다스림이 되어 만물이 저절로 다스려진다. 욕심을 쉬면 저절로 인간의 마음이 자연의 도와 합치하는 것처럼 노자가 말하는 무위의 다스림은 세상을 경제적으로나 도덕적으로 장악하거나 고치려고 애쓰는 이상주의적 정치가 아니다. 이상주의적 정치는 이름을 붙이는 것이고, 한계 짓고, 제도를 만들어 내는 것이다. 무위의 통치는 이러한 이상주의적 마음을 포기하는 것이다. 이는 자기 존재 그침의 한계를 아는 것이고, 그런 그침의 한계를 알면 이 세상과 도는 작은 시내들이 강과 바다로 흘러드는 것처럼 온 백성이 스스로 모여들어 복종하게 된다.

제33장

知人者智.
지 인 자 지

知(지): 알다 人(인): 사람, 타인 者(자): 사람 智(지): 슬기롭다

自知者明.
자 지 자 명

自(자): 자신, 스스로 知(지): 알다 者(자): 사람 明(명): 밝다

勝人者有力
승 인 자 유 력

勝(승): 이기다 人(인): 사람, 타인 者(자): 사람 有(유): 가지다 力(력): 힘

自勝者强.
자 승 자 강

自(자): 자신, 스스로 勝(승): 이기다 者(자): 것, 사람 强(강): 강하다

知足者富
지 족 자 부

知(지): 알다 足(족): 만족하다 者(자): 것, 사람 富(부): 넉넉하다, 부유하다

强行者有志.
강 행 자 유 지

强(강): 힘쓰다 行(행): 실행하다 者(자): 사람 有(유): 있다 志(지): 뜻

不失其所者久
부 실 기 소 자 구

不(불): 않다 失(실): 잃다 其(기): 그 所(소): 곳 其所(기소): 처신해야 할 올바른 위치 者(자): 사람 久(구): 오래가다

死而不亡者壽.
사 이 불 망 자 수

死(사): 죽다 而(이): 그러나 不(불): 아니다 亡(망): 망하다 者(자): 사람 壽(수): 목숨, 장수하다

남을 아는 자는 지혜롭다.

자신을 아는 자는 밝다.

남을 이기는 자는 힘이 있지만

자신을 이기는 사람이 강하다.

만족을 아는 자는 부유하고

실행에 힘쓰는 사람은 뜻이 있다.

그 있어야 할 바를 잃지 않는 사람은 오래가고

죽어도 잊혀지지 않는 사람이 장수하는 것이다.

남을 아는 것은 지혜롭다 하고, 자신을 아는 것을 밝다고 한다. 남을 이기는 것을 힘이 있다고 하고, 자신을 이기는 것을 강하다고 한다. 남을 아는 것은 지혜로운 일이나 자신을 아는 자는 그런 지혜를 넘어 또 다른 면을 본다. 지^知와 지^智의 의미는 서로 비슷하지만 노자는 지^智를 부정적으로 사용한 경우가 적지 않다. 그러나 이 장에서 지^智는 철^哲의 의미와 유사하다.

자지^{自知}는 자신을 아는 것이다. 노자는 외부로 향한 시선으로 타인을 아는 것은 단순히 지혜롭다 하고, 내부로 향한 시선으로 자신을 아는 것을 명철하다고 하였다. 왜냐하면 자신을 아는 것은 인위적 체계가 덧씌워지기 전 자신의 모습을 아는 것이기 때문이다.

인간은 본래 명철한 밝음이라는 명^明을 가지고 있다. 이 밝음은 일정한 모습이 없으며, 오만 가지 모습을 이룬다. 또한 인위적으로 애써 드러낼 수 있는 것이 아니며, 저절로 드러나는 것이다. 16장에서도 '항상함을 아는 것을 명^明'이라 하였고, 53장에서는 '그 명으로 돌아간다.'고 하였다.

명^明과 지^智는 외부로 향하는 사려작용을 말한다. 사려작용은 모종의 지향성을 지니기에 사물의 분별을 갖는다. 지^智가 외적인 것으로만 향한다면 밝은 명^明으로부터 멀어져 사물을 제대로 인식할 수 없게 된다. 왜냐하면 분별지인 어두운 눈으로 사물을 인식하는 것과 밝은 명^明으로 인식하는 것과는 다르기 때문이다.

타인을 아는 것은 일정한 문화체계나 전통의 기준을 지녀 평가하고 판단한다. 노자는 타인과의 관계 그물망 속에서 구축되는 문제, 즉 지인^{知人}-승인^{勝人}-강행^{强行}의 방식을 결코 우호적으로 보지 않았다. 오히려 이러한 것들을 거부하고 자지^{自知}-자승^{自勝}-자족^{自足}의 방식을 취했다. 만약 이러한 방식을 취한다면 죽어서도 잊혀지지 않게 된다.

또한 노자는 진정한 강함은 스스로를 이김에 있다고 보았다. 왜냐하면 타인을 이긴다는 것이 남을 굴복시키는 것이라고 한다면, 스스로를 이긴다는 것은 자신을 굴복시킨다는 것이기 때문이다. 이처럼 자신을 이기는 자는 언뜻 보아서는 우유부단하고 나약한 것처럼 보이지만 실제는 그와 반대이다. 바다가 낮아서 온갖 계곡의 물을 포용하여 자신에게 흘러 들어오게 하는 것처럼 부드러움은 대상을 이기려고 하기 보다는 자신을 이기려고 함으로 해서 진정한 강함을 이룬다.

노자는 또 만족을 아는 것은 부유한 것이고, 자기 자리를 잃지 않게 되면 도와 하나가 되어 오래갈 수 있고, 도와 하나가 되면 죽어도 없어지지 않아 장수한다고 하였다.

이는 우리의 본래 자리가 도의 자리이자 이 자리를 잃지 않고 지키는 것은 삶과 죽음의 상대적 이원성을 넘어 도와 하나된다고 보았다. 도사 계통의 주해에서는 이 부분에 대해 도인이 평소에 도를 닦으면 도신道神이 그에게 돌아가 세상을 등지고 죽음을 맡긴 채 태음太陰가운데를 지나 다시 살아 없어지지 않기 때문에 오래 산다고 해석한다. 이처럼 도에 따라 생성 변화하는 것은 도와 함께 영원히 사는 것이다.

제34장

大道氾兮.
대 도 범 혜

大(대): 크다 道(도): 도 氾(범): 넘치다 兮(혜): ~구나

其可左右.
기 가 좌 우

其(기): 그 可(가): 가능하다 左(좌): 왼쪽 右(우): 오른쪽

萬物恃之而生而不辭.
만 물 시 지 이 생 이 불 사

萬(만): 온갖 物(물): 사물 恃(시): 의지하다 之(지): 그것 而(이): 그러나 生(생): 생기다 而(이): 그러나 不(불): 아니다 辭(사): 사양하다

功成不名有.
공 성 불 명 유

功(공): 공적 成(성): 이루다 不(불): 아니다 名(명): 이름 有(유): 소유하다

衣養萬物而不爲主.
의 양 만 물 이 불 위 주

衣(의): 입히다 養(양): 기르다 萬(만): 온갖 物(물): 사물 而(이): 그러나 不(불): 아니다 爲(위): 하다 主(주): 주인

常無欲
상 무 욕

常(상): 늘 無(무): 없다 欲(욕): 욕심

可名於小
가 명 어 소

可(가): 가능하다 名(명): 이름하다 於(어): ~이라고 小(소): 작다

萬物歸焉而不爲主.
만 물 귀 언 이 불 위 주

萬(만): 온갖 物(물): 사물 歸(귀): 돌아가다 焉(언): 어조사 而(이): 그러나 不(불): 아니다 爲(위): 하다 主(주): 주인

可名爲大
가 명 위 대

可(가): 가능하다 名(명): 이름하다 爲(위): 하다 大(대): 크다

以其終不自爲大
이 기 종 불 자 위 대

以(이): ~으로써 其(기): 그 終(종): 마침내 不(불): 아니다 自(자): 스스로 爲(위): 여기다 大(대): 크다

故能成其大
고 능 성 기 대

故(고): 그러므로 能(능): 능하다 成(성): 이루다 其(기): 그 大(대): 크다

큰 도는 넘치는 물과도 같구나!

왼쪽 오른쪽 어디나 갈 수 있다.

만물이 이것에 의지하여 생겨나지만 사양하지 않는다.

공을 이룩하고서도 이름을 내세우지 않는다.

만물을 입히고 길러주지만 주인 노릇 하려 하지 않는다.

항상 욕심이 없어

작다고도 이름 할 수 있으나

만물이 모두 그에게로 돌아가는데 주인 노릇 하지 않는다.

크다고 이름 할 수 있다.

끝내 스스로 크다 하지 않음으로써

고로 능히 그 큼을 이룰 수 있는 것이다.

자기를 주장하고 자기를 고집하는 것은 한 방향으로 향함이다. 그런데 한 방향으로 향하면 다른 쪽으로는 갈 수가 없다. 이것은 한 쪽을 극진히 이루는 것이지만 이와 동시에 한 곳에만 치우쳐 있음을 의미한다. 반면에 도는 자기를 주장하지도 자기를 고집하지도 않아 마치 물결 따라 이리저리 옮겨 다니는 돛단배와도 같다.

이 장에서는 도가 하나도 빠뜨리지 않고 모든 만물 존재의 가장 밑바탕이 되는 원칙으로 기능하면서도 자신은 어떤 본질을 함장하고 있는 실체로서 있지 않음을 말한다. 그리고 인간의 삶이나 통치 행위에서도 이것을 모델로 하여 앞에서 주도적으로 주재하지 말 것을 권하고 있다. 그렇게 해야 자신에게 이미 있는 진정한 위대함이 이루어지기 때문이다.

도의 상징인 물은 물고기를 특별히 마다하지 않고 그 속에서 노닐게 한다. 물고기 또한 특별히 물의 고마움을 의식하지도 않고 야속하게 생각하지도 않는다. 이처럼 도는 모든 것을 이롭게만 할 뿐 자기의 영광인 이름이니 공로니 하는 것은 전혀 고려하지 않는 무욕의 상태에 살기에 '작음'의 상태에 산다 하겠다. 그러나 모든 물고기가 그 안에 살며 생명을 유지하기 때문에 모든 것을 감쌀 만큼의 '큼'을 지녔다 하겠다.

대도는 넓어서 왼쪽이나 오른쪽이나 모두 가능하며 만물은 모두 그것에 의지하여 살고 있지만 귀찮아하지 않는다. 즉 모든 만물이 그것을 근거로 생겨나거나 살지만 도는 모든 만물이 자신을 의지하는 것에 대해 전혀 부담을 느끼지 않는다. 이런 포용성이 있기에 도는 그런 큰 기능을 하면서도 자신의 명성을 구축하려 하지 않는다.

만약 자신을 크다고 여긴다면 이것은 이미 크다고 하는 것에 집착하는 것이다. 이처럼 큰것에 집착하여 높고자 하면 오히려 자신은 낮아지고, 공덕을 드러내고자 하면 이미 공덕이 사라지고 만다. 그러나 성인은 일체의 것에 집착하는 마음이 없기 때문에 비록 크다고 할지라도 크다고 여기지 않고 남에게 이로움을 줄 뿐 공로를 주장하거나 이름을 내려고 하지 않는다. 그러나 결과적으로 자신은 낮아지려 하나 더욱 높아지고, 자신의 공덕을 과시하려 하지 않으나 결과적으로 많은 공덕이 있게 된다.

『논어』에도 '남이 나를 알아주지 않을까 염려하지 말고, 내가 남을 알아주지 않는 일이 있나 염려하라'고 했다. 이처럼 무슨 일을 할 때 남이 알아줄 것을 바라지도 말고, 처음부터 그런 것을 의식마저 하지 않고 하는 마음가짐이 필요하다. 이렇게 할 때 진정으로 큰 것을 이룰 수가 있다.

이처럼 도는 하고자 하는 바가 없으므로 이를 따르는 삶은 오히려 대단히 사소해보이기도 한다. 하지만 노자의 소小는 대大보다도 훨씬 더 깊고도 오묘한 의미를 품고 있다. 대도大道는 무욕하므로 소小라 할 수 있다. 그런 겸허의 마음은 공로나 공적의 개념이 생길 수 없다. 그런 마음은 세속적 성공의 생각을 지우지만 그럴수록 본성이 더 환하게 나타난다. 그래서 대도는 겸허하다 하겠다.

제35장

執大象
집 대 상   執(집): 잡다 大(대): 위대하다 象(상): 형상, 모양

天下往.
천 하 왕   天(천): 하늘 下(하): 아래 往(왕): 찾아오다

往而不害
왕 이 불 해   往(왕): 찾아오다 而(이): 그러나 不(불): 없다 害(해): 해치다

安平太
안 평 태   安(안): 편안하다 平(평): 평안하다 太(태): 편안하다

樂與餌
락 여 이   樂(낙): 음악 與(여): ~과 餌(이): 맛있는 음식

過客止
과 객 지   過(과): 지나다 客(객): 손님 止(지): 그치다, 머물다

道之出口
도 지 출 구   道(도): 도 之(지): ~의 出(출): 나가다, 나타나다 口(구): 입

淡乎其無味.
담 호 기 무 미   淡(담): 담백하다 乎(호): ~도다 其(기): 그 無(무): 없다 味(미): 맛

視之不足見
시 지 부 족 견   視(시): 보다 之(지): 그것 不(부): 못하다 足(족): 족히 見(견): 보다

聽之不足聞
청 지 부 족 문   聽(청): 듣다 之(지): 그것 不(부): 못하다 足(족): 족히 聞(문): 듣다

用之不足旣
용 지 부 족 기   用(용): 쓰다 之(지): 그것 不(부): 못하다 足(족): 족히 旣(기): 다하다

위대한 (도의) 형상을 잡으면

천하사람들이 찾아온다.

찾아와도 해로움이 없어

안락 태평할 것이다.

듣기 좋은 음악이나 맛있는 음식은

지나는 나그네를 멈추게 하지만

도가 입으로 나오는 것은

담담하여 아무 맛도 없다.

보아도 볼 수가 없고

들어도 들을 수가 없고

써도 다 쓸 수 없다.

도를 따르면 언제 어디서든 편안하다. 왜냐하면 도는 이 세계의 존재 형식이나 운행 원칙을 가리키는 범주이기 때문에 관계와 변화의 맥락 안에 무한하면서도 절대적으로 작용하기 때문이다. 여기서 대상大象은 자연의 운행이요 형상이며 도를 가리킨다. 그래서 이 대상은 형태 없는 형태라 할 수 있다. 자연의 운행 모습은 무위이다. 그러기에 무엇이든 이루어내고 모두가 이에 따라 움직인다. 그야말로 무위이무불위無爲而無不爲이다.

집執은 본래 집착의 뜻이지만, 집執의 대상인 도道는 대상大象인 동시에 무상無象이다. 좇는 대상이 좇을 수도 잡을 수도 없는 바람과 같은 것이라는 점에서 집執은 집착하지 않음에 대한 집착이다. 물이 비록 일정한 형상이 없지만 사물의 무한한 형상을 따라 그 자신도 무한한 형상을 이루듯이 대상大象을 잡으면 일정한 모양이 없게 된다.

이처럼 자연의 존재 형식이나 운행 모습인 도를 모델로 하는 곳에 사는 백성들은 서로 경쟁하거나 갈등을 유발하지 않게 되어 태평해진다. 특정한 방향이나 특정한 범위를 고집하지 않아 특정한 범위나 특정한 용도로 기능하지 않기 때문이다. 그러기에 현자를 숭상하지 않고, 얻기 어려운 재화를 귀하게 여기지 않고, 욕심낼 만한 것들을 보이지 않는다. 왜냐하면 도는 자연의 존재 형식을 모델로 하기 때문이다.

이 도는 특정한 맛으로 표현될 수 없기에 무미無味이다. 음악과 맛있는 음식은 오랜 여행으로 피곤한 나그네의 발걸음을 잠시 멈추게 할 수 있지만 도는 자극없이 담담할 뿐이다. 도는 보려해도 특정한 색으로 드러나지 않고, 들으려해도 특정한 소리로 잡히지 않는다. 그래서 도는 특정한 방향으로 나아가거나 특정한 범위에서 멈추지 않기에 무궁무진한 작용력을 가지며 아무리 사용해도 다해질 수가 없는 것이다.

본래 도에 대한 말은 심심하고 맛이 없다. 맛이 없을 뿐만 아니라 눈길을 끌

만큼 보기에 좋은 것도 아니고 귀를 즐겁게 할 만큼 듣기에 좋은 것도 아닌 쓸모없는 그 무엇이다. 이처럼 진리는 단순하고 평범하다. 단순하고 평범한 깊숙한 곳에 진리의 참 뜻이 있다. 그러나 상식적인 세계 이상의 것에 눈이 뜨이지 않은 사람에게는 별 볼일 없는 무엇으로만 보일 뿐이다. 이처럼 도는 특정한 방향으로 나아가거나 특정한 용도로 기능을 하지 않기에 무궁무진한 작용력을 지니게 되는 것이다.

상식적인 한계를 넘어서 도의 참 뜻을 들여다보면 용도가 무궁무진함을 발견하게 된다. 이처럼 도는 여태까지 체득해 보지 못했던 삶의 깊이와 의미를 가져다 준다. 그래서 지도자가 그것을 체득하면 도로 사람을 이끌기 때문에 삶이 안위를 얻고, 화목과 협동과 평화가 깃든 삶을 누리게 되는 것이다.

제36장

將欲歙之
장 욕 흡 지
將(장): 장차 欲(욕): 하고자 하다 歙(흡): 오므리다 之(지): 그것

必固張之.
필 고 장 지
必(필): 반드시 固(고): 미리 張(장): 펴다 之(지): 그것

將欲弱之
장 욕 약 지
將(장): 장차 欲(욕): 하고자 하다 弱(약): 약하다 之(지): 그것

必固强之.
필 고 강 지
必(필): 반드시 固(고): 미리 强(강): 강하게 하다 之(지): 그것

將欲廢之
장 욕 폐 지
將(장): 장차 欲(욕): 하고자 하다 廢(폐): 폐하다 之(지): 그것

必固興之.
필 고 흥 지
必(필): 반드시 固(고): 미리 興(흥): 일어나게 하다 之(지): 그것

將欲奪之
장 욕 탈 지
將(장): 장차 欲(욕): 하고자 하다 奪(탈): 빼앗다 之(지): 그것

必固與之.
필 고 여 지
必(필): 반드시 固(고): 미리 與(여): 주다 之(지): 그것

是謂微明.
시 위 미 명
是(시): 이 謂(위): 일컫다 微(미): 작다, 미묘하다 明(명): 밝다

柔弱勝剛强.
유 약 승 강 강
柔(유): 부드럽다 弱(약): 약하다 勝(승): 부리다 剛(강): 굳세다 强(강): 강하다

魚不可脫於淵
어 불 가 탈 어 연
魚(어): 물고기 不(불): 아니다 可(가): 가능하다 脫(탈): 벗어나다 於(어): ~에서 淵(연): 못

國之利器
국 지 이 기
國(국): 나라 之(지): 어조사, ~의 利(리): 날카롭다 器(기): 물건

不可以示人
불 가 이 시 인
不(불): 아니다 可(가): 가능하다 以(이): ~으로써 示(시): 보이다 人(인): 사람

장차 접으려 하면

반드시 먼저 펴야 한다.

장차 약하게 하려면

반드시 먼저 강하게 해주어야한다.

장차 폐하게 하려면

반드시 먼저 일어나게 해주어라.

장차 뺏고 싶으면

반드시 먼저 주어야 한다.

이것을 일컬어 미묘한 밝음이라 한다.

부드럽고 유약한 것이 굳세고 강한 것을 이긴다.

물고기가 연못에서 나오면 안 되듯이

나라의 날카로운 기물을

사람들에게 보여서는 안 된다.

얼핏 이 장을 잘못 읽으면 권모술수나 처세술이 담고 있다고 볼 수 있다. 그러나 이 장은 노자가 세계의 존재 형식이나 우주의 운행 원리를 참고적 자료로 하여 삶의 방식으로 발전시킨 것이다.

자연 현상이란 것은 극에 달하면 반대의 것으로 돌아간다. 해가 장차 기울려고 하면 반드시 성대히 빛나고, 달이 장차 기울려고 하면 반드시 차고, 등불이 장차 꺼지려고 하면 반드시 아주 밝아진다. 이 모두는 사물의 형세가 저절로 그러한 것이다.

우주의 존재 형식과 인식의 원리 그리고 삶의 방식은 밀접한 관계가 있다. 즉 움츠리고 싶으면 먼저 펴야 한다는 것은 어떤 목적을 위한 권모술수가 아니라, 우주의 존재 형식이 원래 그러하고 사물들의 성질이 본래 그러하다는 것이다. 왜냐하면 이 세계는 유/무, 장/단 등과 같은 두 계열 사이의 관계와 반대편을 향한 운동 경향으로 이루어졌기 때문이다. 반대되는 이 두 가지 성질은 필연적인 상호 관계 속에서 서로 의존해 있다. 그런데 이것은 이렇게 하자고 약속한 것이 아니라 원래 그런 것이다. 이런 우주적 원리를 체득하고 삶의 영역에서 운용할 수 있는 지혜가 바로 '미묘한 밝음'인 미명微明이다.

노자의 핵심 의도는 자연의 원리를 삶에서 운용하는 것이다. 그런데 도가 작용하는 모습은 매우 유약하다. 그리고 노자가 모델로 하는 자연은 살아있는 자연이다. 미명을 체득한 사람은 부드럽고도 유약하다.

살아있는 것들은 유약하다. 도를 상징하고 있는 대표적 자연물 가운데 물 또한 가장 유약하다. 자연물 가운데서 가장 유약한 것이다. 유약한 것이 굳세고 강한 것을 이긴다는 것은 부드러움과 모성母性에 적극적인 의미를 부여한 것이라 볼 수 있다.

물고기는 연못을 떠나면 얼마 지나지 않아 죽는다. 마찬가지로 백성은 국가를 떠나 살 수 없다. 그런데 그 국가가 날카로운 도구를 드러내고 있다면 그 나라는 제대로 다스려지지 않는 나라다. 국가의 날카로운 도구란 무기, 법규, 법령, 형벌 등으로 비유될 수 있다. 이런 것들로 백성들을 교화시키려 하거나 인도하려는 것은 노자가 보기에는 잘못된 것이다. 이러한 것들은 모두 자연이 아니며 겉으로 드러나는 언어 체계이다. 이러한 고정된 것들은 변화를 따르지 못해 한계가 금방 드러난다.

부드럽고 약한 것이 굳고 강한 것을 이긴다는 것은 『도덕경』 전체를 통해 일관되게 흐르는 기본 가르침이다. 도의 자연적인 흐름에 반하여 무력이나 무기를 써서는 세상을 이길 수 없다. 무기는 쓰지도 말 뿐 아니라 보지도 말아야 한다. 날카로운 무기를 드러내 놓고 자랑하는 것은 패망하는 길이다.

또한 국가의 지시나 법령, 형벌 또한 국가의 날카로운 기물로 이 기물로 백성들을 다스리고 교화하려 해서는 안된다. 이런 것들은 모두 언어 체계로 명문화되어 있어 금방 한계에 도달하여 궁색해지기 때문이다. 노자가 보기에 물고기가 연못 밖에 나오면 안되는 것처럼 이러한 국가의 기물은 밖으로 나오게 해서는 안 된다고 본다.

두 번의 세계 대전으로 인류는 엄청난 살상 무기들을 개발하였고 많은 사람들을 학살하였다. 만물의 영장이라 하기에는 너무도 부끄러운 인류의 모습이다. 노자가 경계한 것이 바로 이것이다. 신무기가 개발될수록 평화와 안전은 멀어지고 인간이 본래 지녔던 자연스러운 감정들은 이데올로기화 된다. 지난 세기 인류는 이미 커다란 비극을 경험하고 나서야 노자의 오래된 지혜에 눈을 돌리게 된 것이다. 노자의 말처럼 국가의 날카로운 기물은 함부로 보여서도 안 되고, 함부로 써서도 안되는 것이다.

제37장

道常無爲而無不爲.
도 상 무 위 이 무 불 위

道(도): 도 常(상): 늘 無(무): 없다 爲(위): 하다 而(이): 그러나 無(무): 없다 不
(불): 아니다 爲(위): 하다

侯王若能守之
후 왕 약 능 수 지

侯(후): 임금 王(왕): 임금 若(약): 만약 能(능): 잘하다 守(수): 지키다 之(지): 그것

萬物將自化.
만 물 장 자 화

萬(만): 온갖 物(물): 사물 將(장): 장차 自(자): 스스로 化(화): 교화하다

化而欲作
화 이 욕 작

化(화): 교화하다 而(이): 그러나 欲(욕): 욕망 作(작): 짓다, 일어나다

吾將鎭之以無名之樸
오 장 진 지 이 무 명 지 박

吾(오): 나 將(장): 장차 鎭(진): 누르다 之(지): 그것 以(이): ~으로써 無(무): 없다
名(명): 이름 之(지): ~의 樸(박): 통나무, 소박하다

無名之樸
무 명 지 박

無(무): 없다 名(명): 이름 之(지): ~의 樸(박): 통나무, 순박하다

夫亦將無欲
부 역 장 무 욕

夫(부): 무릇 亦(역): 또한 將(장): 장차 無(무): 없다 欲(욕): 욕망

不欲以靜
불 욕 이 정

不(불): 아니다, 없다 欲(욕): 욕망 以(이): ~으로써 靜(정): 고요하다

天下將自定
천 하 장 자 정

天(천): 하늘 下(하): 아래 將(장): 장차 自(자): 스스로 定(정): 안정되다

180

도는 늘 무위하지만 하지 않음이 없다.

제후와 왕이 만약 이를 잘 지킨다면

만물은 장차 스스로 교화 될 것이다.

만물이 교화하려 하면 욕망이 일어나

나는 그것을 아직 이름 없는 통나무로써 억누를 것이다.

이름없는 통나무에는

또한 아무런 욕망도 없게 된다.

욕망이 없는 것으로써 고요해진다면

천하가 스스로 안정될 것이다.

무위는 노자 철학의 핵심 범주 가운데 하나이다. 그래서 도는 항상 무위하지만 이루어지지 않음이 없다. 무위는 자연 즉 스스로 그러함을 따르기 때문이다. 자연의 원리 즉 도를 따르면 통치자가 특정한 방향으로 인도하지 않아도 백성들은 저절로 교화된다.

노자는 교화를 반대한다기보다 자연스레 이루어지는 교화에 가치를 둔다. 이에 비해 유위는 어떤 목적을 위해 욕망을 통해 대상과 관계한다. 의욕 혹은 욕망이 생기는 것은 특정한 문명 체계를 견지하겠다는 의미이다. 마음에서 유위가 일어나면 노자는 이름없는 소박함 즉 이름을 붙이기 전의 통나무와 같은 순수함으로 돌아가야 한다고 말한다.

통나무는 아직 특정한 의미로 재단되기 이전의 상태이다. 32장에서 "도는 언제나 이름이 없다. 통나무는 비록 작지만 천하에 아무도 감히 신하로 삼을 수 없다. 군왕이 이 도를 잘 지키면, 만물이 스스로 귀순하게 된다."고 하였다. 이러한 통나무는 모든 가능성과 다양성 앞에 열려 있다. 그러나 한 번 이름이 붙게 되면 이름 안에 갇히게 된다. 어떤 의미에서 통나무는 그 이름을 얻어 그 이름에 맞는 생명을 얻었다고 할 수도 있겠지만, 그 이름 안에서 죽는다고 할 수도 있다.

이름은 곧 질서이자 체계이다. 그것은 닫힘이며 배타적이고 불변적이다. 그것은 축적이자 방향이고 강제이며 남성적이다. 또한 직선적이고 힘이며 꽉 채움이자 역사이다. 이는 일정한 방향으로 인도하는 교화이며, 그곳을 향해 일어서는 욕망이다. 그래서 노자는 특정한 이름이 붙기 이전의 통나무 같은 성질로 그것을 억누르자고 한다. 그러면 거기에는 욕망이 기능을 할 수 없기 때문이다.

통나무의 대표적 덕성은 무욕無欲이라 할 수 있다. 여기서의 무욕은 욕망 없음이라기보다는 과욕寡慾 혹은 절욕節慾이라 할 수 있다. 욕망은 활동력이라는 점에서 욕망을 부정하는 것은 삶을 부정하는 것이다. 노자는 과욕過慾을 비판했지 욕망 자체를 부정하지는 않았다. 그래서 노자는 지족知足을 말한 것이다.

이처럼 지족하게 되면 만물이 마땅히 머물러야 할 곳에 머물게 되고, 동動함이 억제되어 정靜하게 된다. 그렇게 되면 번잡하게 들떠 있는 욕망이 기능을 할 수 없기 때문에 백성들은 저절로 안정되거나 올바르게 된다. 이와같은 집착을 끊은 상태 곧 욕심의 불이 꺼진 상태가 시원하고 고요하며 평화로운 자유의 상태인 열반의 상태라 하겠다.

덕경

제38장

上德不德.
상 덕 부 덕

上(상): 위, 훌륭하다 德(덕): 덕 不(불): 아니다 德(덕): 덕

是以有德.
시 이 유 덕

是(시): 이 以(이): ~으로써 有(유): 있다 德(덕): 덕

下德不失德.
하 덕 부 실 덕

下(하): 아래 德(덕): 덕 不(불): 아니다 失(실): 잃다 德(덕): 덕

是以無德.
시 이 무 덕

是(시): 이 以(이): ~으로써 無(무): 없다 德(덕): 덕

上德無爲而無以爲.
상 덕 무 위 이 무 이 위

上(상): 위, 훌륭하다 德(덕): 덕 無(무): 없다 爲(위): 하다 而(이): 그래서 無(무): 없다 以(이): ~으로써 爲(위): 하다

下德爲之而有以爲.
하 덕 위 지 이 유 이 위

下(하): 아래 德(덕): 덕 爲(위): 하다 之(지): 그것 而(이): 그리고 有(유): 있다 以(이): ~으로써 爲(위): 하다

上仁爲之而無以爲.
상 인 위 지 이 무 이 위

上(상): 위, 훌륭하다 仁(인): 어질다 爲(위): 하다 之(지): 그것 而(이): 그리고 無(무): 없다 以(이): ~으로써 爲(위): 하다

上義爲之而有以爲.
상 의 위 지 이 유 이 위

上(상): 위, 훌륭하다 義(의): 옳다 爲(위): 하다 之(지): 그것 而(유): 그리고 有(유): 있다 以(이): ~으로써 爲(위): 하다

上禮爲之而莫之應
상 례 위 지 이 막 지 응

上(상): 위, 훌륭하다 禮(례): 예의 爲(위): 하다 之(지): ~의 而(이): 그러나 莫(막): 없다 之(지): ~의 應(응): 응하다

則攘臂而扔之.
칙 양 비 이 잉 지

則(즉): 곧 攘(양): 뿌리치다 臂(비): 팔 而(이): 그리고 扔(잉): 이끌다, 당기다 之(지): 그것

故失道而後德
고 실 도 이 후 덕

故(고): 그러므로 失(실): 잃다 道(도): 도 而(이): 그리고 後(후): 뒤 德(덕): 덕

失德而後仁
실 덕 이 후 인

失(실): 잃다 德(덕): 덕 而(이): 그리고 後(후): 뒤 仁(인): 어질다

失仁而後義
실 인 이 후 의

失(실): 잃다 仁(인): 어질다 而(이): 그리고 後(후): 뒤 義(의): 옳다

失義而後禮.
실 의 이 후 례

失(실): 잃다 義(의): 옳다 而(이): 그리고 後(후): 뒤 禮(례): 예절, 예의

夫禮者
부 례 자

夫(부): 무릇 禮(례): 예의, 예절 者(자): 것

최상의 덕은 덕이라고 하지 않는다.

그래서 덕이 있다.

하급의 덕은 덕을 잃지 않으려 한다.

그래서 덕이 없다.

최상의 덕은 무위하면서 무엇을 위하여 함이 없다.

하덕은 그것을 행하되 무엇을 위하여 한다.

최상의 인은 그것을 행하면서 무엇을 위하여 함이 없다.

최상의 의는 그것을 행하면서 무엇을 위하여 한다.

최상의 예는 그것을 행하되 응대함이 없으면

팔을 걷어 붙이고 억지로 끌어당긴다.

그러므로 도를 잃은 뒤에 덕이 있고

덕을 잃은 뒤에야 인이 있고

인을 잃은 뒤에 의가 있고

의를 잃은 뒤에 예가 있다.

무릇 예라는 것은

忠信之薄 충 신 지 박	忠(충): 충성하다 信(신): 믿다 之(지): ~의 薄(박): 얇다
而亂之首. 이 란 지 수	而(이): 그리고 亂(란): 어지럽다 之(지): ~의 首(수): 첫머리, 시작
前識者 전 식 자	前(전): 앞 識(식): 알다 前識(전식): 앞서 아는 것 者(자): 것
道之華 도 지 화	道(도): 도 之(지): ~의 華(화): 꽃
而愚之始. 이 우 지 시	而(이): 그리고 愚(우): 어리석다 之(지): ~의 始(시): 시작
是以大丈夫 시 이 대 장 부	是(시): 이 以(이): ~으로써 大(대): 크다 丈(장): 사내 夫(부): 사내 大丈夫(대장부): 대장부
處其厚 처 기 후	處(처): 처하다 其(기): 그 厚(후): 두텁다
不居其薄. 불 거 기 박	不(불): 아니다 居(거): 머물다 其(기): 그 薄(박): 얇다
處其實 처 기 실	處(처): 머물다 其(기): 그 實(실): 열매
不居其華. 불 거 기 화	不(불): 아니다 居(거): 머물다 其(기): 그 華(화): 꽃, 겉치레
故去彼取此. 고 거 피 취 자	故(고): 그러므로 去(거): 버리다 彼(피): 저것 取(취): 취하다 此(자): 이것

충성과 믿음이 옅어진 결과이며

혼란의 시작이다.

앞서있는 인식 체계는

도의 형식적인 꾸밈이며

어리석음의 시작이다.

그래서 대장부는

그 중후함에 처신하지

엷음에 머물지 않는다.

그 열매에 처하지

그 꽃에 거하지 않는다.

그러므로 저것을 버리고 이것을 취한다.

『도덕경』 1장부터 37장 까지는 『도경』, 38장부터 81장까지는 『덕경』이라 한다. 둘을 굳이 구분하자면 『도경』은 주로 도의 존재론적인 측면을, 『덕경』은 주로 도의 기능적인 측면을 다룬다고 할 수 있다. 1973년 중국 마왕퇴 고분에서 발견된 백서본에는 『도경』과 『덕경』의 순서가 바뀌어 나와 있다. 그래서 마왕퇴의 노자는 『덕도경』이 된다.

이 장부터는 『덕경』으로 우주가 순환하고 운행하는 자연의 원리가 도라면 덕은 도가 인간에게 품수되었을 때 드러나는 것을 말한다. 왕필은 덕을 항상 얻어 상실됨이 없고 이로울 뿐 해가 없기에 얻음이라 하였다.

상덕은 이러한 도에 합치하는 것으로 스스로 덕이 있음을 의식하지 않고 자연스럽게 덕을 행한다. 억지로 꾸며 덕을 행하지 않기에 구김이 없고 자연스러우며 그 행동이 힘차다. 그래서 덕이 있다. 그러나 하덕은 억지로 일을 꾸미고 자기의 행동을 의식하고 안간힘을 쓴다. 그러기에 실상 덕이 없게 된다. 즉 상덕은 무위로 덕을 행하고, 하덕은 유위로 행한다. 본래 덕은 도道가 내재화된 것이라 덕 자체는 상덕이니 하덕이니 나눌 수 없는 것이다. 그럼에도 나누어진 이유는 그것이 자연적인 것이냐 인위적인 것이냐에 따른 차이라 볼 수 있다.

인仁, 의義) 예禮 또한 유위에 속한다. 도를 잃은 후에 덕이 생기고, 덕을 잃은 후에 인이 생기고, 인을 잃은 후에 의가 생기고, 의를 잃은 후에 예가 생긴다. 그러므로 여기서 언급되어지는 예는 진정한 내용 없이 겉치레이자 형식적인 예를 말한다고 할 수 있다. 노자가 보기에 예는 충성과 신의가 없는 인위적 조작이자 진실하고 신실한 삶이 왜곡된 결과이다.

인仁, 의義, 예禮는 유가의 핵심 덕목이다. 사람과 사람 사이 마땅히 사랑하는 것이 인이라면 예는 이러한 인이 겉으로 드러나 결과이다. 공자는 예를 부단히 실천하는 과정을 통해 인간을 진실되게 인도하려 했지만 노자가 보기에 공자의 그러한 의도는 오히려 인간을 형식화시켜 진정성이 밀려나게 된다. 일단 예가 정해지면 사람은 그 형식을 지키느냐 그렇지 않느냐로 옮겨간다. 이런 경우 인간은 형식화되고 진정성은 뒤로 밀려가게 되는 것이다. 결국 예의 체계에 편입된 계층과 그렇지 못한 계층으로 나뉘어 혼란을 야기하게 된다. 그래서 노자는 이러한 인식 체계는 혼란스러움의 단초가 되고, 어리석음의 시작이 된다고 본 것이다.

유가와 서양 근대철학에서는 우리가 가야할 이상을 설정해 놓고 우리로 하여금 부단히 노력하여 그 이상을 추구하도록 한다. 그래서 저멀리 설정되어 있는 체계와 이상에 다가갈 수로 있도록 장치되어 있는 학(學)과 습(習)이 강조되며, 우리의 본성도 그 곳을 향해 나아가도록 하게 한다.

그러나 노자가 보기에 인위적으로 조직된 그런 이상은 인간의 자발성에 기인한 무위와는 거리가 있다. 그러한 이상은 때로는 통치자의 이데올로기가 되어 백성을 전쟁의 도탄에 빠지게 하거나 개인의 행복을 무가치하게 만들게 한다. 이런 사회에서는 개인의 윤리적 창조성이나 자발성은 없고 일률적 획일성만이 판치게 된다. 이런 식의 형식적 예나 이상은 혼란의 시작이다.

사실 모든 전쟁은 이상과 명분을 내건 야욕의 도가니이자 합법적인 살인인 경우가 많다. 그러기에 노자는 인위적으로 조직된 그런 이상보다 이미 가지고 있는 인간의 본성과 진실을 추구하자고 하는 것이다. 그런 측면에서 노자가 보기에 유가의 덕목은 하덕이다. 훌륭한 덕은 무의식의 덕이며 자연의 덕이다. 자연은 마음에서 우러나는 무의식의 자발성과 같기 때문이다.

그래서 노자는 저것을 버리고, 이것을 취한다. 저것이 혼란의 시작인 형식적인 꾸밈의 화려한 꽃이라면 이것은 바로 진실하고 믿음이 있어 중후한 열매이다. 저것이 인위라면 이것은 무위이다. 저것이 예라면, 이것은 바로 도인 것이다.

제39장

昔之得一者.
석 지 득 일 자

昔(석): 옛 之(지): ~의 得(득): 얻다 一(일): 하나, '도' 者(자): 것

天得一以淸
천 득 일 이 청

天(천): 하늘 得(득): 얻다 一(일): 하나 以(이): ~으로써 淸(청): 맑다

地得一以寧
지 득 일 이 녕

地(지): 땅 得(득): 얻다 一(일): 하나 以(이): ~으로써 寧(녕): 편안하다

神得一以靈
신 득 일 이 영

神(신): 신, 신령하다 得(득): 얻다 一(일): 하나 以(이): ~으로써 靈(령): 영묘하다

谷得一以盈
곡 득 일 이 영

谷(곡): 골짜기 得(득): 얻다 一(일): 하나 以(이): ~으로써 盈(영): 채우다

萬物得一以生
만 물 득 일 이 생

萬(만): 온갖 物(물): 사물, 것 得(득): 얻다 一(일): 하나 以(이): ~으로써 生(생): 나다, 생기다

侯王得一以爲天下貞.
후 왕 득 일 이 위 천 하 정

侯(후): 임금 王(왕): 임금 得(득): 얻다 一(일): 하나 以(이): ~으로써 爲(위): 하다 天(천): 하늘 下(하): 아래 貞(정): 바르다

其致之一也.
기 치 지 일 야

其(기): 그 致(치):이르다 之(지): 그것 一(일): 하나 也(야): 이다

天無以淸, 將恐裂
천 무 이 청 장 공 렬

天(천): 하늘 無(무): 없다 以(이): ~으로써 淸(청): 맑다 將(장): 장차 恐(공): 아마도 裂(렬): 갈라지다

地無以寧, 將恐發.
지 무 이 녕 장 공 발

地(지): 땅 無(무): 없다 以(이): ~으로써 寧(령): 편안하다 將(장): 장차 恐(공): 아마도 發(발): 무너지다

神無以靈, 將恐歇
신 무 이 령 장 공 헐

神(신): 신 無(무): 없다 以(이): ~으로써 靈(령): 신령하다 將(장): 장차 恐(공): 아마도 歇(헐): 다하다, 사라지다

谷無以盈, 將恐竭.
곡 무 이 영 장 공 갈

谷(곡): 골짜기 無(무): 없다 以(이): ~으로써 盈(영): 채우다 將(장): 장차 恐(공):아마도 竭(갈): 메마르다

옛날에 하나를 얻어서 된 것들이 있다.

하늘은 하나를 얻어 맑아지고

땅은 하나를 얻어 편안하고

신령은 하나를 얻어 영험하고

골짜기는 하나를 얻어 채워지고

만물은 하나를 얻어 생겨나게 하고

후왕은 하나를 얻어 천하를 올바르게 한다.

이는 모두 하나가 이룩하는 것이다.

하늘이 맑지 못하다면, 갈라질 것이다.

땅이 편안치 못하다면, 쪼개질 것이다.

신령이 영험하지 못하다면, 사라질 것이다.

골짜기가 가득차지 못하다면, 메마를 것이다.

萬物無以生,將恐滅.
만 물 무 이 생 장 공 멸

萬(만): 온갖 物(물): 것 無(무): 없다 以(이): ~으로써 生(생): 나다 將(장): 장차 恐(공): 아마도 滅(멸): 없어지다

侯王無以貴高,將恐蹶.
후 왕 무 이 귀 고 장 공 궐

侯(후): 임금 王(왕): 임금 無(무): 없다 以(이): ~으로써 貴(귀): 귀하다 高(고): 높다 將(장): 장차 恐(공): 아마도 蹶(궐): 넘어지다

故貴以賤爲本
고 귀 이 천 위 본

故(고): 그러므로 貴(귀): 귀하다 以(이): ~으로써 賤(천): 천하다 爲(위): 하다 本(본): 뿌리, 근본

高以下爲基.
고 이 하 위 기

高(고): 높다 以(이): ~으로써 下(하): 아래 爲(위): 하다 基(기): 바탕, 기초

是以後王
시 이 후 왕

是(시): 이 以(이): ~으로써 後(후): 임금 王(왕): 임금

自謂孤寡不穀.
자 위 고 과 불 곡

自(자): 스스로 謂(위): 일컫다 孤(고): 외롭다, 고아 寡(과): 과부나 홀아비, 부족하다 不(불): 아니다 穀(곡): 곡식, 복 없는 사람

此非以賤爲本邪.
차 비 이 천 위 본 사

此(차): 이 非(비): 아니다 以(이): ~으로써 賤(천): 천하다 爲(위): 삼다 本(본): 뿌리, 근본 邪(야): 어조사

非乎?
비 호

非(비): 아니다 乎(호): 의문어조사, ~겠나

故致數譽無譽.
고 치 수 예 무 예

故(고): 그러므로 致(치): 이르다 數(수): 자주, 몇 譽(예): 명예 無(무): 없다 譽(예): 명예

不欲琭琭如玉
불 욕 록 록 여 옥

不(불): 아니다 欲(욕): 바라다 琭(록): 빛나다 琭琭(록록): 구슬의 아름다운 모양 如(여): 같다 玉(옥): 옥돌

珞珞如石.
낙 락 여 석

珞(락): 담담하다 如(여): 같다 石(석): 돌 珞珞(락락): 돌처럼 덤덤한 모양

만물이 생겨나지 못하다면, 소멸할 것이다.

후왕이 고귀하지 못하면, 실각할 것이다.

그러므로 귀함은 천함을 뿌리로 삼고

높음은 낮은 것을 기초로 삼는다.

그러므로 후왕은

스스로를 고과불곡孤寡不穀이라 한다.

이것이 바로 천한 것을 근본으로 삼는 것이 아니겠는가?

그렇지 아니한가?

그러므로 몇 가지 명예를 지키려다가는 명예가 없어지게 된다.

옥처럼 빛나기를 삼가고

돌처럼 투박하고 진실하여라.

하나라는 말은 『도덕경』 10장, 14장, 22장, 39장, 42장에도 나온다. 이 장에서 존재의 근원을 의미하는 하나는 도의 의미와 크게 다르지 않다. 하늘이 맑은 것도, 땅이 안정된 것도, 신이 영험한 것도, 골짜기가 가득찬 것도, 만물이 생겨나는 것도, 왕이 귀하고 높게 되는 것도 이 하나를 얻었기 때문이다. 이 근본적인 바탕인 하나를 얻어야 모든 것이 이상적인 상태를 유지하게 된다. 이 하나는 숫자의 시작이기도 하지만 전체를 의미하기도 한다. 기독교에서 말하는 하나님 또한 하나의 의미와 전체로서의 하나의 의미도 포함된 것처럼 하나는 최소의 수이면서도 최고이기도 하다. 그러나 도를 일이라고 한 까닭은 만물이 형성되기 이전에는 분화되지 않는 혼일混一의 일자로 있었기 때문이다. 이 혼일의 일자가 흩어져서 만물을 이루고 있었다는 점에서, 일체 만물은 이 일에 의해서 생겨난 것이라 할 수 있다.

도란 본래 혼일混一로써 존재하기에 천지·만물은 도 하나를 얻어서 생겨났으며, 이 하나를 잃으면 곧 사멸한다. 그래서 하늘은 하나를 얻어 맑아지고 땅은 하나를 얻어 안정된다. 이것은 도가 보편의 발현임을 의미한다. 즉 만물은 보편을 의미하는 하나를 얻어 생겨났지만 각각의 개별성을 갖는다는 것이다. 이처럼 하나인 도와 개별인 만물은 덕으로 연결된다.

도는 천지만물의 총체적인 존재 기반이다. 만물은 이 다양한 도의 성질을 특화시킴으로 해서 개별성을 획득시킬 수 있는 것이다. 그래서 『노자』는 만물이 도를 떠나서는 한 순간도 생존할 수 없다고 말한다. 만물이 도를 떠나면 하늘은 맑을 수 없어 장차 갈라질 것이며, 땅은 편안할 수 없어 장차 붕괴될 것이며, 신령스러움은 영험함이 없어 소멸될 것이며, 계곡은 채워질 수 없어 장차 마르게 될 것이며, 만물은 생겨날 수 없어 장차 멸망할 것이며, 임금은 고귀할 수 없어 뒤집혀질 것이다. 이처럼 귀함은 천함이 있음으로 해서 귀하게 되고, 높음은 낮음이 있음으로 해서 높음이 된다.

그러기에 보편의 하나는 자기 낮춤의 의미와 함께 전체를 의미한다. 임금은 최상의 지위에 있기에 천하의 귀한 자이다. 그럼에도 스스로를 고, 과, 불곡이라 칭하는 것은 이러한 최소의 의미와 최고의 의미를 동시에 지녔다는 의미이다. 하나를 닮아 겸허한 자세를 갖출 때 하나를 바탕으로 한 하늘과 땅이 본연의 의연한 모습을 유지하는 것처럼, 인간도 인간으로서의 의연한 모습을 회복하게 된다. 이처럼 귀한 것은 언제나 천한 것으로써 근본을 삼고, 높은 것은 항상 낮은 것으로써 근본을 삼기에 계곡 또한 낮은 곳에 처하기 때문에 높은 곳에 있는 물들이 골짜기 안으로 흘러 들어와 채워지게 되는 것이다. 이것이 대립물들의 상호 작용으로 존재가 형성하는 대대^{待對}적 관점이라 할 수 있다.

그러므로 귀함은 천함을 근본으로 하고, 높음은 낮음을 근본으로 하기 때문에 노자는 아름다운 돌이 되기를 바라지 말고 오히려 평범한 돌과 같이 되어야 한다고 말한다. 옥이 고귀한 것도 평범한 돌과의 관계에서 형성되듯이 존귀함에 집착하여 처음부터 존귀함을 추구한다면, 물이 높은 곳에 처하려고 오히려 자신의 것마저 흘려보내게 되는 것과 마찬가지로 오히려 비천해지고 만다. 그러기에 노자는 찬란한 구슬처럼 고귀한 자리에 처하기 보다는 거친 돌처럼 비하한 자리에 처하라고 하는 것이다.

제40장

反者
반 자

反(반): 돌아오다 者(자): 것

道之動.
도 지 동

道(도): 도 之(지): ~의 動(동): 움직이다

弱者
약 자

弱(약): 약하다 者(자): 것

道之用.
도 지 용

道(두): 두 之(지): ~의 用(용): 쓰다

天下萬物生於有
천 하 만 물 생 어 유

天(천): 하늘 下(하): 아래 萬(만): 온갖 物(물): 것, 사물 生(생): 나다, 생기다 於(어): ~에서
有(유): 있음

有生於無.
유 생 어 무

有(유): 있다 生(생): 생겨나다 於(어): ~에서 無(무): 없음

반대로 되돌아 가는 것이

도의 움직임이다.

유약함은

도의 작용이다.

천하의 만물은 있음에서 생성되고

있음은 없음에서 생겨난다.

도의 큰 특징 중의 하나가 되돌아감反이다. 되돌아감은 『도덕경』 전체를 통해 환環, 복復, 복귀復歸 등의 표현으로도 쓰였다. 움직임은 차이와 여백이 있어야 가능하다. 있음과 없음이 동시에 존재해야 없음에서 있음으로, 있음에서 없음으로 움직임이 생길 수 있다. 있음으로만, 없음으로만은 움직임이 불가능하다. 도는 있음과 없음을 다 갖추고 있기에 움직임이 가능하다. 이처럼 현상계는 대립물의 교차로써 이루어진다. 멀어짐이 극점을 넘어서게 되면 오히려 원점을 향해 돌이키게 되는 것처럼 현상계의 만물은 도로부터 멀어졌다가 극점에 도달하게 되면 다시 본래의 상태인 도에로 돌아가려 함이 도의 운동과정이다.

도는 모든 것이 돌아가는 근원이다. 도가 이렇게 만물과 더불어 원초의 자리로 돌아갈 때, 도는 만물 속에서 작용하여 부드럽고 은근한 모습으로 움직인다. 싹이 트고, 잎이 나고, 열매가 나고, 영그는 일련의 과정들은 소리없이 하루가 다르게 조금씩 이루어진다. 이러한 도의 작용은 보이지 않고 은은하게 약함을 특성으로 한다. ·

자연의 세계 뿐만 아니라 인간의 사회는 모두 강함을 추구한다. 그런데 노자는 왜 약함을 도의 쓰임이라 하는 것일까? 강함을 추구하기 위해 모든 생명체는 생존의 본능을 유지하고, 분열, 미움, 경쟁, 전쟁을 한다. 이 또한 도의 한 속성이다. 왜냐하면 도는 본시 상반된 대립물들을 포괄하기 때문이다. 그러나 문제는 이것이 편중되어 있다는 것이다. 특히 노자가 살았던 시대는 분열과 전쟁으로 혼란스러운 사회였다. 노자는 당시의 현실을 극도의 혼란으로 보았지만, 혼란은 필연적으로 질서로 나아간다고 보았다. 혼란이 극에 달하면 필연적으로 본래적 도의 상태로 돌아가기 때문이다.

도로부터 멀어진 상태는 전체적 조화의 원리에 따라 복귀한다. 양이 극에 달하면 음이 싹트며, 음이 극에 달하면 양이 싹튼다. 강함은 남성성을 대표하는 것으로 양陽의 속성이고, 유연함은 여성성을 대표하는 것으로 음陰의 속성이다. 노자 당시 대립과 투쟁은 강함에 대한 집착의 결과물이기에 그 반대적인 속성인 약弱이 매개가 되어야 한다. 약은 약함처럼 보이지만 모든 것을 유연하게 포용하는 힘이 있다.

노자는 그러나 이 약한 움직임에 의해 천하 만물은 약동하여 존재하고, 이 존재는 무無에 의거하여 생겨나는 것으로 보았다. 이때 무는 유를 창조한 무가 아니다. 노자가 말한 무는 유를 포함한 무이여, 유와 무는 하나의 근원에서 나왔다. 무는 단순히 없음이 아니라 하나로 있음으로 해서 일체의 규정이나 형태가 없음을 뜻한다. 그러기에 없는 것이 아니라 모든 잠재력을 안고 있는 것이다. 이처럼 너무 깊고 방대하여 모든 것을 갖춘 것이 무이다.

그런데 노자가 '천하 만물이 유에서 생겨났고, 유는 무에서 나왔다'고 하는 까닭은 무엇일까? 노자는 1장에서 '유무는 같은 것인데, 이름을 달리 한다'고 한 것처럼 유무는 본래 같지만 시간상으로 볼 때 선후가 존재하게 되기 때문이다. 예를 들어 바다와 파도는 동체이지만 바다에서 파도가 나오듯이, 유무는 같은 것이지만 무에서 유가 나오는 것과 같은 이치라 할 것이다. 그래서 무에서 여러 존재가 나왔다는 것은 만물과 더불어 도가 그 원초의 자리로 돌아갔다는 것을 의미한다. 이러한 도의 작용은 있는 듯 없는 듯 은은하게 약함을 특성으로 하여 작용한다.

제41장

上士聞道, 勤而行之.
상 사 문 도 근 이 행 지

上(상): 위, 높다 士(사): 선비 聞(문): 듣다 道(도): 도 勤(근): 부지런하다 而(이): 어조사 行(행): 행하다 之(지): 그것

中士聞道, 若存若亡.
중 사 문 도 약 존 약 망

中(중): 가운데 士(사): 선비 聞(문): 듣다 道(도): 도 若(약): 같다 存(존): 있다 若(약): 같다 亡(망): 없다

下士聞道, 大笑之.
하 사 문 도 대 소 지

下(하): 아래 士(사): 선비 聞(문): 듣다 道(도): 도 大(대): 크다 笑(소): 비웃다 之(지): 그것

不笑, 不足以爲道.
불 소 부 족 이 위 도

不(불): 아니다 笑(소): 비웃다 不(불): 아니다 足(족): 족하다 以(이): ~으로써 爲(위): 하다, 삼다 道(도): 도

故建言有之
고 건 언 유 지

故(고): 그러므로 建(건): 세우다 言(언): 말씀 建言(건언): 옛날의 훌륭한 말 有(유): 있다 之(지): 그것

明道若昧
명 도 약 매

明(명): 밝다 道(도): 도 若(약): ~인 듯하다 昧(매): 어둡다

進道若退
진 도 약 퇴

進(진): 나아가다 道(도): 도 若(약): ~인 듯하다 退(퇴): 물러나다

夷道若纇.
이 도 약 뢰

夷(이): 평탄하다 道(도): 도 若(약): ~인 듯하다 纇(뢰): 울퉁불퉁하다

上德若谷, 太白若辱
상 덕 약 곡 태 백 약 욕

上(상): 위, 높다 德(덕): 덕 若(약): 같다 谷(곡): 골짜기 太(태): 크다 白(백): 희다 若(약): 같다 辱(욕): 욕되다

廣德若不足, 建德若偸
광 덕 약 부 족 건 덕 약 투

廣(광): 넓다 德(덕): 덕 若(약): 같다 不(불): 아니다 足(족): 족하다 建(건): 굳세다 德(덕): 덕 若(약): 같다 偸(투): 교활하다, 간악하다

質眞若渝, 大方無隅
질 진 약 투 대 방 무 우

質(질): 질박하다 眞(진): 참되다 若(약): 같다 渝(투): 더럽혀지다 大(대): 크다 方(방): 방위 無(무): 없다 隅(우): 모서리

大器晚成, 大音希聲
대 기 만 성 대 음 희 성

大(대): 크다 器(기): 그릇 晚(만): 늦다 成(성): 이루다 大(대): 크다 音(음): 소리 希(희): 없다 聲(성): 소리

大象無形, 道隱無名.
대 상 무 형 도 은 무 명

大(대): 크다 象(상): 모양, 형상 無(무): 없다 形(형): 드러내다 道(도): 도 隱(은): 숨다 無(무): 없다 名(명): 이름

夫唯道善貸且成.
부 유 도 선 대 차 성

夫(부): 무릇 唯(유): 오직 道(도): 도 善(선): 잘하다 貸(대): 베풀다 且(차): 또 成(성): 이루다

상급의 사람은 도를 들으면, 부지런히 그 도를 실천한다.

중급의 사람은 도를 들으면, 있는 듯 없는 듯한다.

하급의 사람은 도를 들으면, 깔깔대고 크게 비웃는다.

그들이 비웃지 않는다면, 도가 되기에는 부족한 것이다.

그러므로 예부터 내려오는 말에 이르기를

밝은 도는 어두운 듯 하고

나아가는 도는 물러나는 듯하고

평탄한 도는 울퉁불퉁한 듯하다.

훌륭한 덕은 계곡과 같고, 크게 결백한 것은 욕된 것 같고

넓은 덕은 모자라는 것 같고, 굳센 덕은 보잘 것 없는 것 같고

참된 것은 변질된 것 같고, 큰 사각은 모서리가 없고

큰 그릇은 완성되지 않은 것 같고, 큰 소리는 소리가 없고

큰 형상은 모습이 없고, 도는 숨어 있어 이름이 없다.

대저 도만이 오직 자기를 잘 빌려주면서 또한 남을 잘 이루게 한다.

이 장은 백서본과 죽간본에 거의 완성된 형태로 다 들어있다. 이 말은 41장의 사유는 거의 원형에 가깝다는 말이다.

도는 시간에 따라 변하며 상대적인 두 개의 대립면들을 모두 포괄한다. 이 상대적인 것들이 서로 혼융하여 관계와 변화 속에서 반대의 일치를 성립한다. 그래서 언어적으로 재단하기가 힘들다. 언어는 문법 속에서 체계화되고 한정되기 때문이다.

그런데 일반인 입장에서 한 가지 사물이 정반대되는 두 특성을 동시에 지니고 있다는 사실은 받아들이기 쉽지 않다. 궁극적 진리는 언뜻 모순처럼 보이기 때문이다. 그래서 훌륭한 사람은 반대되는 두 대립면의 꼬임으로 세계가 이루어진다는 것을 알기에 그것을 삶에서 운용하거나 성실하게 실천한다.

그러나 자신의 지식을 절대화하여 언어에 갇혀 있는 중간 단계의 지식인들은 긴가민가한다. 더구나 자신의 생각에 함몰되어 자신의 생각 외에 다른 생각을 할 겨를이 없는 하급의 선비는 도를 들으면 말도 안되는 소리로 밖에는 들리지 않는다. 그들은 두 가지 특성이 동시에 성립한다는 것을 받아들일 수 없다. 상식적인 이분법적 사고방식 속에서 이는 크게 웃을 수밖에 없는 것이다. 그래서 이런 사람들에게 웃음거리가 되지 않으면 도가 아니라고 하는 것이다. 웃음거리가 되지 않는다는 것은 역설적이 아니라는 말이고, 역설적인 것이 아닌 것은 대립물들을 다 포괄하지 못하기 때문이다.

그래서 밝은 도는 어두운 것 같고, 나아가는 도는 물러서는 것 같으며, 평평한 도는 치우친 것 같고, 크게 흰 것은 욕된 것 같고, 광대한 덕은 부족한 것 같고, 확고한 덕은 구차한 것 같다. 왜냐하면 도는 모든 것을 포괄하기 때문이다.

일반적인 사람은 보이는 것만 보고, 들리는 것만 듣고, 제 깜냥만큼 산다. 그러나 큰 방위는 모서리가 없고, 큰 그릇은 늦게 완성되며, 큰 흔적은 형체가 없듯이 대도는 쉽게 드러나거나 보이지 않는다. 마치 숨어있는 듯지만 이름도 없이 온갖 것을 아낌없이 가꾸고, 완성시켜 준다. 그래서 도는 구체적이고 상식적인 것으로는 증명 불가능하고, 역설적이고, 위대하다.

만일 도가 드러내기를 좋아하고 일정함만을 고수하여 하나의 규격화된 틀을 이룬다면, 이것은 곧 일정한 틀 속에 얽매이게 된다. 그렇게 되면 붕어빵처럼 똑 같은 것만을 찍어낼 뿐이지 무수한 만상萬象이 생겨날 수 없다. 만물은 천차만별이어서 하나도 같은 것이 없다. 왜냐하면 도는 자신의 일정한 모습만을 고집하려 하지 않고 무한한 변화에 응해 남을 잘 이루게 하기 때문이다.

공자는 대립면들 사이를 특정한 의미나 내용을 중심으로 갈라놓았다. 그러나 노자는 대립면들 사이의 경계를 흐릿하게 하거나 심지어 그 흐릿한 경계마저도 없애 버린다. 이것은 본질적 내용으로 정명正名을 주장하는 유가와 달리 노자는 모든 존재물이나 가치들에 본질이 있음을 부정하고, 모든 것을 반대편 것과의 관계나 반대편을 향한 운동으로 보았기 때문이다. 감산스님께서는 이러한 도의 작용에 대해 도가 이름없는 가운데 숨어있기 때문에 세상 사람들이 쉽게 알 수 없다고 주석한다. 이처럼 도를 체득한 사람은 만물이 가서 의지해도 부족함이 없고, 만물에 두루 주되 하나도 빼놓지 않고, 반대되는 두 대립면을 모두 장악하고 있기 때문에 시작하거나 마침에 있어 전혀 흠을 남기지 않는다.

제42장

道生一
도 생 일

道(도): 도 生(생): 낳다 一(일): 하나, 음양이 두 기로 나뉘어지기 이전의 근본적인 기

一生二
일 생 이

一(일): 하나 生(생): 낳다 二(이): 둘, 음양의 두 기

二生三
이 생 삼

二(이): 둘 生(생): 낳다 三(삼): 셋, 음양과 그 두 기의 변화에 의하여 생겨난 충기

三生萬物.
삼 생 만 물

三(삼): 셋 生(생): 낳다 萬(만): 온갖 物(물): 것, 사물

萬物負陰而抱陽.
만 물 부 음 이 포 양

萬(만): 온갖 物(물): 것 負(부): (짐을)지다 陰(음): 그늘 而(이): 그리고 抱(포): 껴안다 陽(양): 볕

沖氣以爲和.
충 기 이 위 화

沖(충): 비다 氣(기): 기운 以(이): ~으로써 爲(위): 하다 和(화): 어울리다

人之所惡
인 지 소 오

人(인): 사람 之(지): ~의 所(소): 바 惡(오): 싫어하다

唯孤, 寡, 不穀
유 과 과 불 곡

唯(유): 오직 孤(과): 외롭다, 고아 寡(과): 부족하다, 과부, 홀아비 不(불): 아니다 穀(곡): 곡식, 복

而王公以爲稱.
이 왕 공 이 위 칭

而(이): 그러나 王(왕): 임금 公(공): 제후 以(이): ~으로써 爲(위): 하다 稱(칭): 일컫다

故物
고 물

故(고): 그러므로 物(물): 만물

或損之而益
혹 손 지 이 익

或(혹): 만약 損(손): 덜다 之(지): 그것 而(이): 그리고 益(익): 더하다

或益之而損.
혹 익 지 이 손

或(혹): 간혹 益(익): 더하다 之(지): 그것 而(이): ~하면 損(손): 덜다

人之所教
인 지 소 교

人(인): 사람 之(지): ~의 所(소): 바 教(교): 가르치다

我亦教之.
아 역 교 지

我(아): 나 亦(역): 또한 教(교): 가르치다 之(지): 그것

强梁者
강 량 자

强(강): 강하다 梁(량): 대들보 强梁(강량): 강하고 억센 것 者(자): 사람, 것

不得其死.
불 득 기 사

不(불): 아니다 得(득): 얻다 其(기): 그 死(사): 죽다

吾將以爲教父.
오 장 이 위 교 부

吾(오): 나 將(장): 장차 以(이): ~으로써 爲(위): 삼다 教(교): 가르치다 父(부): 아비

도는 一을 낳고

一은 二를 낳고

二는 三을 낳으며

三은 만물을 낳는다.

만물은 음陰을 짊어지고 양陽을 안고 있다.

두 기가 서로를 포섭하여 조화를 이룬다.

사람들이 싫어하는 것은

오직 고孤 과寡 불곡不穀인데

왕공들은 이것으로써 자기를 일컫는다.

그러므로 만물이란

덜어내면 더해지고

더하면 덜어지게 된다.

사람들이 가르치는 것을

나 또한 가르칠 뿐이다.

강포한 자는

제 명을 살지 못한다.

나는 이런 이것으로써 가르침의 아버지로 삼는다.

이 장은 읽기에 따라서 혼란을 야기시킬 수 있다. 도가 일一을 생하게 했다는 것은 무無가 도道를 낳았다는 말과 크게 다르지 않기 때문이다. 그러나 우리는 앞서 무가 도를 낳았다는 인과론적이고 본체론적 해석보다는 도는 대립물들의 두 쌍이 서로 얽혀 순환하면서 존재를 형성했다고 언급하였다. 그런데 갑자기 도가 일을 낳았다고 하니 혼란스럽게 여겨질 수 있다.

이 때 도는 모자母子관계처럼 일一을 발생시키다는 뜻이 아니라 도가 일이라는 관념을 이룬다는 의미로 일一속에 이미 이二와 삼三을 모두 포괄하고 있음을 알아야 할 것이다.

이를 다른 말로 표현하면 주개 미분未分의 무극無極 상태, 미발未發의 상태에서 태극太極 상태가 나오고 이런 원초적 상태에서 양극으로의 분화가 되었다는 것이다. 이 양극의 조화로운 상관관계에서 만물이 생겨나게 되었으니 이런 뜻에서 만물은 음을 등에 지고 양을 안았다고 할 것이다.

만물이 음을 진채 양을 품고 있는데, 두 기가 서로 만나 조화를 이룬다는 것은 만물이 존재하는 형식인 음/양이라는 두 대립면이 서로 충돌하여 어떤 균형 상태를 이룬다는 말이다. 여기서 일이라는 관념이 나오고 삼이라는 조화체가 나오며, 그 조화체들의 집합인 만물이 있게 된다. 즉 두 대립물인 음양의 조화에서 이 세계가 펼쳐지는 것이다.

그러나 북송시대 주돈이는 『태극도설』에서 태극이 움직여 음양을 낳고, 음양이 오행을 낳았다고 보았다. 율곡 이이 또한 정통 주자학의 입장에서 『도덕경』에 주석을 넣어 『순언醇言』이라는 책을 썼다. 『순언』에서는 42장이 1장이다. 주자학적으로 볼 때 1은 만물을 낳는 시원으로 본다.

성리학은 정명正名을 바탕으로 바른 것과 바르게 않은 것을 나눈다. 이름은 시간과 변화를 허용하지 않는다. 시간이 지나도 변하지 않는 체계, 구분, 이름을 바탕으로 변하는 것들이 나온다. 그래서 여기에 존재의 위계가 지워진다.

변하지 않는 것들은 좀 더 본질적인 것이고, 변하는 것들은 그보다는 하위에 처해진다. 그러므로 성리학적 해석으로 보면 1은 만물을 낳는 핵심적인 중추가 된다. 그러나 노자의 1은 이것과는 달리 다른 대립면을 모두 포괄한 보편으로서의 1이다.

두 대립면의 조화는 왕에게도 이어져 도를 체득한 왕은 가장 높고 고귀한 존재이나 스스로를 비천한 존재인 고아, 과부, 보잘 것 없는 사람으로 본다. 이렇게 할 수 있는 것은 고귀한 것은 비천한 것을 뿌리로 하고 있음을 통찰했기 때문이다. 그렇기에 만물은 덜어내려 해도 오히려 더해지고, 더하려 해도 오히려 줄어드는 경우가 있게 된다.

이 세계가 대립면들 사이로 묘한 조화로 이루어져 있다는 것을 깨달은 자는 개방적이다. 그래서 다른 사람들이 가르치는 내용을 나 역시도 가르치는 것이다. 노자는 유학자들의 이론 체계가 노자의 그것과 극명하게 다르다 할지라도, 그것을 자신의 범위 안으로 들여와 자신의 가르침으로 삼는다. 이것은 세계가 대립면들 사이의 묘한 조화로 이루어져 있다는 이치를 깨달은 자만이 가질 수 있는 개방적 태도라 할 것이다.

진정 도를 갖춘 사람은 세상의 변화에 유유자적하면서 자신을 반대편으로 열어 놀 줄 안다. 그렇지 않으면 시대의 변화에 대처하지 못하고 정복당하거나 치욕을 당하기 쉽다. 굳세고 강한 자가 좋게 죽을 수 없는 이유는 바로 이것이다. 노자는 이러한 가르침을 지침으로 삼는다면 가이 장구할 수 있을 것이라 보았다.

제43장

天下之至柔
천 하 지 지 유

天(천): 하늘 下(하): 아래 之(지): ~의 至(지): 지극히, 가장 柔(유): 부드럽다

馳騁天下之至堅.
치 빙 천 하 지 지 견

馳(치): 부리다 騁(빙): 부리다 天(천): 하늘 下(하): 아래 之(지): ~의 至(지): 지극히 堅(견): 견고하다

無有入無間.
무 유 입 무 간

無(무): 없다 有(유): 있다 入(입): 들어오다 無(무): 없다 間(간): 틈새

吾是以知無爲之有益.
오 시 이 지 무 위 지 유 익

吾(오): 나 是(시): 이 以(이): ~으로써 知(지): 알다 無(무): 없다 爲(위): 하다 之(지): ~의 有(유): 있다 益(익): 이롭다

不言之敎
불 언 지 교

不(불): 아니다, 없다 言(언): 말하다 之(지): ~의 敎(교): 가르치다

無爲之益
무 위 지 익

無(무): 없다 爲(위): 하다 之(지): ~의 益(익): 이롭다

天下希及之
천 하 희 급 지

天(천): 하늘 下(하): 아래 希(희): 드물다, 없다 及(급): 미치다 之(지): 그것

하늘 아래 가장 부드러운 것이

하늘 아래 가장 견강한 것을 부린다.

형태가 없는 것은 틈이 없는 곳으로도 들어간다.

나는 이런 이치로 무위의 유익함을 안다.

말하지 않는 가르침과

무위의 이로움

하늘아래 그것에 미치는 이가 드물다.

세상에서 가장 부드러운 것이 무엇일까? 물을 예로 들어보자. 물은 지극히 부드럽다. 물은 어디든지 들어간다. 형체도 없이 틈이 없어 보이는 곳에도 들어간다. 그러나 모든 곳에 퍼져 생명을 살리고, 한 방울 한 방울 부단히 떨어뜨려 돌이나 쇠붙이도 뚫어 버리고, 홍수나 해일로 산도 허물고, 도시도 집어삼키는 힘이 있다. 세상에서 물을 이길 수 있는 것은 없다. 결국 가장 부드러운 것이 강하고 굳센 것을 이기는 것이다.

78장에도 "천하에 유약한 것으로서 물만한 것이 없다."고 했다. 『회남자』 「원도훈」에도 "세상 물건 중에 물보다 유약한 것은 없다. …때려도 찢어지지 않고 찔러도 상하지 않으며, 잘라도 잘라지지 않고 태워도 태워지지 않는다. 질척하게 흘러 다니고 뒤섞여 몰려다니면서도 뭉개지지 않으니 그 날카로움은 금석을 뚫고 그 강함은 천하에 통하다."고 언급하고 있다.

일정한 형태를 가지고 있다면, 그것과 다른 형태로 되어 있는 구멍으로는 들어갈 수가 없다. 이것은 단순히 구체적인 사물들 사이에서만 하는 말이 아니다. 우리가 일정한 체계를 가지고 있다면, 우리와 다른 체계를 근간으로 하는 세상으로는 들어갈 수가 없다. 그러나 물은 아무리 찾아봐도 갈라진 틈이나 구멍이 없는데도 안으로 스며든다.

노자는 이런 물의 의미를 통해서 무위하면 이루어지지 않음이 없다고 보았고, 무위가 얼마나 유익한 것인가를 포착하였다. 그렇다면 노자가 말한 무위의 구체적 의미는 무엇인가? 무위의 위爲는 행위 자체가 아니라 한 곳에 치우치지 않는 것을 의미한다. 물은 자신을 고집함이 없이 변화에 따라 치우침이 없이 무위를 행한다. 그래서 이르지 않는 곳이 없다. 설령 장애물이 있을지라도 이미 장애물로 여기지 않기 때문에 자신의 목적지를 향해 도도히 흘러간다. 이처럼 무위야말로 진정한 유익함을 준다.

간디는 80여 년 동안 영국의 지배하에 있었던 인도를 영국 제국주의로부터 독립시켰다. 그런데 그 방법이 폭력이나 강제가 아닌 비폭력적인 아힘사ashimsa 를 통해서였다. 아힘사는 아무에게도 해를 주지 않는다는 말로 불교에서는 불살생, 정치적인 용어로는 비폭력, 무저항이다. 노자는 이 아힘사의 원리가 세상에 편만하게 될 때 폭력이나 전쟁을 물리칠 수 있다고 보았다. 이러한 방법은 말없는 가르침이라야 가능하다.

말이 있으면 자취가 있게 되고, 자취가 있으면 지智를 믿게 되어, 교만해지고 행함을 좋아하게 된다. 말이 있는 유위의 가르침은 반드시 패배당한다. 자기 주장을 내세우면서 억지로 뭔가 이루어내겠다고 뻣뻣하게 나가거나 세상을 바꾸려고 하는 것은 모두 부질없는 일이요, 물처럼 묵묵히 조급함 없이 순리로 모든 것을 이루어내는 것이 더욱 유익하고 확실한 방법이 된다.

그래서 성인은 백성들에게 말없는 가르침을 행하지만 결과적으로 교화시키지 않음이 없다. 이것이 참으로 큰 무위의 유익함이다. 그러나 이것을 제대로 이해하고 실천하는 사람들은 거의 드물다. 도는 알기 쉽고 행하기 쉬우나 사람들은 한 곳에 집착함으로 도와 멀어지게 되어, 도를 알 수 없고 행할 수 없었던 것이다.

제44장

名與身孰親.
명 여 신 숙 친

名(명): 이름, 명예 與(여): ~과 身(신): 몸 孰(숙): 어느 것 親(친): 가깝다

身與貨孰多.
신 여 화 숙 다

身(신): 몸 與(여): 과 貨(화): 재물 孰(숙): 어느 것 多(다): 소중하다

得與亡孰病.
득 여 망 숙 병

得(득): 얻다 與(여): ~과 亡(망): 잃다 孰(숙): 어느 것 病(병): 병

是故甚愛必大費
시 고 심 애 필 대 비

是(시): 이 故(고): 때문에 甚(심): 심하다 愛(애): 좋아하다 必(필): 반드시 大(대): 크다 費(비): 손해보다

多藏必厚亡.
다 장 필 후 망

多(다): 많다 藏(장): 간직하다 必(필): 반드시 厚(후): 크다 亡(망): 잃다

知足不辱
지 족 불 욕

知(지): 알다 足(족): 만족하다 不(불): 아니다 辱(욕): 욕되다

知止不殆
지 지 불 태

知(지): 알다 止(지): 멈추다 不(불): 아니다 殆(태): 위태롭다

可以長久.
가 이 장 구

可(가): 가능하다 以(이): 하다 長(장): 길다 久(구): 오래다

이름과 몸 어느 것이 가까운가?

몸과 재물 중 어느 것이 소중한가?

얻는 것과 잃는 것 중 어느 것이 병인가?

이런 까닭에 애착이 심하면 반드시 큰 댓가를 치르게 되고

많이 쌓아 두면 반드시 크게 잃게 된다.

만족할 줄 알면 욕되지 않고

멈출 줄 알면 위태롭지 않아

장구할 수 있다.

44장 또한 백서본과 죽간본에 모두 있다. 이 장에서 언급하는 버려야 할 것과 취해야 할 것을 나눈다면, 이름, 재물, 얻음, 심한 애착, 많이 저장하는 것은 버려야하는 것이고, 몸, 버림, 그침을 아는 것, 족함을 아는 것은 취해야 하는 것이다. 이름은 특정 목적이나 이상을 위하여 조작되고 고정화된 이념 체계다. 또한 재물은 특정한 가치체계에 의해 귀한 것과 귀하지 않은 것으로 나뉘고 사람들은 귀한 것을 향하여 돌진한다. 그러나 몸은 가공되고 조작된 가치 이전의 생명력이자 자연이다. 결국 이름이나 재화를 탐닉하게 되면 큰 댓가를 치루고 많이 쌓아두면 크게 잃게 된다.

에리히 프롬은 『소유냐, 존재냐』에서 인간의 삶의 방식에 대해 존재의 방식과 소유의 방식으로 나누었다. 존재적 방식이 무위의 태도로써 그냥 두고 봄이라면 소유의 방식은 물건이건 사람이건 나의 것으로 만드는 것이다. 내 것으로 만드는 과정에서 일그러지기도 하고, 상처입기도 하고, 큰 손해를 입기도 한다. 결국 소유적 욕망의 감정은 나와 상대를 망가뜨리고, 인간의 존재론적 의미마저 부정하는 결과를 낳게 된다. 그러나 만족을 알고 존재 그 자체로 보게 되면 욕되지 않고, 위험하지도 않고, 유유자적하게 오래도록 편안하게 살수 있다.

대부분 사람들은 헛된 부귀와 명예를 좇으며 살아간다. 노자 역시 부귀와 명예 그 자체를 부정하지는 않았다. 다만 그는 사람들이 부귀와 명예를 좇아 다니기에 급급해 한 나머지 자칫 자기 자신을 잃어버릴 수도 있음을 경고하고 있다. 부귀와 명예가 아무리 귀한 것일지라도 자신을 기르기 위한 수단이지 그 자체가 목적일 수는 없다. 그러므로 소유적 욕망의 감정은 결국 인간의 마음을 망가뜨리게 된다.

노자는 지나치게 탐하면 반드시 크게 소모되고, 많이 간직하면 반드시 크게 잃는다고 보았다. 그러나 족함을 알고, 그칠 줄 안다면 자신을 욕되게 하지 않게 된다. 지족知足은 인간의 기본적인 욕구를 긍정한 것이다. 욕구가 충족되면 이에 만족해하라는 말이다. 지지知止는 멈출 줄 알아 마땅히 머물러야 할 곳에 머무름을 뜻한다. 멈출 줄 알면 마땅히 머물러야 할 곳에 머물러 위태롭지 않게 된다.

자연의 상도常道가 인간의 마음으로 옮겨지면, 그것은 무욕無欲과 지족知足과 지지知止의 의미가 된다. 즉 소유의 욕심이 존재의 무욕을 알지 못하면, 그 소유의 욕심은 인간의 존재론적 의미마저 부정하게 되는 것이다.

그러나 지족과 지지는 금욕주의와는 다르다. 금욕주의에서는 욕망을 악의 근원으로 보아 욕망을 부정하고 억제한다. 그러나 지족과 지지는 욕망의 억제가 아니라 절제이다. 더욱이 이 절제는 타율이나 강요가 아니라 자율에 의한 것이다. 만족이란 지극히 주관적이어서 생활을 가까스로 연명할 정도로 적은 것에도 만족해할 수 있는 반면, 재화와 곡식이 가득 쌓여 있어도 만족할 줄 모르는 경우가 얼마든지 있다. 그러므로 만족할 줄 아는 만족이야말로 진정한 만족이라 할 수 있다.

이러한 지족이나 지지의 최종 결과는 무엇일까? 바로 장구長久함이다. 국가나 개인 혹은 가치까지도 지족이나 지지를 실천하면 오래 유지하는 효과를 얻는다. 이것이 바로 노자가 지향하는 바라 할 수 있겠다.

제45장

大成若缺
대 성 약 결

大(대): 크다 成(성): 이루다 若(약): 같다, ~듯 하다 缺(결): 모자라다

其用不弊
기 용 불 폐

其(기): 그 用(용): 쓰다 不(불): 아니다 弊(폐): 낡다

大盈若沖
대 영 약 충

大(대): 크다 盈(영): 채우다 若(약): 같다, ~듯 하다 沖(충): 텅 비다

其用不窮.
기 용 불 궁

其(기): 그 用(용): 쓰다 不(불): 아니다 窮(궁): 다하다

大直若屈
대 직 약 굴

大(대): 크다 直(직): 곧다 若(약): 같다, ~듯 하다 屈(굴): 굽다

大巧若拙
대 교 약 졸

大(대): 크다 巧(교): 기교 若(약): 같다, ~듯 하다 拙(졸): 옹졸하다

大辯若訥.
대 변 약 눌

大(대): 크다 辯(변): 말을 잘하다 若(약): 같다, ~듯 하다 訥(눌): 어눌하다

躁勝寒
조 승 한

躁(조): 조급하다 勝(승): 이기다 寒(한): 춥다

靜勝熱.
정 승 열

靜(정): 고요하다 勝(승): 이기다 熱(열): 더위

淸靜爲天下正.
청 정 위 천 하 정

淸(청): 맑다 靜(정): 고요하다 爲(위): 되다 天(천): 하늘 下(하): 아래 正(정): 올바르다

크게 이루어진 것은 결함이 있는 듯하지만

그 쓰임은 낡지 않으며

크게 가득 찬 것은 빈 듯하지만

그 효용은 다함이 없다.

크게 곧은 것은 굽은 듯이 보이고

크게 정교한 것은 졸한 듯 보이며

아주 말 잘하는 것은 어눌한 듯하다.

빨리 움직이면 추위를 이기고

고요하면 더위를 이긴다.

맑고 고요함이 천하의 올바른 것이 된다.

이 장에서도 노자는 반대적인 것과 공존으로서의 도를 형용하고 있다. 노자가 말하는 도는 이중성의 이중긍정을 드러낸다. 그 이중긍정의 논리는 상관적 차이를 대대법으로 드러낸다. 즉 위대한 성취는 곧 자연 스스로가 결핍되어 있는 비어있음으로 완성된다. 비어있음은 대결핍이지만 그것으로 인해 성취되어진다.

만일 일체의 결점이나 부족함이 없이 다 채워졌다면 그 그릇은 한정된 것임을 반증하는 것이다. 진정으로 큰 그릇은 무한히 큰 그릇이므로 영원히 채울 수가 없다. 영원히 채워지지 않는 그릇은 채워야 한다는 관점에서 보면 영원히 부족한 것이다. 그래서 큰 충만은 비어있는 것 같으나 그 쓰임은 무궁한 것이다. 채운 것이 아무리 많다고 하더라도 그것이 유한함에 매어 있게 되면 필연적으로 한정됨을 갖게 된다. 따라서 그 채움이라고 하는 것이 텅 비어 있을 때는 아무리 채워도 한정되지 않는다. 따라서 그것을 사용함에 무궁할 수 있다.

마찬가지로 큰 곧음과 굽음은 공존한다. 지구상의 직선은 굴곡의 곡선을 동시에 포함하는 이중성을 지닌다. 이것은 매우 교묘함이 곧 서투름과 대대법적 존재 방식의 인식과 존재 양상을 띤다는 것이다. 대가의 작품들이 가끔 유치해 보이는 것은 인위적인 기교를 버리고 자연의 무위를 체득했기 때문이다. 그래서 아주 솜씨 좋은 것은 서툰 것 같다. 이처럼 세상에서 말하는 훌륭한 솜씨란 정교함과 질서정연함을 잘 표현한다.

그러나 자연계는 다양한 개별성만이 있을 뿐, 규격화된 질서는 없다. 예를 들어 건축물에 사용하는 목재는 곧지만 자연 속에서 나무는 구불구불하여 무질서한 듯이 보인다. 따라서 노자는 서툰 듯이 보인다고 하였다. 그러나 아무리 위대한 작품이라 하더라도 자연의 솜씨에는 미치지 못한다. 자연변화에 따라 다양한 모습을 이루는 자연계라는 작품은 서툰 듯이 보이지만 진정 훌륭한 솜씨라 할 것이다.

이러한 상반된 것들이 공존하는 동시성의 도道는 말을 잘하는 것과 말을 잘하지 못하는 눌변과 같이 상관적 대대법을 형성한다. 청중에게 감동을 주기 위하여 겉만 꾸미게 되면 흠잡을 데가 오히려 많아진다. 말을 잘한다 함은 그대로를 말함이다. 과장됨 없이 그대로를 말하므로 그 말이 아름답지 않으며, 심지어는 어눌한 듯이 보인다. 그래서 뛰어난 웅변은 오히려 침묵의 묵언으로 방향을 바꿔서 이루어질 수 있는 있는 것이다.

이처럼 만물의 도는 이러한 대대법적인 양가성의 차이로 설명할 수 있다. 날씨가 추울 때는 재빨리 운동하는 것이고, 더위가 승할 때에는 고요히 움직이지 않는 것이 그 더위와 공존하는 방식이다. 사실 더 깊은 의미로는 더위는 고요와 추위는 운동과 서로 함께 공존한다고 볼 수 있다. 이처럼 노자가 말하는 청정清靜은 자연의 허공이 만물의 다양한 존재 방식을 다 가능하게 하듯이 인간의 텅빈 마음도 만물의 다양한 상관관계들의 공존을 허용하게 하여 세상을 있는 그대로 보게 해준다.

제46장

天下有道
천 하 유 도

天(천): 하늘 下(하): 아래 有(유): 있다 道(도): 도

却走馬以糞
각 주 마 이 분

却(각): 되돌리다 走(주): 달리다 馬(마): 말 以(이): ~으로써 糞(분): 밭 일에 쓰다

天下無道
천 하 무 도

天(천): 하늘 下(하): 아래 無(무): 없다 道(도): 도

戎馬生於郊.
융 마 생 어 교

戎(융): 벼거 馬(마): 말 生(생): 태어나다 於(어): ~에서 郊(교): 교외, 전쟁터

禍莫大於不知足
화 막 대 어 불 지 족

禍(화): 재앙 莫(막): 없다 大(대): 크다 於(어): ~에서 不(불): 아니다 知(지): 알다 足(족): 만족하다

咎莫大於欲得.
구 막 대 어 욕 득

咎(구): 허물 莫(막): 없다 大(대): 크다 於(어): ~에서 欲(욕): 탐하다 得(득): 얻다

故知足之足
고 지 족 지 족

故(고): 그러므로 知(지): 알다 足(족): 만족하다 之(지): ~의 足(족): 만족하다

常足矣.
상 족 의

常(상): 늘 足(족): 만족하다 矣(의): 종결어조사, ~이다

천하에 도가 있으면

(전장에서) 달리던 말을 되돌려 밭일에 쓰고

천하에 도가 없으면

전선에서 달리던 말이 변방의 교외에서 새끼를 낳는다.

재앙은 족함을 알지 못하는 것보다 큰 것이 없고

허물로는 얻고자 하는 것보다 큰 것이 없다.

그러므로 족함을 아는 족함은

항상 풍족하다.

이 장은 두 부분이 하나로 합쳐졌을 거라는 주장이 분분하다. 백서본에는 전체가 기록되어 있지만 죽간본에는 후반부만이 기록되어 있기 때문이다. 더군다나 왕필본에는 특정 구절이 빠진 것도 있다.

중국 전한시대의 책 『염철론』에는 다음과 같은 내용이 나온다. "정벌하지 않을 때에는…전쟁터를 내달리던 말들이 똥거름이나 만들어 내고 있었을 따름이다. 그 후에, 전쟁이 자주 발발하자 전쟁에 나갈 말이 부족해지고 급기야는 어미 소나 암말도 전쟁터로 나아가게 되어 새끼 송아지, 망아지가 전장에서 출생하였다. " 이는 46장 앞부분 내용과 비슷하다.

『한비자』 「유로」편에는도 천하에 도가 없을 때에는 공격이 한시도 쉴 날이 없어 서로 수비함이 수년이 되도록 그치지 않아, 갑옷과 투구에 이가 생기고 제비와 참새가 군 막사에서 서식하였는데도 군대는 본국으로 돌아가지 않아 군마가 전쟁터에서 새끼를 낳았다고 한다.

원래 전쟁터에서는 암말을 쓰지 않고 숫말을 군마로 삼았다고 한다. 암말은 숫말보다 잘 달리지 못하고 종자를 번식시켜야 하기 때문이다. 그런데 전쟁터에서 암말이 새끼를 낳았다는 것은 그만큼 빈번한 전쟁으로 암말마저 징발되었다는 의미이다.

대군大軍이 거치고 간 곳은 황폐화로 인하여 가시나무만이 무성하며, 큰 흉년이 들어 굶주린 시체들이 길거리에 나뒹굴고, 군마로 부적합한 암말마저 군마로 사용하여 죽었다고 한다. 그러니 사람들은 또 얼마나 죽었겠는가? 오죽하면 두보의 시에는 아들을 낳으면 들에 매장 당해 온갖 잡초와 썩는다고 하겠는가?

이러한 전쟁은 필시 백성이 아닌 위정자를 위한 것이다. 그들은 이미 드넓은 땅을 소유하고 많은 재물이 있지만 탐욕 때문에 전쟁을 일으킨다. 이처럼 전쟁이라는 비극은 근본적으로 위정자들이 만족함을 알지 못하기 때문에 생겨난 것이다.

『맹자』「진심하」에는 "마음을 기르는 데는 욕심을 적게 가지는 것보다 좋은 것이 없다. 사람됨이 욕심이 적으면 가지지 못한 것이 있겠지만 가지지 못한 것이 별로 없다고 여길 것이며, 사람됨이 욕심이 많으면 가진 것이 있더라도 그 가진 것이 적다고 여긴다."고 언급 하였다.

족함을 아는 지족知足은 주관적인 심리 상태에 의거한다. 족함을 아는 것은 마음의 욕심이 가져오는 본능적 소유의 욕심을 버리고 본성의 깊은 무소유의 도를 증득한 것이다. 인간은 주관적 심리상태에 따라 일체 무소유의 정신 속에서도 만족해 할 수 있다. 노자의 도는 이 본성의 무소유적 무욕을 증득하여 어느 단계에서 멈출 줄을 알기 때문에 항상 만족스럽다.

노자에게는 지지知止나 지족知足 모두 중요한 의미다. 모두 일정한 단계에서 분수를 알고 멈춘다는 의미이다. 그래서 44장에서는 지족과 지지를 병치하고 있다. 사실 어느 단계에서는 멈추어야 만족스럽다. 이처럼 지지와 지족은 서로 필요충분조건이라 하겠다.

제47장

不出戶 不(불): 아니다 出(출): 나가다 戶(호): 방문
불 출 호

知天下 知(지): 알다 天(천): 하늘 下(하): 아래
지 천 하

不闚牖 不(불): 아니다 闚(규): 창을 통해 내다보다 牖(유): 들창
불 규 유

見天道. 見(견): 살피다 天(천): 하늘 道(도): 길, 이치
견 천 도

其出彌遠 其(기): 그 出(출): 나가다 彌(미): ~할수록 ~하다 遠(원): 멀다
기 출 미 원

其知彌少. 其(기): 그 知(지): 알다 彌(미): ~할수록 ~하다 少(소): 적다
기 지 미 소

是以聖人 是(시): 이 以(이): ~으로써 聖(성): 성스럽다 人(인): 사람
시 이 성 인

不行而知 不(불): 아니다 行(행): 다니다 而(이): 그러나 知(지): 알다
불 행 이 지

不見而明 不(불): 아니다 見(견): 볼다 而(이): 그러나 明(명): 밝다
불 견 이 명

不爲而成. 不(불): 아니다 爲(위): 하다 而(이): 그러나 成(성): 이루다
불 위 이 성

문밖을 나가지 않아도

천하의 일을 알고

창문을 내다보지 않고도

하늘의 길을 본다.

멀리 나가면 나갈수록

아는 것은 더욱 더 적어진다.

이런 이치로 성인은

다니지 아니하여도 알고

보지 않고도 밝아지고

하지 않고도 이룬다.

노자의 철학 체계를 건립하는 기초 자료는 눈앞에 펼쳐진 자연이자, 그 자연의 원리가 담겨있는 인간 자체와 이 세상이다.

이 장에서 호ᵋ는 문짝 또는 출입구이고 유ᵐ는 창문이다. 사람은 이 출입구를 통해서 세상으로 나아가고, 이 창문을 통해서 세계를 본다. 출입문과 창문은 나와 세계를 연결하는 통로이다. 노자는 이 통로를 거치지 않고 세상과 관계한다. 세상과 연결된 통로를 통해 멀리 나아가면 나아갈수록 세상의 참모습과는 점점 멀어져 진정한 인식의 폭이 그만큼 줄어들게 된다고 보았다. 그래서 이런 이치를 체득한 성인은 직접 해보지 않고도 알고, 보지 않고도 대상에 대헤서 명철헤지며, 히지 않고도 이룬다.

춘추시대 제나라 재상이었던 안영은 인품이 뛰어나고 학문이 두터웠다고 한다. 특히 그는 결단력과 지혜가 뛰어난 것으로 유명하였는데 술자리에 나가지 않고도 천리 밖의 일에 절충했다고 한다. 그처럼 도를 체득한 성인은 문을 나서지 않아도 천하의 일을 알고, 창문을 통하지 않고도 천도를 본다고 한다. 낙엽 하나를 보고 한 해가 저물어가는 것을 알고 항아리 속 얼음을 보고 천하가 추워졌음을 알듯이 도를 체득한 성인은 밖으로 나가지 않아도 세상의 이치를 깨닫게 되는 것이다.

동양에서의 학ᵊ은 서양에서와 같이 지식을 추구하는 것이 아니라 어떻게 살아갈 것인가의 실천으로서의 학이다. 그래서 노자는 '남을 아는 것을 지ᵊ라 하고, 스스로를 아는 것을 명ᵐ'이라 하였다. 지ᵊ는 외부로 향하는 사려 작용이라면, 명ᵐ은 우리의 마음에 본래부터 간직하고 있는 밝은 지혜를 말한다.

주자학이 사물 밖에서 이치를 찾으려고 한 것에 대한 반동으로 양명학에서는 모든 이치가 마음에 다 구비되어 있다고 보았다. 이 주장은 노자의 생각과 통한다. 맹자에도 사람들이 배우지 않고서도 능한 것이 양능ᵍᵉ이며, 생각하지 않고도 아는 것을 양지ᵍᵏ라고 하였다. 선불교에서 혜능은 사람의 성품은 본래 깨끗한 것인데, 망념 때문에 진여가 덮여 가려지게 되었다고 보았다. 이 망념만 없어진다면 본래의 성품은 깨끗해지는 것이다.

성인의 본성은 이미 마음 깊은 곳에 갖추어져 있는데, 인간은 밖의 먼 것에 끄달려 그것을 보지 못하는 것이다. 이미 내 안에 명明이 구비되어 있어 이것은 저절로 드러난다. 따라서 애써 드러내려 할 필요가 없으며 굳이 밖에서 구할 필요도 없다. 멀리 떨어진 것을 구할수록 우리의 참된 지혜는 점점 희미해질 뿐이다.

이처럼 도를 터득한 성인은 고정 관념이나 독단에 사로잡히는 일이 없이 항상 백성들의 생성화육을 스스로 하도록 한다. 동시에 모든 사람을 큰 눈으로 동등하게 대한다. 그는 주관적 가치 평가나 자기 중심의 선악관으로 백성을 분별하지 않는다. 멀리까지 가서 몸소 체험하지 않더라도 밝게 살필 수 있으며, 애써 일을 도모하지 않더라도 저절로 일이 성사될 수 있다. 그래서 성인은 백성의 의욕이나 욕심을 제거하여 순진하고 소박한 어린 아이의 상태로 돌아가게 하고 언제나 천하를 무사태평하게 한다. 이것이 노자가 이상으로 삼는 무위의 다스림이다.

제48장

爲學日益
위 학 일 익

爲(위): 하다 學(학): 배우다 日(일): 날, 나날이 益(익): 더하다

爲道日損.
위 도 일 손

爲(위): 하다 道(도): 도 日(일): 나날이 損(손): 줄다, 덜다

損之又損
손 지 우 손

損(손): 줄다, 덜다 之(지): ~의 又(우): 또 損(손): 줄다, 덜다

以至於無爲.
이 지 어 무 위

以(이): ~으로써 至(지): 이르다 於(어): ~에서 無(무): 없다 爲(위): 하다

無爲而無不爲.
무 위 이 무 불 위

無(무): 없다 爲(위): 하다 而(이): 그러나 無(무): 없다 不(불): 못하다 爲(위): 하다

取天下
취 천 하

取(취): 가지다, 취하다 天(천): 하늘 下(하): 아래

常以無事.
상 이 무 사

常(상): 늘, 떳떳하다 以(이): ~으로써 無(무): 없다 事(사): 일하다

及其有事
급 기 유 사

及(급): 이르다, 미치다 其(기): 그 有(유): 있다 事(사): 일

不足以取天下.
부 족 이 취 천 하

不(불): 없다, 못하다 足(족): 족하다 以(이): ~으로써 取(취): 취하다, 다스리다 天(천): 하늘 下(하): 아래

학문을 하면 하루하루 더해지고

도를 행하며 하루하루 덜어진다.

덜어지고 또 덜어내면

무위에 이르게 된다.

무위하면 하지 못하는 일이 없게 된다.

천하를 취하고 싶다면

항상 일을 도모함이 없이 해야 한다.

일을 도모하는 데 이르게 되면

천하를 취하기에는 족하지 못하다.

선진 사상가들은 대체로 동물과 인간은 본질적으로 다르지 않다고 보았다. 맹자 역시 사람의 본성은 동물과 크게 다르지 않다고 보았다. 다만 차이점은 인간만이 덕성을 간직하고 있다고 보았다. 이 덕성을 발달시키는 것이 학문이고, 학문을 하는 것이 유가의 가장 중요한 덕목이다. 맹자는 학문을 통해 인간이 지닌 도덕적 가능성을 길러 개인과 국가를 도덕적으로 성장시키고자 하였다.

유가에서는 인간과 동물의 궁극적인 차이를 윤리 규범을 통한 상하 구별로써 제시하였다. 이러한 구별과 차별은 질서를 부여하며, 이러한 질서가 도덕이자 예절로 자리 매김하는 것이 된다.

그러나 노자는 동물과 인간 사이의 본질적인 차이란 없을 뿐만 아니라 서로 구별할 필요조차 없다고 보았다. 노자는 인간을 이미 완전한 진실성과 참됨을 갖춘 존재로 이해하였다. 오히려 인간은 인위적으로 형성된 체계 속에서 자연성과 함께 도덕도 잃어간다고 보았다. 인간이 부여한 도덕과 예절은 인간의 자유로운 활동을 속박하게 할 뿐만 아니라 배우면 배울수록 군더더기만이 늘어날 뿐이라 보았다. 그래서 우리에게 본래 자연성을 손상시키면서 우리를 감싸고 있던 인위적 조작들을 제거해 나가는 것이 인간의 사명이라 보았다.

사회란 일종의 문화 구성체이다. 문화란 말 그대로 꾸미는 것이며, 학이란 것도 결국은 꾸미는 것을 배우는 것일 뿐이다. 그래서 노자는 부단히 덜어내고 또 덜어내서 무위에 이르게 해야 한다고 보았다. 부단히 덜어내면 본래의 바탕에 이르게 되고, 본래의 바탕에 이르게 되면 인위적인 요소들은 사라지고 오직 자연 본성만이 남게 되는 것이다. 따라서 우리의 모든 행위는 본성에 의거한 행위가 되며, 인위적인 것이 일체 없으므로 무위無爲가 된다.

노자가 보는 최고의 상태는 인위적 조작이 없는 갓난 아기의 상태, 혹은 다듬어지지 않은 통나무의 상태다. 이 상태는 특정한 의지나 욕망을 갖지 않고 무위하기에 무사無事한 상태다. 이러한 무위로 무사해야 천하를 통치하기에 족하다. 자연계의 생명체들은 배우지 않아도 저절로 때에 맞게 자고, 먹고, 번식한다. 행위를 규제하고 속박하는 사회규범이 없으면서도 자연계는 저절로 질서를 이루는 것이다. 이것이 바로 무위이지만 결과적으로 하지 않음이 없음이다.

도를 실천하는 것은 뭔가 매일 매일 사라지고 줄어들고 없어지는 느낌이다. 다 사라져 텅 빈 데까지 이르는 것, 아무 것도 없는 데 까지 이르는 것, 사유가 단절되는 데까지 이르는 것이 무위無爲에 이르는 것이라 할 수 있다. 이는 선불교에서 말하는 무념무상과 유사하다. 사유가 사라진 상태, 분별적 상이 모두 사라져 망상을 일으키지 않으면 진여자성이 스스로 밝아져서 지혜로 세상을 보게 되는 것이다.

서산대사는 『선가귀감』에서 중생의 마음을 버릴 것 없이 다만 스스로 성품을 더럽히지 말고 바른 법을 구한다는 것이 삿됨이라 보았다. 그래서 버리지도 구하지도 않으면 마음이 무위의 경지에 이르러 무불위의 빛으로 천하를 안정시키는 지혜를 베풀게 된다고 보았다. 결국 천하라는 세상을 고요하게 안정시키려면 무엇보다 먼저 인위적으로 일을 만들지 않는 것이 중요하다. 이러한 선불교의 수행론은 사실 노자의 무위 사상과 매우 깊은 영향 관계에 있다고 하겠다.

제49장

聖人無常心
성 인 무 상 심

聖(성): 성인 人(인): 사람 無(무): 없다 常(상): 늘 心(심): 마음

以百姓心爲心.
이 백 성 심 위 심

以(이): ~으로써 百(백): 일백, 많다 姓(성): 성씨 心(심): 마음 爲(위): 하다 心(심): 마음

善者吾善之
선 자 오 선 지

善(선): 좋다 者(자): 사람 吾(오): 나 善(선): 좋다 之(지): ~의

不善者吾亦善之.
불 선 자 오 역 선 지

不(불): 아니다 善(선): 좋다 者(자): 사람 吾(오): 나 亦(역): 또 善(선): 좋다, 선하다 之(지): 그것

德善.
덕 선

德(덕): 덕 善(선): 좋다

信者吾信之.
신 자 오 신 지

信(신): 믿다 者(자): 사람 吾(오): 나 信(신): 믿다 之(지): 그것

不信者吾亦信之.
불 신 자 오 역 신 지

不(불): 아니다 信(신): 믿다 者(자): 사람 吾(오): 나 亦(역): 또 信(신): 믿다 之(지): 그것

德信.
덕 신

德(덕): 덕 信(신): 믿다

聖人在天下
성 인 재 천 하

聖(성): 성인 人(인): 사람 在(재): 있다 天(천): 하늘 下(하): 아래

歙歙爲天下渾其心.
흡 흡 위 천 하 혼 기 심

歙(흡): 들이쉬다 歙歙(흡흡): 수렴하다 爲(위): 위하다 天(천): 하늘 下(하): 아래 渾(혼): 흐리다 其(기): 그 心(심): 마음

百姓皆注其耳目
백 성 개 주 기 이 목

百(백): 많다 姓(성): 성씨 皆(개): 모두 注(주): 주목하다 其(기): 그 耳(이): 귀 目(목): 눈

聖人皆孩之.
성 인 개 해 지

聖(성): 성인 人(인): 사람 皆(개): 모두 孩(해): 어린아이, 삼다 之(지): 그것

성인은 고정된 마음이 없이

백성들의 마음으로써 그 마음을 삼는다.

좋은 사람은 나도 그를 좋게 해주고

좋지 못한 사람이라도 나는 또한 그를 좋게 해준다.

(이것은) 덕이 좋은 것이기 때문이다.

신뢰할 수 있는 사람은 나도 그를 신뢰한다.

신뢰할 수 없는 사람 또한 나는 신뢰한다.

(이것은) 덕이 신뢰할 수 있는 것이기 때문이다.

성인은 천하에 임할 때에는

수렴하여 천하를 위해 그 마음을 흐릿하게 한다.

백성들이 모두 귀와 눈을 주목할 때

성인은 그들을 어린 아이처럼 돌본다.

성인은 고정된 마음이나 선입견이 없이, 백성의 마음을 자기의 마음으로 삼는다. 좋은 사람에게도 내가 좋게 대하고, 좋지 못한 사람에게도 좋게 대하니, 그 덕이 좋은 것이다.

성인의 마음은 항상 무심^{無心}이다. 마치 자연의 상도^{常道}가 무욕^{無欲}과 무명^{無明}이듯이 성인의 마음은 자연과 다르지 않다. 그래서 노자는 성인의 마음을 비어 있는 허심과 같은 광활한 무심으로 규정한다. 이 성인은 자연의 도인 무위이무불위^{無爲而無不爲}의 사실을 정치의 세계에 그대로 이행하는 통치자라 할 수 있다.

성인이 자신의 마음을 버리고 백성들의 마음을 자신의 마음으로 삼는다는 것은 바로 무위의 상태인 자연의 원리 속에서 통치에 임한다는 말이다. 패왕은 권력을 탐하지만 성인은 욕심없이 자연의 도를 인간의 세상에 이행하는 마음의 통치자라 할 것이다. 성인에게는 분별의 기준이 없기 때문에 누구에게나 선하게 대하고, 신뢰감을 가지고 대한다. 그러므로 성인은 빛과 먼지가 다 같이 공존하는 자연의 사실적 이치에 따라서 빛과도 친구가 되고, 먼지와도 동거하기를 마다하지 않는 것이다. 결국 이렇게 하면 이 세상에 선의 덕이 실현되고 신뢰의 덕이 실현된다. 이것이 무위로써 통치하는 것이다.

선^善이나 불선^{不善}, 신^信이나 불신^{不信} 등은 본래부터 존재하는 것이 아니며, 단지 인간이 정해놓은 규정의 산물에 지나지 않는다. 즉 정해 놓은 표준에 잘 들어맞으면 선이 되고, 들어맞지 않으면 불선이 되는 것이다. 반면에 도의 견지에서 보면 차별이 없다. 모든 것은 제각기 나름의 가치를 가지고 있기 때문에 편애하는 일이 없으며, 버리는 일도 없다.

성인의 마음은 무심이다. 즉 자연의 도를 따라 욕심 없이 무위로서 이 세상의 균형을 중도로 맞추어가고 있다. 성인은 순수하지만 순수하다는 자의식을 가지지는 않는다. 웅덩이에 깨끗한 물과 오염된 물이 다 흘러들듯이 성인은 이 세상에 거주하면서 분별하거나 사량하지 않고 웅덩이의 마음으로 세상을 관리한다. 이처럼 성인이 양가적인 유보와 여백의 마음으로 살기에 백성들이 그를 주목하면서 따른다. 자기를 따르는 백성들을 어린 아이 달래듯이 이 세상을 흑백으로 분별하거나 사량하지 않고 다 자비로써 안고 관리한다.

그러나 백성들은 뭔가를 기대하는 마음으로 눈과 귀에 집중되어 있다. 이는 이목이 집중되어 있을수록 오히려 정치가 황폐화되어 있다는 반증이 될 수도 있다. 가장 좋은 정치는 백성들 스스로 자발적으로 조화와 질서를 이루는 것이다. 그러기 위해서 위정자는 명철하게 시비를 분별할 줄 아는 것이 아니라 사리를 구별하지 않고 일체의 모든 것을 하나로 포용하여 구별하지 말아야 한다. 그랬을 때 백성들은 오히려 그들 각자가 지닌 순수한 본성 그대로 살아가게 되는 것이다.

이 장은 전체적으로 이분의 세계, 대립의 세계를 넘어서는 합일의 세계, 무불위의 세계에 들어섰을 때, 자기의 생각을 고집하는 독선적이고 독단적인 마음이 없어지고 아무 것에도 걸리지 않는 무애無礙의 마음을 가질 수 있다고 강조하고 있다.

제50장

出生入死.
출 생 입 사

出(출): 나오다 生(생): 삶 入(입): 들어가다 死(사): 죽다

生之徒十有三
생 지 도 십 유 삼

生(생): 삶 之(지): ~의 徒(도): 무리 十(십): 열 有(유): 있다 三(삼): 셋

死之徒十有三.
사 지 도 십 유 삼

死(사): 죽다 之(지): ~의 徒(도): 무리 十(십): 열 有(유): 또 三(삼): 셋

人之生
인 지 생

人(인): 사람 之(지): ~의 生(생): 살다

動之死地
동 지 사 지

動(동): 움지이다 之(지): ~의 死(사): 죽다 地(지): 곳

亦十有三.
역 십 유 삼

亦(역): 또 十(십): 열 有(유): 있다 三(삼): 셋

夫何故
부 하 고

夫(부): 대저, 무릇 何(하): 어찌 故(고): 때문에

以其生生之厚.
이 기 생 생 지 후

以(이): ~으로써 其(기): 그 生(생): 삶 之(지): ~의 厚(후): 두텁다

蓋聞善攝生者
개 문 선 섭 생 자

蓋(개): 대개 聞(문): 듣다 善(선): 잘하다 攝(섭): 다스리다 生(생): 삶

陸行不遇兕虎
륙 행 불 우 시 호

陸(육): 땅 行(행): 가다 不(불): 아니다 遇(우): (우연히)만나다 兕(시): 외뿔소 虎(호): 범

入軍不被甲兵.
입 군 불 피 갑 병

入(입): 들어오다 軍(군): 군사 不(불): 아니다 被(피): 입다, 당하다 甲(갑): 갑옷 兵(병): 병기

兕無所投其角
시 무 소 투 기 각

兕(시): 외뿔소 無(무): 없다 所(소): 바 投(투): 던지다 其(기): 그 角(각): 뿔

虎無所措其爪
호 무 소 조 기 조

虎(호): 범 無(무): 없다 所(소): 바 措(조): 할퀴다 其(기): 그 爪(조): 손톱

兵無所用其刃.
병 무 소 용 기 인

兵(병): 병기 無(무): 없다 所(소): 바 用(용): 쓰다 其(기): 그 刃(인): 칼, 칼날

夫何故
부 하 고

夫(부): 대저 何(하): 어찌 故(고): 때문에

以其無死地.
이 기 무 사 지

以(이): ~으로써 其(기): 그 無(무): 없다 死(사): 죽다 地(지): 땅, 곳

살려고 나와서 죽음으로 들어간다.

삶의 부류가 열에 셋이고

죽음의 부류가 열에 셋이다.

사람이 살아 있으면서도

죽음의 곳으로 움직이는 자들

또한 열에 셋이 있다.

대저 무슨 까닭인가?

생명의 애착이 너무 두텁기 때문이다.

듣자하니 삶을 잘 다스리는 사람들은

뭍으로 다녀도 외뿔소나 호랑이를 만나지 않고

군대에 들어가도 갑옷을 입거나 병기를 걸치지 아니한다.

외뿔소도 그 뿔을 박을 곳이 없고

호랑이는 그 발톱을 할퀼 곳이 없고

병기가 그 칼날을 쓸 곳이 없기 때문이다.

대저 왜 그런가?

그 죽음의 자리가 없기 때문이다.

'사는 길을 떠나 죽는 길로 들어서는구나'의 해석에는 대개 두 종류가 있다. 하나는 '세상에 나오는 것을 태어나는 것이라 하고, 자연의 품으로 되돌아가는 것을 죽음이라 한다.'는 해석이고, 또 다른 하나는 '사는 길을 떠나 죽는 길로 들어선다.'는 해석이 그것이다. 이 책에서는 후자의 해석을 따랐다. 왕필 또한 후자 쪽으로 해석하고 있다. 왜냐하면 그 뒤로 따라 나오는 내용들이 모두 삶과 죽음의 의미를 밝히고 있기보다는 사는 길을 체득한 자의 형상을 묘사하는 것이기 때문이다.

이 장의 내용은 크게 두 가지가 합쳐져 있다. 즉 죽음으로 들어서는 길과 코뿔소, 호랑이 그리고 적국으로부터도 해를 당하지 않고 삶을 영위하게 되는 길을 대비시키고 있다.

생사에는 명命이 있다. 태어났다 죽는 것은 이미 정해진 이치이다. 사람 가운데 삼분의 이는 바로 자연의 이치에 응하여 태어나고 자연의 이치에 응하여 죽어간다. 나머지 삼분의 일은 제 수명대로 살아가지 못하고 도중에 요절하고 만다. 노자는 이에 대하여 삶을 살아가기를 지나치게 중시하기 때문이라 본다. 인간은 자신의 삶만을 기르려 하여, 온갖 재물과 명예를 좇으며 살아간다. 그러나 이것은 자신을 올바르게 기르기는 커녕 우리 자신을 지나치게 호사시켜 정력을 낭비토록 하고 온갖 위험을 자초케 하기 때문에 죽음만을 재촉할 뿐이다.

성인은 정신의 소모를 막고 고요한 곳에 머무는 것을 귀하게 여긴다. 섭생攝生에서의 섭攝은 보양保養하다의 의미로 『장자』에서 말하는 양생養生과도 통한다. 섭생이란 것은 타고난 정력을 잘 보존한다는 뜻이다. 잘 섭생하는 자들은 육지로 가도 외뿔소와 호랑이를 만나지 않고, 전쟁터에 들어가도 무장한 병사들에게서 해를 당하지 않고, 외뿔소가 그 뿔을 들이 받을 곳이 없고, 호랑이는 그 발톱을 둘 곳이 없고, 병기도 그 칼날을 허용할 곳이 없다고 한다. 다소 황당하게 들릴 수도 있으나, 이 문장의 의미는 자연에 잘 따른다면 위험요소들을 미연에 방지하여 장수할 수 있음을 말하고자 한 것이다. 즉 코뿔소나 호랑이에게는 정해진 구역이 있으니, 그들이 움직이거나 쉬는 일정한 때와 영역을 피하면 절대로 짐승들에게 해를 입지 않는다는 것이다.

『장자』추수에는 다음과 같은 구절이 있다. '임기응변에 밝은 자는 사물로써 자기를 해치는 것이 없다. 덕이 지극한 자는 불로도 뜨겁게 할 수 없고, 물로도 빠지게 할 수 없고, 추위나 더위로도 해칠수 없고, 짐승으로도 해칠 수 없다.' 이는 그것이 실제로 닥쳐왔음을 말한 것이 아니라, 안전과 위급함을 살피고 화복禍福에 편안히 하고, 가고 옴에 신중히 하기 때문에 해칠 수가 없음을 말한다.

진정으로 양생에 뛰어난 사람은 자신의 생명을 잘 보존할 수 있으니, 어떤 위험에 처할지라도 나름의 삶을 의미있게 꾸려나간다. 노자는 생명을 잘 보존하는 비결은 바로 생생生生의 방식이라고 말한다. 그것은 죽음이든 삶이든 집착하지 않고 비이분법적 안목으로 삶과 죽음이 모두 하나에서 만나는 것임을 아는 것이다. 이처럼 삶과 죽음에 구애받지 않고 초연한 태도를 취하게 될 때 진정으로 자유스런 삶을 살 수 있게 될 것이다.

제51장

道生之, 德畜之.
도 생 지 덕 축 지

道(도): 도 生(생): 낳다 之(지): 그것 德(덕): 덕 畜(축): 기르다 之(지): 그것

物形之
물 형 지

物(물): 만물 形(형): 드러나다, 모양 之(지): 그것

勢成之.
세 성 지

勢(세): 형세 成(성): 이루다 勢成(세성): 성숙케 하는 것 之(지): 그것

是以萬物
시 이 만 물

是(시): 이 以(이): ~으로써 萬(만): 온갖 物(물): 물건

莫不尊道而貴德.
막 부 존 도 이 귀 덕

莫(막): 없다 不(불): 아니다 尊(존): 받들다 道(도): 도 而(이): 그리고 貴(귀): 귀하다 德(덕): 덕

道之尊, 德之貴
도 지 존 덕 지 귀

道(도): 도 之(지): ~의 尊(존): 받들다 德(덕): 덕 之(지): ~의 貴(귀): 귀하다, 받들다

夫莫之命而常自然.
부 막 지 명 이 상 자 연

夫(부): 무릇 莫(막): 없다 之(지): 그것 命(명): 명령하다 而(이): 그러나 常(상): 늘 自(자): 스스로 然(연): 그러하다

故道生之, 德畜之.
고 도 생 지 덕 축 지

故(고): 그러므로 道(도): 도 生(생): 낳다 之(지): 그것 德(덕): 덕 畜(축): 기르다 之(지): 그것

長之育之
장 지 육 지

長(장): 기르다 之(지): 그것 育(육): 양육하다 之(지): 그것

亭之毒之
정 지 독 지

亭(정): 형체를 이루고 之(지): 그것 毒(독): 완성시켜 주다 之(지): 그것

養之覆之.
양 지 복 지

養(양): 돌보다 之(지): 그것 覆(복): 덮다 之(지): 그것

生而不有
생 이 불 유

生(생): 낳다 而(이): 그러나 不(불): 아니다 有(유): 갖다, 소유하다

爲而不恃
위 이 불 시

爲(위): 하다, 위하다 而(이): 그러나 不(불): 아니다 恃(시): 바라다

長而不宰.
장 이 부 재

長(장): 기르다 而(이): 그러나 不(불): 아니다 宰(재): 주재하다

是謂玄德.
시 위 현 덕

是(시): 이것 謂(위): 일컫다 玄(현): 현묘하다 德(덕): 덕

도는 낳고, 덕은 기른다.

만물은 그 형체를 갖추어 가는 것이요

형세는 그것을 완성해가는 것이다.

이것으로써 만물은

도를 높이 여기고 덕을 귀하게 여기지 아니함이 없다.

도의 높음과 덕의 귀함은

대저 명령을 내리지 않아도 늘 스스로 그러하다.

그러므로 도는 만물을 생하게 하고, 덕은 기른다.

기르고 양육하며

형체를 이루고 성숙시키며

돌보고 덮어 감싸준다.

낳고도 소유하지 않고

하고서도 기대지 않으며

길러 주고도 주재하지 않는다.

이것을 일컬어 현묘한 덕이라고 한다.

도는 우주 만물의 존재 형식에 관한 범주이고, 덕은 그런 도가 구체적인 만물이나 세상사에서 작용을 하는 모습이다. 즉 만물의 존재 형식이나 운행 원리가 만물에 구체화되고 내재된 성질이다. 그러므로 도는 낳는다하고 덕은 기른다고 하는 것이다. 왜냐하면 도는 우주 만물의 존재에 관한 범주이고, 덕은 도가 만물의 발전 변화 내지는 기능으로 구체화된 것이기 때문이다.

이장의 내용은 우리에게 도와 덕의 힘을 알려준다. 도에 의해서 만물이 생겨난다는 점에서 도는 '만물의 아버지'가 되며, 덕에 의해서 만물이 길러진다는 점에서 덕은 '만물의 어머니'가 된다. 이처럼 도와 덕은 만물을 낳고 기른다는 점에서 부모와도 같은 존재이다.

부모는 나를 낳아주시고 길러주셨다는 점에서 천하에 더할 나위없는 존귀한 존재이다. 모든 만물은 도와 덕의 이런 작용을 매개로 비로소 구체적인 모양새를 갖추고 완성되기 때문에 이 세상 어느 것 하나 그것들에게 빚을 지지 않은 것이 없다. 그래서 모든 도와 덕을 존귀하게 받드는 것이다. 또한 존귀함을 내세워 나에게 행동 하나하나를 명령하거나 간섭하지 않는다. 왜냐하면 생명이란 것은 어떠한 간섭에 의해서 생장하는 것이 아니라 제 스스로 생장하기 때문이다. 여기에 사람들이 삶의 양식으로 응용해야 할 도와 덕의 특성이 드러난다.

즉 도는 이런 존귀한 작용을 하면서도 그것들은 절대로 만물 위에 자신들의 의지를 개입시키는 통치를 하거나 그들 위에 군림하려 들지 않는다. 이처럼 도는 무위하고 덕은 무불위하다. 그래서 도는 상도常道의 무욕과 같고, 덕은 비상도非常道의 유욕과 함께 간다. 무無의 도는 유有의 덕을 생기시킨다. 그러나 이때 무는 원인이나 근거로써가 아니라 반대를 포함한 의미로 유를 이미 안고 있다. 그러므로 무는 만물의 존재를 존재하게 해 주는 근거가 된다.

이처럼 도와 덕은 만물에게 무한한 은혜를 베풀고 있다. 그러나 노자 당시의 위정자들은 약간의 은혜를 내세워 백성들을 소유하려 하였고, 약간의 은혜를 베풀면서 자신의 공덕을 자랑하였고, 백성들의 행동에 관여하며 이에 따르지 않을 경우 엄격히 처벌하였다.

그러나 무에서 나온 유는 인간의 욕망처럼 탐욕적이지 않다. 『장자』에는 명왕明王의 다스림에 대해 "낳으면서도 자기 소유로 하지 않고, 베풀어주면서도 뽐내지 않고, 길러주면서도 지배하지 않는다"고 한다. 『장자』「달생」에도 "위해주면서도 뽐냄이 없고, 길러주면서도 지배하지 않는다"는 말이 보인다. 이는 당시 위정자들의 행태와는 차이가 있다.

만물은 무의 도와 유의 덕에 의거해서 자라고 성장하고 변화하고 운동한다. 그래서 모든 만물은 도와 덕을 존귀하게 받드는 것이다. 도는 이런 존귀한 작용을 하면서도 그것들은 절대로 만물 위에 자신들의 의지를 개입시키는 통치를 하거나 그들 위에 군림하려 들지 않는다. 그냥 스스로 그러하게 둘 뿐이다. 무에서 나온 이 유욕은 만물을 소유하거나 지배하려고 하지 않는다. 이것이야말로 참으로 큰 은혜이며 참으로 큰 사랑이다. 노자는 이런 유욕의 덕을 현덕玄德이라 하였다. 현玄은 오묘함의 뜻으로, 현덕이란 오묘하고도 무한한 덕을 뜻한다 하겠다.

제52장

天下有始
천 하 유 시

天(천): 하늘 下(하): 아래 有(유): 있다 始(시): 시작

以爲天下母.
이 위 천 하 모

以(이): ~으로써 爲(위): 되다 天(천): 하늘 下(하): 아래 母(모): 어머니

旣得其母
기 득 기 모

旣(기): 이미 得(득): 깨닫다 其(기): 그 母(모): 어머니

以知其子.
이 지 기 자

以(이): ~으로써 知(지): 알다 其(기): 그 子(자): 자식, 만물과 자연 현상

旣知其子, 復守其母
기 지 기 자 복 수 기 모

旣(기): 이미 知(지): 알다 其(기): 그 子(자): 자식 復(복): 다시 守(수): 지키다 其(기): 그 母(모): 어머니

沒身不殆.
몰 신 불 태

沒(몰): 다하다 身(신): 몸 沒身(몰신): 평생동안, 죽을 때까지 不(불): 아니다 殆(태): 위태롭다

塞其兌, 閉其門
색 기 태 폐 기 문

塞(색): 막다 其(기): 그 兌(태): 구멍, 감각기관 閉(폐): 닫다 其(기): 그 門(문): 문

終身不勤.
종 신 불 근

終(종): 마치다 身(신): 몸 不(불): 아니다 勤(근): 수고롭다

開其兌, 濟其事
개 기 태 제 기 사

開(개): 열다 其(기): 그 兌(태): 구멍 濟(제): 더하다, 성취하다 其(기): 그 事(사): 일

終身不救.
종 신 불 구

終(종): 마치다 身(신): 몸 不(불): 아니다 救(구): 구제하다

見小曰明.
견 소 왈 명

見(견): 보다 小(소): 작다 曰(왈): 말하다 明(명): 밝다

守柔曰强.
수 유 왈 강

守(수): 지키다 柔(유): 부드럽다 曰(왈): 말하다 强(강): 강하다

用其光
용 기 광

用(용): 쓰다 其(기): 그 光(광): 빛 其光(기광): 그 명철함에서 발산되는 빛

復歸其明
복 귀 기 명

復(복): 다시 歸(귀): 돌아오다 其(기): 그 明(명): 밝다

無遺身殃.
무 유 신 앙

無(무): 없다 遺(유):남기다 身(신): 몸 殃(앙): 재앙

是爲習常.
시 위 습 상

是(시): 이 爲(위): 일컫다 習(습): 간직하다 常(상): 늘 習常(습상): 변함없는 올바른 도를 지키는 것

하늘 아래 시작이 있는데

그로써 천하의 어머니가 된다.

이미 그 어머니를 얻고

그로써 그 자식을 안다.

자식을 알고 나서, 다시 그 어머니를 지키면

죽을 때까지 위태롭지 않을 것이다.

욕망의 구멍을 막고, 그 문을 잠그면

몸이 다할 때까지 지치지 않을 것이다.

욕망의 구멍을 열고, 일을 더 꾸미려하면

몸이 다하도록 구제받지 못한다.

작은 것을 잘 보는 것이 밝음이다.

부드러움을 지키는 것이 강함이다.

그 빛을 이용하여

다시 지혜의 밝음으로 돌아간다면

몸에 재앙이 남기지 않을 것이다.

이를 일컬어 습상이라 한다.

1장에서 노자는 이미 무명은 천지의 시작이고, 유명은 만물의 어머니라고 언급한 바 있다. 우리는 이 천지의 시작이 인과적 의미에서의 원인이 아니라 이미 무명과 유명이 공존하고 있음을 앞에서 밝혔다. 그러므로 유명은 무명의 결과물이 아니라 시작부터 함께 부즉불리^{不卽不離}로 공동의 존재양식을 띠고 있었다고 할 수 있다. 그래서 천지의 시작은 무라 불러도 유라 불러도 큰 차이가 없는 것이다. 그 어머니를 무^無라 읽으면 자식은 유^有가 되고, 그 어머니를 유^有라고 읽으면 자식은 만물^{萬物}이 된다.

우리의 감각 기관은 제한적이다. 문^門은 주관이 외계와 관계하는 제한된 통로를 의미한다. 이 세계는 반대편 것과의 관계 속에서 부단히 변화한다. 그런데 이러한 세계에 대하여 자신의 의욕이나 자신이 이미 가지고 있는 체계를 가지고 관계하게 되면 왜곡과 제한성을 피할 수 없게 된다. 이 때 세계와 관계하는 제한적이고 주관적인 통로를 폐쇄한다는 것은 세계와의 단절을 의미하는 것이 아니라, 세계와 관계하는 다른 형식을 말한다. 그것은 작은 것을 보는 것이다.

견소^{見小}에서 견은 목적을 갖고 보는 것이 아니라 보여지는 것을 말한다. 즉 의지가 개입되지 않기에 사물들 사이 구체적으로 보이는 배후나 근저의 존재 형식처럼 쉽게 보여지지 않는 것을 알아챌 수 있게 된다. 이는 모든 감관의 개별적 제한성을 극복하고, 자연계 전체와의 관계 속에서 이해하거나 그 의미를 포착하는 방식이다. 그래서 밖으로 향한 감각 기관의 문을 막고, 그 문을 잠그면 몸이 다할 때까지 지치지 않는다. 또한 이렇게 외부가 아니라 자신에게로 주의 집중할 때 인간은 세밀해지고 작을 것을 잘 보게 된다. 그러기에 진정으로 강한 것은 작은 것을 잘 보고, 부드러움을 지키는 것으로 이 부드러움이 자연계가 운행하는 모습이다.

시작을 아는 것, 근원을 아는 것, 도를 터득하는 것, 이를 위해서는 조용히 욕망의 통로를 막고, 감각과 지각의 문을 닫아 작고 내면적인 것을 꿰뚫어볼 수 있는 혜안을 가져야한다.

『한비자』 「유로」에는 옛날 은의 주왕紂王이 상아 젓가락은 질그릇과 어울리지 않으므로 서옥의 그릇이 필요하다는 말에서 신하 기자箕子는 일의 기미를 보고 그 결과를 미리 짐작하여 두려워하였다고 한다. 결국 주왕은 사치를 일삼는 폭군이 되었고 기자는 산속으로 들어갔다고 한다.

비움이란 마음속에 있는 참된 자연 지식을 비우는 것이 아니라, 편견과 선입견을 갖지 않기 위한 제반 작업이다. 그리고 비우기 위해서는 쓸데없이 부산하게 일을 벌이거나 욕심부리는 태도에서 벗어나 부드러움을 지킬 줄 아는 차분함이 있어야 한다.

습상習常은 무無의 상도常道를 빛과 밝음으로 싸서, 무의 상도가 어두움과 고요의 의미로서만 이해되지 않고 세상을 밝히는 지혜의 빛과 만나, 밝지도 않고 어둡지도 이중부정의 뜻을 함유하여 빛을 감추는 모습을 의미한다. 밝지도 어둡지도 않는 인간의 마음이 소유의 욕심에 빠지지 않고 자연의 유욕처럼 세상의 균형을 이루어 살게 되면 재앙을 일신에 남기지 않게 된다.

대부분의 인간은 사물을 분석하고 분해하지만, 오히려 사물의 본질을 놓치는 경우가 많다. 이는 분별지 때문이다. 이러한 분별지를 비우고 내려놓을 때 오히려 우리는 전체적인 지식을 얻어 사물의 본모습을 파악할 수 있을 것이다.

『도덕경』에서는 감각기관을 막고, 작은 것을 보기를 권하는 차원에 그치지만, 불교에서의 수행은 이에 대해 아주 구체적인 방법과 체계를 갖추고 있다. 후대에 도가 수련자들은 장생불사를 목적으로 호흡으로 단丹을 만들거나, 기氣를 쌓는 방법으로 수련을 이어가지만 불교 수행은 지관止觀 수행을 통해 감각 기관을 닫고 지혜로 세상을 보게 되니, 어쩌면 불교 수행이 이장에서 말하는 내용과 더 가깝다 하겠다.

제53장

使我介然有知
사 아 개 연 유 지

使(사): 하여금 我(아): 나 介(개): 조금 然(연): 그러하다 有(유): 있다 知(지): 지혜

行於大道
행 어 대 도

行(행): 가다, 거닐다 於(어): ~에서 大(대): 크다 道(도): 도

唯施是畏.
유 시 시 외

唯(유): 오로지 施(시): 뽐내다, 과장하다 是(시): ~이다 畏(외): 두려워하다

大道甚夷
대 도 심 이

大(대): 크다 道(도): 도 甚(심): 매우 夷(이): 쉽다, 평탄하다

而民好徑.
이 민 호 경

而(이): 그러나 民(민): 백성, 사람 好(호): 좋아하다 徑(경): 지름길

朝甚除
조 심 제

朝(조): 조정, 궁실 甚(심): 매우 除(제): 깨끗하다

田甚蕪.
전 심 무

田(전): 밭 甚(심): 매우 蕪(무): 황폐하다, 거칠어지다

倉甚虛.
창 심 허

倉(창): 창고 甚(심): 매우 虛(허): 비다

服文綵
복 문 채

服(복): 옷입다 文(문): 무늬 綵(채): 비단

帶利劍
대 리 검

帶(대): 띠, 띠를 두르다 利(리): 예리하다 劍(검): 칼

厭飲食
염 음 식

厭(염): 실컷하다 飲(음): 마시다 食(식): 먹다

財貨有餘.
재 화 유 여

財(재): 재물 貨(화): 재물 有(유): 있다 餘(여): 남다

是謂盜夸.
시 위 도 과

是(시): 이 謂(위): 일컫다 盜(도): 도둑 夸(과): 자랑하다 盜夸(도과): 도둑질하면서도 뽐내는 것

非道也哉.
비 도 야 재

非(비): 아니다 道(도): 도 也(야): 어조사 哉(재): 어조사

나에게 조그마한 지혜가 있다면

대도의 길을 걸으며

오직 허세부리는 것을 두려워 할 따름이다.

대도는 매우 평탄하고 쉬운데

사람들은 샛길을 좋아한다.

조정의 뜰이 심하게 깨끗할 때

(백성들의) 밭은 매우 황폐하고

창고는 심하게 비어 있다.

수놓은 비단옷을 입고

날카로운 칼을 띠에 두르고

마시고 먹는 것을 물리도록 하고

재화는 남아돈다.

이를 일러 도둑의 괴수라 한다.

도가 아니지 않는가?

이장에서는 자연의 대도를 현실적인 삶과 통치에 운용하려는 노자의 의도가 잘 드러나 있다. 노자는 이 장에서 대도를 근거로 하지 않고 사특한 길로 들어서기를 좋아하는 사람들과 대도를 운용하는 대신 다른 방식의 통치를 하다가 부패한 길로 들어서 버리는 통치자들을 비난하고 있다.

개연介然은 크다는 의미, 작다는 의미 모두 있다. 여기서는 대도에 대한 노자의 숭배를 고려하여, 사소한 능력이나 인식의 수준으로 보았다. 도란 본래 길이란 뜻이 있다. 지구도 궤도를 따라 움직이며, 사계절도 자연운행의 길을 따라 변한다. 사람들도 저마다의 길을 따라 간다. 길에는 다양한 길이 있다. 노자는 여러 길 중에서 오직 큰 길만을 가겠다고 하였다. 그 길은 일반적으로 많은 사람들이 다니는 길로서, 안정되면서도 가장 빠르게 목적지로 안내한다.

그러나 자연의 대도를 근거로 하지 않고 사특한 길로 들어서기를 좋아하는 사람들이 있다. 본래 정도니 사도니 하는 것은 없다. 사람들은 저마다 제각기 가야할 길이 있을 뿐이다. 문제는 저마다의 개별성을 좇아 평범하게 큰 길을 따라가면 된다. 그러나 사람들은 남을 앞지르기 위하여 좀 더 빠른 지름길로 가고자 사특한 길로 빠지는 것이다. 이는 노자의 방식과는 차이가 있다. 노자와 반대되는 성격의 철학들은 정면적이고, 언어적이며, 남성적이고, 아버지적이며, 태양적이고, 직선적이다. 반면에 노자는 이면적이고, 비언어적이며, 여성적이고, 어머니적이며, 달의 느낌이고, 곡선적이다.

또한 대도를 운용하는 대신에 다른 방식의 통치를 하다가 부패한 길로 들어서는 통치자들이 있다. 조정은 화려한데 국가는 황폐해져 부패하고 재정이 바닥났는데도 통치자는 여전히 좋은 음식과 날카로운 칼에 화려한 옷을 입고 있으니, 이것이 바로 도둑의 우두머리라고 비판하고 있다.

노자의 진술처럼 당시의 위정자들은 온갖 사치스런 생활을 하였는데, 이러한 사치는 과연 정당한 것이었을까? 당시의 지식인들은 이러한 위정자들의 폐

단에는 침묵하였다. 그러나 노자는 위정자들의 부귀영화에 대해 남의 것을 강탈한 도적이라 비판한다. 남의 것을 도둑질하여 얻은 부귀영화는 결코 참다운 도가 아니다. 도란 바르고 공평하기 때문이다. 하늘의 도는 남음이 있는 것을 덜어서 부족한 것에 보태준다. 그런데 위정자들은 남아있음에도 불구하고 부족한 자의 것을 빼앗아 더욱 부유해지려고 한다는 점에서 참다운 도가 아님은 명백하다.

　이 장에서 노자는 위정자들이 성인처럼 자연의 도를 인식하여 그 도를 자기화해서 세상을 다스리려고 하지 않고, 오로지 소유론적인 욕심의 발상에서 세상을 자기의 사유물이나 전유물처럼 여기려는 것을 다시 한번 경계하였다고 보아진다.

제54장

善建者不拔
선 건 자 불 발

善(선): 잘하다 建(건): 세우다 者(자): 것 不(불): 아니다 拔(발): 뽑다

善抱者不脫
선 포 자 불 탈

善(선): 잘하다 抱(포): 껴안다 者(자): 것 不(불): 아니다 脫(탈): 벗어나다

子孫以祭祀不輟.
자 손 이 제 사 불 철

子(자): 자식 孫(손): 손자 以(이): ~으로써 祭(제): 제사 祀(사): 제사 不(불): 아니다 輟(철): 그치다

修之於身, 其德乃眞
수 지 어 신 기 덕 내 진

修(수): 닦다 之(지): 그것 於(어): ~에서 身(신): 자신 其(기): 그 德(덕): 덕 乃(내): 이에 眞(진): 참되다

修之於家, 其德乃餘
수 지 어 가 기 덕 내 여

修(수): 닦다 之(지): 그것 於(어): ~에서 家(가): 집 其(기): 그 德(덕): 덕 乃(내): 이에 餘(여): 남다

修之於鄉, 其德乃長
수 지 어 향 기 덕 내 장

修(수): 닦다 之(지): 그것 於(어): ~에서 鄉(향): 고을 其(기): 그 德(덕): 덕 乃(내): 이에 長(장): 길다, 오래가다

修之於國, 其德乃豊
수 지 어 국 기 덕 내 풍

修(수): 닦다 之(지): 그것 於(어): ~에서 國(국): 나라 其(기): 그 德(덕): 덕 乃(내): 이에 豊(풍): 넘쳐나다

修之於天下, 其德乃普.
수 지 어 천 하 기 덕 내 보

修(수): 닦다 之(지): 그것 於(어): ~에서 天(천): 하늘 下(하): 아래 其(기): 그 德(덕): 덕 乃(내): 이에 普(보): 널리 퍼지다

故以身觀身
고 이 산 관 신

故(고): 그러므로 以(이): ~으로써 身(신): 몸 觀(관): 살피다 身(신): 몸

以家觀家
이 가 관 가

以(이): ~으로써 家(가): 집 觀(관): 살피다 家(가): 집

以鄉觀鄉
이 향 관 향

以(이): ~으로써 鄉(향): 고을 觀(관): 살피다 鄉(향): 고을

以國觀國
이 국 관 국

以(이): ~으로써 國(국): 나라 觀(관): 살피다 國(국): 나라

以天下觀天下.
이 천 하 관 천 하

以(이): ~으로써 天(천): 하늘 下(하): 아래 觀(관): 살피다 天(천): 하늘 下(하): 아래

吾何以知天下然哉.
오 하 이 지 천 하 연 재

吾(오): 나 何(하): 어찌 以(이): ~으로써 知(지): 알다 天(천): 하늘 下(하): 아래 然(연): 그러하다 哉(재): ~인가

以此.
이 차

以(이): ~으로써 此(차): 이

잘 심은 것은 뽑히지 않으며

잘 안은 것은 벗어나지 못하고

자손이 제사를 그치지 않고 할 것이다.

자신에게서 그것을 닦으면, 그 덕이 참되고

집안에서 그것을 닦으면, 그 덕이 넉넉해지며

동네에서 그것을 닦으면, 그 덕이 오래오래 보존되고

나라에서 그것을 닦으면, 그 덕이 풍성해지며

천하에서 그것을 닦으면, 그 덕이 골고루 펼쳐질 것이다.

그러므로 자신으로 자신을 보고

가정으로 가정을 보고

마을로 마을을 보고

나라로 나라를 보고

세상으로 세상을 본다.

내 어찌 천하의 그러함을 알겠는가?

이것으로써 안다.

세상 만물은 건립되면 뽑히고 탈락되지 않는 것이 없는데, 오직 부동하게 도만이 세워져도 뽑히지 않고 탈락되는 법이 없다. 선건善健은 잘심은 것을 말한다. 이는 단순히 확고하다는 것을 말하는 것이 아니다. 대상 세계는 끊임없이 변한다는 점에서 잘 변하는 덕을 세운다는 것은 부단히 변화하기에 방정맞은 것 같다. 포抱역시 고정된 형태로 있는 것이 아니라 잡을 수 없는 바람과도 같은 도를 잘 간직한다는 의미이다. 성인은 마음이 흩어지지 않고, 욕망에 초연하다. 이처럼 욕망에 초연하여 마음이 동요되지 않는 것이 불탈不脫다.

이처럼 도의 근본을 잘 세우고 이것을 품에 꼭 껴안을 수만 있다면 도는 자손 대대로 이어져 번창할 것이다. 무無로 세웠으니 뽑힐 수 없고, 무로 사물을 안으니 탈락될 수도 없다. 태초부터 지금까지 계속적으로 이어져 왔고 미래에도 영원할 것이다. 따라서 도를 굳건히 지킨다면 앞으로도 영원함을 얻을 수 있을 것이다.

노자는 국가의 기본이 개인이라는 점을 강조한다. 통치자가 도를 지켜 나라를 제대로 다스리면 종묘사직을 대대로 유지할 수 있고, 무의 도에 힘입어서 개인과 가정과 마을과 나라와 천하가 다 은덕을 입게 된다고 보았다.

유가에서는 통치자가 도덕성을 회복하여 덕치를 실행하면 인근 사방의 백성들이 몰려들고, 그 백성들은 그 성군이 통치하는 나라의 노동력과 군사력이 증가하는 효과를 준다. 그래서 덕치가 부국으로 이어진다. 유가의 덕치는 자기 자신의 도덕성을 회복하는 일에 있다. 그래서 가장 먼저 나를 수양하고, 그 다음에 수양된 내가 그 수양된 내용을 가지고 가정을 이루고, 그 다음에 나라를 다스리고 천하를 평정하는 데까지 나아가게 된다. 유가에서 말하는 수신제가 치국평천하와 노자의 차이점은 똑같이 수신을 말하지만 유가에서는 통치자가 도덕성을 회복하여 덕치를 실행하면 백성들이 모여들어 부국으로 이어진다. 즉 내가 나 자신에서 가정, 국가, 천하에까지 확장될 것을 요구한다.

그러나 노자의 수신은 인의도덕이 아니라 자신의 몸을 보양하는 데서 출발한다. 자신에서 부단히 확장하는 것이 아니라, 그저 몸으로 몸을 보양하고, 집안은 집안으로, 나라는 나라로, 천하는 천하로 보는 것이다. 여기엔 몸이 천하보다 작다는 가치 서열이 존재하지 않는다. 각 단계가 더 높은 단계로 나아가기 위해서 희생하는 하위 단계가 되어서는 안된다. 그저 몸은 몸으로, 천하는 천하로 보는 것이다.『관자』「목민」에도 고을을 집안으로 생각하여 다스리면 고을이 다스려질 수 없고, 나라를 마을로 생각하여 다스리면 나라가 다스려질 수 없고, 천하를 나라로 생각하여 다스리면 전하가 다스려질 수 없다고 한다. 집안은 집안으로, 고을은 고을로, 나라는 나라로, 천하는 천하로 다스려야 한다고 한다.

도는 보편성을 지닌다. 따라서 도를 닦게 되면 자신 뿐만 아니라 집안·마을·국가·천하를 알 수가 있다. 그렇다고 만물이 다 똑같은 것은 아니다. 만물들은 동시에 개별성을 지녀 몸은 몸의 도리를, 집안은 집안의 도리를 지닌다. 이는 『대학』에서 말하는 '수신제가치국평천하'와는 다른 사고이다. 유가에서는 보편적 도리를 중시하였다면, 노자는 개별성을 중시하여 개별들은 각각의 도리를 갖고 있다고 본 것이라 하겠다.

제55장

含德之厚, 比於赤子.
함 덕 지 후 비 어 적 자

含(함): 품다 德(덕): 덕 之(지): ~의 厚(후): 두껍다 比(비): 비유하다 於(어): ~에서 赤(적): 붉다, 갓난이 子(자): 아이

蜂蠆虺蛇不螫
봉 채 훼 사 불 석

蜂(봉): 벌 蠆(채): 전갈 虺(훼): 살모사 蛇(사): 뱀 不(불): 아니다 螫(석): (침으로) 쏘는 것

猛獸不據
맹 수 불 거

猛(맹): 사납다 獸(수): 짐승 不(불): 아니다 據(거): 할퀴다

攫鳥不搏.
확 조 불 박

攫(확): 낚아채다 鳥(조): 새 攫鳥(확조): 매나 독수리 같은 사나운 새 不(불): 아니다 搏(박): 붙잡다

骨弱筋柔而握固
골 약 근 유 이 악 고

骨(골): 뼈 弱(약): 약하다 筋(근): 근육 柔(유): 부드럽다 而(이): 그러나 握(악): 움켜쥐다 固(고): 단단하다

未知牝牡之合而全作
미 지 빈 모 지 합 이 전 작

未(미): 아니다 知(지): 알다 牝(빈): 암컷 牡(모): 수컷 之(지): ~의 合(합): 합하다 而(이): 그러나 全(전): 어린아이의 음경 作(작): 일어나다

精之至也.
정 지 지 야

精(정): 정기 之(지): ~의 至(지): 지극하다 也(야): ~이다

終日號而不嗄
종 일 호 이 불 사

終(종): 끝, 마치다 日(일): 날, 하루 號(호): 울다 而(이): 그러나 不(불): 아니다 嗄(사): 목이 쉬다

和之至也.
화 지 지 야

和(화): 조화롭다 之(지): ~의 至(지): 지극하다 也(야): ~이다

知和曰常
지 화 왈' 상

知(지): 알다 和(화): 조화롭다 曰(왈): 이르다 常(상): 늘, 한결같다

知常曰明.
지 상 왈 명

知(지): 알다 常(상): 늘, 한결같다 曰(왈): 이르다 明(명): 밝다

益生曰祥
익 생 왈 상

益(익): 더하다 生(생): 삶 曰(왈): 이르다 祥(상): 상서로움

心使氣曰强.
심 사 기 왈 강

心(심): 마음 使(사): 다스리다 氣(기): 기운 曰(왈): 이르다 强(강): 강하다

物壯則老
물 장 즉 노

物(물): 만물 壯(장): 굳세다 則(즉): 곧 老(로): 늙다, 쇠하다

謂之不道.
위 지 부 도

謂(위): 일컫다 之(지): 그것 不(부): 아니다 道(도): 도

不道早已.
부 도 조 이

不(부): 아니다 道(도): 도 早(조): 일찍 已(이): 그치다

덕을 두터이 머금고 있는 사람은, 갓난아기에 비유될 수 있다.

벌이나 전갈과 독사도 물지 않고

사나운 맹수도 할퀴지 못하며

사나운 새도 채지 못한다.

뼈는 약하고, 근육은 부드럽지만 꼭 움켜쥐면 빼기 어려우며

남녀의 교합을 알지 못하면서도 생식기가 저절로 일어나는 것은

정기가 지극한 때문이다.

종일 울어도 목이 쉬지 않는 것은

조화로움이 지극하기 때문이다.

조화를 아는 것을 늘 그러함이라 하고

늘 그러함을 아는 것을 밝음이라 한다.

생을 덧붙이는 것을 상서롭다 하고

마음이 몸의 기를 부리는 것을 강하다고 한다.

만물은 강장하면 곧 늙어버리니

그것을 일러 도답지 않다고 한다.

도답지 않으면 일찍 그치고 만다.

이 장에서는 이상적인 인간 유형에 대해 언급하고 있다. 노자는 갓난 아이가 겉으로는 유약해 보이지만 생명력은 어른보다 강하다는 점을 강조한다. 갓난 아이는 자연의 정기를 잘 보존하고 있고 자연의 원리인 조화의 상태를 잘 지키고 있기 때문이다.

『장자』「경상초」에는 노자를 인용하여 다음과 같이 말한다. "노자가 말하길 양생의 도란 자연의 대도와 하나가 되고 성정性情을 잃지 않으며 점으로 길흉 따위를 판단하지 말고 자기가 놓인 처지에 편히 머물면서 모든 일을 자연에 맡기는 것이오. 남의 일에 마음 쓰지 않고 스스로를 온전히 지키며 늘 유유하게 스스로를 텅 비게 한 채 어린애와 같이 있으면 되오" 이처럼 「장자」 또한 어린아이를 예찬한다.

어린애들은 뼈와 근육이 약하고 부드러워도 쥐는 힘은 강하여 자신의 몸을 지탱한다. 어른들은 자연적으로 나오는 소리를 무시하고 무리하게 소리 지르기 때문에 조금만 소리를 질러도 쉽게 목이 쉰다. 반면에 아이들은 하루 종일 소리 내어 울더라도 목이 쉬는 법이 없다. 그 이유는 하루 종일 울더라도 그것은 애써 우는 것이 아니라 자연적으로 우는 것이므로 조화로움이 지극하였기 때문이다. 이처럼 도를 체득하는 수양을 한 사람은 자연으로부터 부여 받은 기의 순환이 조화의 상태를 유지하면서, 내재된 정기가 충분히 회복되거나 간직되어 원래의 자연력을 발휘할 수 있다.

이 세계는 자연의 조화로 이루어졌다. 대립면의 조화와 절묘한 균형으로 이 세계가 이루어졌음이 상常이다. 상은 개체들의 조화로움을 아는 것이다. 상常에 대하여 왕필은 밝지도 않고, 어둡지도 않고, 따뜻하지도 않고, 차갑지도 않은 것이라 하였다. 이처럼 상常에는 일정한 형태가 없다. 왜냐하면 일정한 형태를 고수하지 않기 때문이다. 일정한 형태를 고수하지 않으면 변화하는 것을 두루 포용할 수 있으며, 이 포용으로 개별들의 조화를 이룰 수 있다. 이 조화의 특성을 가진 불변의 원리 자체를 아는 것이 명明이다.

기氣는 자연으로부터 부여받은 것이다. 기는 자체에 있는 자연성으로 균형과 조화를 이룬다. 마음은 우리의 의지나 욕망이 담겨 있는 곳이다. 기는 저절로 발현되는 것이므로 어떠한 대상에의 집착이 없다. 기운은 대상에의 집착이 없으므로 바람이 부는 대로 움직인다.

그러나 의지나 욕망의 마음에 좌우되면 자연으로부터 부여받은 기의 흐름을 마음이 다스리게 된다. 마음이 기를 부린다는 것은 자연으로부터 받은 기의 흐름이 자연성에 의지하지 못하고 의지나 욕망에 의해 좌우된다는 뜻이다. 마음은 외물에 현혹되어 과욕이 생기기 쉽고, 외물의 지식에 이끌려 편견과 분별지를 낳는다. 우리는 마음의 활동에 의해 무엇인가에 집착하며 살아가고 있다. 집착하게 되면 마음이 기운을 좌지우지하게 되어 유연성을 상실하여 경직되고 만다.

이렇게 유위적 태도는 갓난 아이의 생활 태도와는 반대로 완전히 도에 어긋나기 때문에 곧 끝난다. 이러한 모습은 혈기 왕성하고 기세등등한 모습으로 어린 아이처럼 자연과 합일되어 구름 떠가듯, 물 흐르듯 도를 따르는 모습이 아니다. 그러기에 유약하고 부드럽게 뒤로 물러서는 도의 모습을 따르지 않는 것은 일찍 끝나버리는 것이다.

제56장

知者不言
지 자 불 언

知(지): 알다 者(자): 사람 不(불): 아니다 言(언): 말하다

言者不知.
언 자 부 지

言(언): 말하다 者(자): 사람 不(불): 아니다 知(지): 알다

塞其兌
색 기 태

塞(색): 막다 其(기): 그 兌(태): 구멍, 욕망의 구멍

閉其門
폐 기 문

閉(폐): 닫다 其(기): 그 門(문): 문

挫其銳
좌 기 예

挫(좌): 꺾다 其(기): 그 銳(예): 날카롭다

解其紛
해 기 분

解(해): 풀다, 없애다 其(기): 그 紛(분): 다투다

和其光
화 기 광

和(화): 어울리다 其(기): 그 光(광): 빛, 명철하다

同其塵.
동 기 진

同(동): 같다, 하나되다 其(기): 그 塵(진): 티끌, 먼지

是謂玄同.
시 위 현 동

是(시): 이 謂(위): 일컫다 玄(현): 묘하다 同(동): 같다, 하나되다

故不可得而親
고 불 가 득 이 친

故(고): 그러므로 不(불): 아니다 可(가): 가능하다 得(득): 얻다 而(이): 그러나 親(친): 친하다, 가깝다

不可得而疎
불 가 득 이 소

不(불): 아니다 可(가): 가능하다 得(득): 얻다 而(이): 그러나 疎(소): 멀리하다

不可得而利
불 가 득 이 리

不(불): 아니다 可(가): 가능하다 得(득): 얻다 而(이): 그러나 利(이): 이롭다

不可得而害
불 가 득 이 해

不(불): 아니다 可(가): 가능하다 得(득): 얻다 而(이): 그러나 害(해): 해롭다

不可得而貴
불 가 득 이 귀

不(불): 아니다 可(가): 가능하다 得(득): 얻다 而(이): 그러나 貴(귀): 귀하다

不可得而賤.
불 가 득 이 천

不(불): 아니다 可(가): 가능하다 得(득): 얻다 而(이): 그러나 賤(천): 천하다

故爲天下貴.
고 위 천 하 귀

故(고): 그러므로 爲(위): 되다 天(천): 하늘 下(하): 아래 貴(귀): 귀하다

아는 사람은 말하지 않고

말하는 사람은 알지 못한다.

그 구멍을 막고

그 문을 닫으며

그 예리함은 무디게 하고

그 엉킴은 풀며

그 빛을 조화시키고

그 세속과 같아진다.

이것을 일러 가믈한 같음이라 한다.

그러므로 친할 수도 없고

멀리할 수도 없고

이로울 수도 없고

해로울 수도 없으며

귀할 수도 없고

천할 수도 없다.

그러므로 하늘 아래 귀하게 된다.

진정으로 아는 자는 자기가 아는 내용을 언어화하지 않는다. 그것은 자연이 그런 식으로 존재하고 있기 때문이다. 언어화한다는 말은 명제화 혹은 체계화의 과정을 거친다는 말이다. 앎을 정의 내리고 체계화하고 개념화하는 것은 관계와 변화 속에 있는 자연을 정지시키는 것이기 때문에 세계의 진상과 언어적 체계는 맞지 않는다.

모든 감각의 통로를 막고 안으로 마음을 관조하면 마음은 외물에 의해 감각적 자극을 덜 받고 덜 끄달리게 된다. 외물에 대해 집착하게 되면 감각은 그 집착을 정당화하기 위해 말로 논리화한다. 그 논리가 이른바 소유의 지성이다. 그래서 노자는 감각의 모든 것을 닫고 마음을 비우면서 자조自照하라고 한다.

각각의 만물들은 자신들만의 독자적 경계를 갖고 있으며, 이 독자적 경계에 각기 다른 개성을 이룬다. 학은 학의 개성이 있고, 오리는 오리의 개성이 있다. 만약 학을 오리에 맞춰 다리를 자르라고 한다면 이는 개성을 말살시키는 것이 된다. 만물은 자신의 본성에 이끌려 태어나고, 생장한다. 문제는 자신의 개성을 진리라고 여겨 타인에게까지 관철시키려는 것이다. 타인 역시 자신의 앎을 진리라고 여겨, 쌍방이 대립하게 되는 것이 바로 예銳이다. 어떤 대상을 찰나적으로 드러내거나 포착하는 능력을 우리는 예리하다고 한다. 각각의 만물들이 첨예하게 자신의 개성을 드러내면 전체 조화가 깨져 혼란이 초래된다. 자신의 개성을 높일수록 그 날카로움은 극명해지기 때문이다. 그렇게 할수록 다른 것과의 차이가 분명해지고 조화는 깨지고, 혼란스러워진다.

그러나 노자가 보기에 이 세계는 반대편 것과의 관계 속에서 존재하기 때문에 그러한 방식은 지양해야 한다. 그래서 이러한 날카로움은 꺾고, 그 빛은 조화시키고, 세속과 같아지는 것이 좋다. 도의 모습은 자신을 특정한 본질로 채워서 다른 것들과 극명하게 구분시키거나 자신을 특정한 체계로 수행하는 존재로 규정하지 않고, 반대편 것들과의 관계 속으로 자신을 스며들게 한다. 이렇게 되면 자신은 어떤 특정한 본질이나 체계를 근거로 사용하지 않기 때문에, 어떤 것에는 친숙하게 대하고 어떤 것에는 소원하게 대해야 한다는 구분이 자리 잡을 수 없다. 어떤 것이 이로운지 해로운 지는 특정한 기준 아래서만 결정될 수 있다. 이처럼 도는 다른 것과의 관계 속에서 차이를 드러내며 존재하지 않는다. 빛은 대상과의 차이를 드러내고 세상을 한정시키는 것이다. 그러므로 성인은 빛이 아니라 보통 사람들이 사는 속세에서 차별이 드러나지 않도록 처신한다. 이러한 것이 묘한 같음, 현동玄同으로 친하면서도 멀리하고, 소원하면서도 가깝고, 이롭지도, 해롭지도, 귀하지도 천하지도 않은 상태가 된다.

『회남자』「설산훈」에는 아름다움을 구하면 아름다움을 얻지 못하고 오히려 아름다움을 구하지 않으면 아름다워지며, 추함을 구하면 추함을 얻지 못하고 오히려 추함을 구하지 않으면 추해지니, 아름다움을 구하지도 않고 추함을 구하지도 않아서 아름다움도 추함도 없는 것을 현동이라 하였다.

현동의 입장에서 보면 일체의 만물들은 모두가 하나이다. 각각의 만물들이 모두 도道로부터 나왔기 때문에 친함과 소원함, 이로움과 해로움, 귀함과 천함이 없게 된다. 현동의 입장을 가지게 되면 대립적으로 구분된 어느 한 쪽을 분명히 견지하지 않기 때문에 오히려 가장 고귀한 자리를 차지할 수 있게 된다.

제57장

以正治國
이 정 치 국

以(이): ~으로써 正(정): 올바르다 治(치): 다스리다 國(국): 나라

以奇用兵
이 기 용 병

以(이): ~으로써 奇(기): 기이하다 用(용): 쓰다 兵(병): 병사

以無事取天下.
이 무 사 취 천 하

以(이): ~으로써 無(무): 없다 事(사): 일 取(취): 취하다 天(천): 하늘 下(하): 아래

吾何以知其然哉.
오 하 이 지 기 연 재

吾(오): 나 何(하): 무엇, 어찌 以(이): ~으로써 知(지): 알다 其(기): 그 然(연): 그러하다 哉(재): ~인가

以此.
이 차

以(이): ~으로써 此(차): 이

天下多忌諱
천 하 다 기 위

天(천): 하늘 下(하): 아래 多(다): 많다 忌(기): 꺼리다 諱(휘): 피하다

而民彌貧
이 민 미 빈

而(이): 그래서 民(민): 백성 彌(미): 더욱 貧(빈): 가난하다

民多利器
민 다 리 기

民(민): 백성 多(다): 많다 利(리): 날카롭다 器(기): 도구

國家滋昏
국 가 자 혼

國(국): 나라 家(가): 집 滋(자): 더욱 더해지다 昏(혼): 혼미하다

人多伎巧
인 다 기 교

人(인): 사람 多(다): 많다 伎(기): 재주 巧(교): 기교

奇物滋起
기 물 자 기

奇(기): 이상하다 物(물): 만물 滋(자): 더욱 더해지다 起(기): 생겨나다

法令滋彰
법 령 자 창

法(법): 법 令(령): 시키다 滋(자): 더욱 彰(창): 드러내다

盜賊多有.
도 적 다 유

盜(도): 도둑 賊(적): 도적 多(다): 많다 有(유): 생기다

故聖人云.
고 성 인 운

故(고): 그러므로 聖(성): 성인 人(인): 사람 云(운): 말하다

我無爲而民自化
아 무 위 이 민 자 화

我(아): 나 無(무): 없다 爲(위): 하다 而(이): 그러면 民(민): 백성 自(자): 스스로 化(화): 교화하다

我好靜而民自正
아 호 정 이 민 자 정

我(아): 나 好(호): 좋아하다 靜(정): 고요하다 而(이): 그러면 民(민): 백성 自(자): 스스로 正(정): 바르다

我無事而民自富
아 무 사 이 민 자 부

我(아): 나 無(무): 없다 事(사): 일 而(이): 그러면 民(민): 백성 自(자): 스스로 富(부): 부유하다

我無欲而民自樸.
아 무 욕 이 민 자 박

我(아): 나 無(무): 없다 欲(욕): 욕심내다 而(이): 그러면 民(민): 백성 自(자): 스스로 樸(박): 소박하다

올바름으로써는 나라를 다스리고

기이함으로써는 군사를 움직이며

일없음으로써는 천하를 취한다.

내가 어찌 그러함을 아는가?

바로 이 때문이다.

세상에 꺼리고 금하는 것이 많으면 많을수록

백성들은 더욱 가난해지고

백성이 이로운 기물이 많으면 많을수록

나라나 가정은 더욱 혼란해진다.

사람이 기교가 많으면 많을수록

기괴한 물건이 점점 생겨나고

법령이 많아지면 많아질수록

도적이 늘어난다.

그러므로 성인은 다음과 같이 말한다.

내가 무위하면 백성이 저절로 교화 되고

내가 고요함을 좋아하면 백성이 저절로 바르게 되고

내가 일을 일으키지 않으니 백성이 저절로 부유해지고

내가 무욕하면 백성이 저절로 질박해진다.

이 장에서 말하는 정正과 기奇는 상호 의존적인 관계로 볼 수 있다. 정은 나라를 다스리는 데 사용하고, 기는 전쟁에서 용병술로 사용한다. 이 기정奇正은 세勢를 형성하는 술術로써 정은 싸우기 시작할 때 공격부대이고, 기는 양쪽에서 기습하는 기동 부대를 말한다. 나라를 다스리는 데는 정상적인 正정만으로 다스릴 수 없다. 만약 전쟁과 같은 비정상적인 상황에서는 임기응변을 발휘하여야 하기 때문이다. 이 때 사용하는 것이 기奇이다.

노자 또한 평상시에는 정도로써 나라의 질서를 바로잡아야 하지만, 전쟁과 같은 비상시에는 임기응변이 필요하다고 보았다. 이 정과 기를 사용하면 천하는 무위의 일없음無事로써 다스릴 수 있다. 무사無事란 일거리를 만들어내지 않는 것이다. 왕이 이미 다스릴만한 어떠한 일거리도 없다면 할 일이 없어지게 되고, 할 일이 없어지게 되면 자연히 무위에 처하게 된다.

그러나 세상에 금기가 많을수록 백성들의 자율적 행위를 속박하여 백성들을 가난에 빠지게 할 수 있다. 날카로운 도구 즉 법령이나 형벌들이 예리하게 적용되면 될수록 나라는 혼란스러워진다. 사람들이 아는 것이 많을수록 이상한 것은 점점 많아진다. 이는 모두 유위로 통치한 폐해들이다.

노자는 자연적인 상태로부터 더욱 멀어지게 되는 것이 국가를 더욱 혼란스럽게 만드는 주범이라 보았다. 기이한 재주나 비정상적인 물건들은 사람들의 마음을 현혹시킨다. 법령 또한 마찬가지다. 엄격한 법 집행은 오히려 더 많은 범법자를 양산해내고, 항상 강한 자의 편에 서서 빠져 나갈 구멍을 만들어 놓게 된다. 이처럼 법의 강화는 사람들에게 무거운 족쇄의 역할만을 하여 오히려 더욱 많은 도둑을 양산하게 하는 측면이 있다.

그러나 무위의 방식으로 하게 되면 스스로 교화되고, 고요함을 좋아하게 되어 스스로 바르게 되고, 무사하면 스스로 부자가 되고, 무욕하면 스스로 순박하게 된다. 이 무위, 호정, 무사, 무욕은 자연의 운행 모습이자 성인의 통치 방식이기도 하다. 성인은 어떠한 인위적인 행위를 하지 않고 단지 고요히 있기를 좋아할 뿐 애써 행함도 없으며 욕심도 없다. 그러나 이러한 소극적인 정치를 통해서 인위적 문명체계가 아니라 자연의 원리를 수행하면 백성들은 저절로 교화되고, 저절로 바르게 되고, 저절로 삶이 풍요로워지고, 저절로 순박해진다. 『맹자』「양혜왕」에는 누가 천하를 통일할 수 있느냐는 양혜왕의 물음에 맹자는 "사람 죽이는 것을 좋아하지 않는 사람이 통일할 수 있다"는 대답을 한다. 이는 천하를 취하기 위해서 인위적인 노력을 하지 않는 것이 천하를 취하는 지름길이라는 노자의 생각과 일맥상통한 부분이다.

이 장에서도 무위의 다스림, 놓아둠의 다스림, 관여하거나 강요하지 않는 다스림이 가장 훌륭한 다스림임을 강조하고 있다. 자연적인 인간은 근본적으로 자연에 순응해서 자연스럽게 살아가도록 되어 있는데, 위정자들은 공연히 인위적으로 윤리 규정을 만들고, 영토를 넓히려고 전쟁을 한다. 이처럼 노자는 성인의 말씀을 따라 인위적이고 가식적인 규정이나 제도를 거부하고 자연의 흐름에 맡기면, 그 본연의 선함과 내적 힘에 따라 저절로 질박해진다는 낙관주의적 견해를 보여준다.

제58장

其政悶悶
기 정 민 민

其(기): 그 政(정): 정치 悶(민): 어수룩하다 悶悶(민민): 어수룩한 모양

其民淳淳
기 민 순 순

其(기): 그 民(민): 백성 淳(순): 순박하다

其政察察
기 정 찰 찰

其(기): 그 政(정): 정치 察(찰): 살피다 察察(찰찰): 분명한 모양

其民缺缺.
기 민 결 결

其(기): 그 民(민): 백성 缺(결): 이지러지다, 모자라다

禍兮, 福之所倚.
화 혜 복 지 소 의

禍(화): 재난 兮(혜): ~이구나 福(복): 복 之(지): ~의 所(소): 바 倚(이): 의지하다

福兮, 禍之所伏.
복 혜 화 지 소 복

福(복): 복 兮(혜): ~이구나 禍(화): 재난 之(지): ~의 所(소): 바 伏(복): 엎드리다

孰知其極.
숙 지 기 극

孰(숙): 누구 知(지): 알다 其(기): 그 極(극): 궁극

其無正.
기 무 정

其(기): 그 無(무): 없다 正(정): 정하다, 일정하다

正復爲奇
정 복 위 기

正(정): 올바르다 復(복): 다시 爲(위): 되다 奇(기): 이상하다

善復爲妖
선 복 위 요

善(선): 좋다 復(복): 다시 爲(위): 되다 妖(요): 요망하다

人之迷
인 지 미

人(인): 사람 之(지): ~의 迷(미): 미혹하다

其日固久.
기 일 고 구

其(기): 그 日(일): 세월 固(고): 굳다, 단단하다 久(구): 오래되다

是以聖人方而不割
시 이 성 인 방 이 불 할

是(시): 이 以(이): ~으로써 聖(성): 성스럽다 人(인): 사람 方(방): 곧고 바르다 而(이): 그러나 不(불): 아니다 割(할): 해치다

廉而不劌
염 이 불 귀

廉(염): 청렴하다 而(이): 그러나 不(불): 아니다 劌(귀): 상하게 하다

直而不肆
직 이 불 사

直(직): 곧다 而(이): 그러나 不(불): 아니다 肆(사): 방자하다

光而不燿.
광 이 불 요

光(광): 빛나다 而(이): 그러나 不(불): 아니다 燿(요): 눈부시다

그 정치가 답답하면 답답할수록

그 백성은 순박하고

그 정치가 영리하면

백성이 모자라게 된다.

화로구나! 거기에 복이 기대어져 있다.

복이구나! 거기에 화가 숨어있다.

누가 그 궁극을 알 수 있겠는가?

절대적으로 옳은 것은 없다.

올바름이 다시 이상한 것이 되고

좋은 것이 다시 요상한 것이 되니

사람이 미혹된지

아주 오래되었다.

그래서 성인은 방정하지만 (남을) 해치지 않고

청렴하지만 (남을) 상하게 하지 않으며

정직하지만 방자하지 않고

빛나지만 눈부시게 하지 않는다.

민민悶悶은 경계가 없이 모호하여 답답한 모양이다. 노자는 관용적이고 중후하게 무위로써 백성을 대하기 때문에 통치를 하는지 하지 않는지가 구분되지 않을 정도로 어눌하게 보이는 통치를 주장한다. 노자에게 있어 무위는 하나의 수단이며, 진정한 목적은 하지 않음의 없음無不爲에 있다. 위정자가 아무 것도 하지 않는 것이 마치 민민한 것 같지만, 그 결과는 백성들의 삶이 오히려 순순淳淳해진다고 한다. 순순淳淳이란 현실에 의해 때 묻지 않은 순박함이다. 백성들이 순박하게 살아가기에 자신의 생계에 필요한 것 이상의 사리사욕을 탐하지 않으며, 그리 많은 지식이 필요 없기에 지식으로 인한 시비是非의 분쟁도 없다. 노자는 이것이야말로 최상의 정치라고 본 것이다.

반면에 찰찰察察은 빠짐없이 자세히 살피고 따져서 하는 통치이다. 위정자가 시비를 가린다는 명분하에 깐깐하게 따지는 것은 백성들을 온정으로 보살피기 위해서가 아니며, 단지 백성들에게서 뭔가 결점을 찾아내어 법으로 재단하기 위해서이다. 사실 판단의 기준 자체가 쉽게 변할 수 있는 것이기에 이러한 정치는 잘 행하는 것 같지만 까다로운 정치에 의해 백성들의 생활이 오히려 각박해진다. 또한 백성들은 그 규정을 자세하게 살펴 그것을 피하는 방법만을 터득해서 교활하게 되기 쉽다. 가치란 고정 불변한 채로 있는 것이 아니며 단지 시류에 따라서 언제든지 바뀔수 있기 때문이다. 이것은 유위의 통치이다.

무위의 통치는 자연스럽게 무위와 무사로 통치하는 것을 말한다. 이 세계는 대립면들이 서로 꼬여 하나가 된다. 화에는 복이 기대어져 있고, 복에는 화가 잠복해 있다. 절대의 복과 절대의 화는 없다. 화가 복이 되고 복이 화가 되기도 한다. 정해진 것 없이 이 세계는 대립면들끼리 관계와 변화 속에 있다. 『한비자』「해로」편에도 복은 화가 있는 것에 뿌리를 두고 화는 복이 있는 것에 뿌리를 둔다고 하였다. 우리 주변에서도 이러한 예는 쉽게 찾아볼 수 있다.

272

이 세상을 분별적으로 인식하는 것은 편파적이고 부분적으로 세상을 판단하는 것으로 무위와는 다르다. 이러한 사량 분별적인 지성은 사실을 사실대로 읽는 여유와 여백의 정신이 부족하여 다르다. 왜냐하면 사량적 세상 인식은 내 것은 좋고 남의 것은 나쁘다는 분별을 필연적으로 야기시킴으로 모든 이가 자아중심으로 생각하게 하는 길로 몰고 간다. 그런 자아 중심적 사고방식은 결국 이 세상을 선악과 시비의 투쟁장으로 만든다.

이를 명철하게 인식한 이가 성인이고, 성인은 하나의 가치를 고집하거나 자신에게 있는 능력으로 자신을 낮추고 관용과 조화의 미덕을 지니고 세상 속으로 스며든다. 보통 사람들은 자신을 기준으로 타인을 재단한다. 때로는 타인의 허점을 지적하여 상처를 주기도 한다. 그러나 성인은 자신에게 있는 능력을 그 대립면의 견제 속에서 사용하여 예리하되, 구분하거나, 상처를 주지 않고 빛나되 눈부시지 않는다.

제59장

治人事天
치 인 사 천

治(치): 다스리다 人(인): 사람 事(사): 섬기다 天(천): 하늘

莫若嗇.
막 약 색

莫(막): 없다 若(약): 같다 嗇(색): 아끼다, 절약하다

夫唯嗇 是以早服.
부 유 색 시 이 조 복

夫(부): 무릇 唯(유): 오직 嗇(색): 아끼다 是(시): 이것 以(이): ~으로써 早(조): 일찍 服(복): 따르다

早服, 謂之重積德.
조 복 위 지 중 적 덕

早(조): 일찍 服(복): 따르다 謂(위): 일컫다 之(지): 그것 重(중): 거듭하다 積(적): 쌓다 德(덕): 덕

重積德, 則無不克.
중 적 덕 즉 무 불 극

重(중): 거듭하다 積(적): 쌓다 德(덕): 덕 則(즉): 곧 無(무): 없다 不(불): 못하다 克(극): 무릅쓰다

無不克, 則莫知其極.
무 불 극 즉 막 지 기 극

無(무): 없다 不(불): 못하다 克(극): 무릅쓰다 則(즉): 곧 莫(막): 없다 知(지): 알다 其(기): 그 極(극): 다하다

莫知其極
막 지 기 극

莫(막): 없다 知(지): 알다 其(기): 그 極(극): 다하다

可以有國.
가 이 유 국

可(가): 가능하다 以(이): ~으로써 有(유): 가지다 國(국): 나라

有國之母
유 국 지 모

有(유): 가지다 國(국): 나라 之(지): ~의 母(모): 어머니

可以長久.
가 이 장 구

可(가): 가능하다 以(이): ~으로써 長(장): 길다 久(구): 오래되다

是謂深根固柢
시 위 심 근 고 저

是(시): 이 謂(위): 일컫다 深(심): 깊다 根(근): 뿌리 固(고): 단단하다 柢(저): 곧게 밑으로 뻗은 굵은 뿌리

長生久視之道.
장 생 구 시 지 도

長(장): 길다 生(생): 살다 久(구): 오래다 視(시): 보다 之(지): ~의 道(도): 도

274

사람을 다스리고 하늘을 섬김에

아끼는 것처럼 좋은 것은 없다.

대저 오직 (모든 것을) 아끼는 것으로써 일찌감치 따른다.

일찌감치 따르는 것을, 덕을 많이 쌓는다고 이른다.

덕을 거듭 쌓으면, 하지 못할 일이 없다.

하지 못할 일이 없으면, 그 다함을 알지 못한다.

그 다함을 알지 못하면

나라가 있게 된다.

나라의 어머니가 있으면

오랫동안 유지될 수 있다.

이것을 일러 뿌리 깊고 단단하며

장생하고 오래 보는 도라 한다.

사람을 다스리고 하늘을 섬기는 것은 검소함보다 좋은 것이 없다. 위정자가 세금을 거둬들여 온갖 사치스러운 생활을 일삼고, 전쟁을 도발하여 무고한 백성들의 인명을 빼앗아간 까닭은 생활의 검소함을 알지 못하였기 때문이다. 무위 정치에 있어서 필수적으로 행해야 할 전제조건이 바로 검소함이다. 검소함이란 작은 것도 만족해하고 쓸모없이 낭비하지 않음이다. 만일 만족해하지 못하고 사치를 일삼게 된다면, 임금은 백성으로부터 더욱 많은 세금을 탈취하려 할 것이며 백성들 역시 작은 이득에도 치열히 다툴 것이다.

그러나 색嗇은 검소함이라는 의미가 있지만 아낀다는 의미도 있다. 아낌에는 절약한다는 의미도 있지만 사랑한다는 의미도 있다. 사랑해야 아끼는 것이다. 그래서 사람을 다스리고 하늘을 섬김에 아끼는 것 만한 것이 없는 것이다.

여기서 하늘을 섬긴다는 것을 유가적으로 도덕의 근거로 해석하는 것은 부당하다. 여기서 하늘은 그야말로 자연으로부터 부여받은 천부적인 것으로 보아야할 것이다. 노자 철학의 가장 큰 특징 가운데 하나는 춘추전국 시대의 큰 흐름인 천명관을 철저하게 극복하였다는 점이다. 「도덕경」에서 하늘을 섬긴다는 것은 하늘이 의지를 지닌 하늘이 아니라 자연으로부터 부여받은 천부적인 것을 기르고 수양하는 의미로 이해해야 할 것이다. 그러면 여기서 섬긴다는 것은 수신修身이나 치신治身으로 봐야할 것이다. 따라서 사람들을 다스리고 하늘을 섬기는 데에는 검소함보다 좋은 것이 없다고 하겠다.

·검약하고 아끼게 되어 일찌감치 도를 따르게 되면 덕을 쌓게 되고, 덕을 끝없이 쌓으면 하지 못할 일이 없게 된다. 여기서 덕을 쌓음은 채움에 있는 것이 아니라 오히려 비움에 있다. 이러한 비움은 외물에 허심으로 응한다. 물의 덕성이야말로 자신을 고집하는 마음이 없는 허심이며, 물은 이러한 허심을 가지고 있기 때문에 어떠한 장애물도 물과 대적할 수 없다. 이와 같이 덕을 쌓으면 그 어떠한 난관이 앞에 가로놓여 있을지라도 하지 못함이 없다.

하지 못하는 일이 없게 되면 당연히 나라를 소유할 수 있게 된다. 도가에서는 내성외왕內聖外王을 정치의 이상 목표로 삼았다. 즉 성인의 덕성을 가진 자가 왕위에 올라야 한다고 보았다. 이 때 왕은 통치계급으로서의 왕이 아니라 자신의 이상적인 인물인 성인을 지칭한 것이라 할 수 있다. 나라를 물과 같은 덕성을 지닌 마음으로 대하면 장구하게 보존되는데 이 모든 것은 도에 의해 통치하기 때문에 깊은 뿌리와 튼튼한 가지로서 장생할 수 있는 것이다.

『한비자』「해로」에 따르면 곧게 뻗은 뿌리가 저柢이고, 굽은 뿌리는 근根인데, 나무는 곧게 뻗은 뿌리에 의지하여 자라나고 굽은 뿌리에 의지하여 영양을 공급 받는다고 한다. 따라서 뿌리가 깊고 단단하다는 것은 개인과 나라를 경영하는 훌륭한 길이 굳게 확립되어 있음을 비유한 것이라 하겠다.

제60장

治大國
치 대 국

治(치): 다스리다 大(대): 크다 國(국): 나라

若烹小鮮.
약 팽 소 선

若(약): 같다 烹(팽): 굽다 小(소): 작다 鮮(선): 물고기

以道莅天下
이 도 리 천 하

以(이): ~으로써 道(도): 도 莅(리): 임하다 天(천): 하늘 下(하): 아래

其鬼不神.
기 귀 불 신

其(기): 그 鬼(귀): 귀신 不(불): 못하다 神(신): 신통하다

非其鬼不神
비 기 귀 불 신

非(비): 아니다 其(기): 그 鬼(귀): 귀신 不(불): 못하다 神(신): 신통하다

其神不傷人.
기 신 불 상 인

其(기): 그 神(신): 귀신 不(불): 못하다 傷(상): 해치다 人(인): 사람

非其神不傷人
비 기 신 불 상 인

非(비): 아니다 其(기): 그 神(신): 귀신 不(불): 못하다 傷(상): 해치다 人(인): 사람

聖人亦不傷人.
성 인 역 불 상 인

聖(성): 성인 人(인): 사람 亦(역): 역시 不(불): 못하다 傷(상): 해치다 人(인): 사람

夫兩不相傷
부 양 불 상 상

夫(부): 무릇 兩(양): 둘, 귀산과 성인 不(불): 못하다 相(상): 서로 傷(상): 해치다

故德交歸焉.
고 덕 교 귀 언

故(고): 그러므로 德(덕): 덕 交(교): 서로 歸(귀): 돌아가다 焉(언): 어조사, 종결

278

큰 나라를 다스리기를

작은 생선을 굽듯이 한다.

도로써 하늘 아래 임하면

귀신도 신통한 힘을 잃는다.

귀신이 신통한 힘을 잃은 것이 아니라

그 귀신의 힘이 사람을 해하지 못한다.

귀신의 힘이 사람을 해하지 못할 뿐 아니라

성인 역시 사람을 해하지 못한다.

대저 이 들이 해하지 못하니

덕이 서로에게 돌아간다.

이 장에서 노자는 나라를 다스리는 것을 작은 생선 굽는 것에 비유하고 있다. 작은 생선은 살이 부드러워 자주 뒤집으면 부서져 버린다. 하상공은 "작은 생선을 지질 때는 장을 빼지도 않고 비늘을 벗기지도 않고 휘젓지도 않으니 모두 부서질까 해서이다. 나라를 다스리는 것이 번쇄하면 아래에서 반란하고, 몸을 다스리는 것이 번쇄하면 정기가 흩어진다" 하고 있다.

『한비자』「해로」에서도 특히 백성들의 소업을 자주 바꾸거나 변법을 자주 하지 않도록 해야 한다고 지적한다. 즉 나라를 다스릴 때 법률이나 규정을 엄격하게 하지 말고 어눌하게 하여 자연성 그대로 유지되게 하는 도에 입각한 무위의 통치를 주장한다.

노자가 보기에, 작은 생선을 굽듯이 조심스럽게 하는 통치라면 반드시 도를 근거로 해야 한다. 자연의 존재 형식이자 운행 원칙인 도를 근거로 해야지, 인간의 사고 능력을 벗어난 존재에 의탁해서는 안된다는 것이다.

노자가 존재했던 춘추전국시대는 자연물에 의지를 부여하여 인간이 그것을 두려워하고, 거기에 복종하는 천명관이 지배적이었다. 그러나 노자는 인간의 사고 범위를 벗어난 존재인 귀신을 두려워하지 않고, 도를 근거로 하여 귀신이 사람을 해하지 못하게 한다.

선진 시대의 사상가들은 귀신에 대하여 그다지 큰 관심이 없었기 때문에 강한 긍정도 부정도 없었다. 노자 역시 귀신을 부정하지 않았기 때문에 귀신이 영험함을 발휘한다는 사람에 대해서도 굳이 부정하지 않았다. 당시 민간 신앙에서 재난의 원인을 귀신에 두었기에 재난을 벗어나기 위해서는 귀신의 분노를 풀어야 한다고 보았는데, 노자 역시 귀신에 의해서 재난을 당할 수도 있다는 사실에 대해 굳이 부정하지 않았다. 다만 귀신이 영험함을 갖고 있어서 사람들을 해칠 수 있다고 할지라도 도로써 임하게 된다면 결코 어떠한 영험함도 발휘할 수 없다고 보았다. 또한 귀신도 사람을 해칠 수 없을 뿐만 아니라 신령스러운 존재도 인간을 해칠 수 없다고 보았다.

성인 또한 인간의 의지대로 백성들을 일정한 방향으로 끌고 가려고 하지 않기 때문에 사람을 해치지 않는다. 신령한 것이나 신령스러운 존재들은 사람들에게 경외감을 불러일으키게 하지만 때로는 재앙을 주고 재앙을 예견하는 두려운 존재다. 그럼에도 무위자연의 통치를 하면 그 어떠한 신비적인 초월의 힘이 있다고 하더라도 사람들에게 해를 끼칠 수 없다고 보았다.

위정자가 진정으로 도에 입각해서 나라를 다스리면 사람도 모두 도에 따라 순리대로 살게 되므로 귀신도 사람을 해칠 수 없게 되고, 위정자 자신도 사람에게 해를 줄 수 없기에 편안하게 살아갈 수 있게 된다. 이처럼 고대에 귀신의 힘보다 위정자와 사람의 도덕적 위력을 더욱 크게 본 노자의 식견은 탁월하다 할 수 있다. 그리하여 노자는 사람들 마음속에 간직된 하나하나의 덕이 함께 만나 모두 도에로 향하면 저절로 교화되고 저절로 순박한 덕성을 회복하게 된다고 본 것이다.

제61장

大國者下流
대 국 자 하 류

大(대): 크다 國(국): 나라 者(자): 것 下(하): 아래 流(류): 흐르다

天下之交
천 하 지 교

天(천): 하늘 下(하): 아래 之(지): ~의 交(교): 물이 모여들다

天下之牝.
천 하 지 빈

天(천): 하늘 下(하): 아래 之(지): ~의 牝(빈): 암컷

牝常以靜勝牡
빈 상 이 정 승 모

牝(빈): 암컷 常(상): 늘 以(이): ~으로써 靜(정): 고요하다 勝(승): 이기다 牡(모): 수컷

以靜爲下.
이 정 위 하

以(이): ~으로써 靜(정): 고요하다 爲(위): 삼다 下(하): 아래

故大國以下小國
고 대 국 이 하 소 국

故(고): 그러므로 大(대): 크다 國(국): 나라 以(이): ~으로써 下(하): 낮추다 小(소): 작다 國(국): 나라

則取小國.
즉 취 소 국

則(즉): 곧 取(취): 얻다 小(소): 작다 國(국): 나라

小國以下大國
소 국 이 하 대 국

小(소): 작다 國(국): 나라 以(이): ~으로써 下(하): 낮추다 大(대): 크다 國(국): 나라

則取大國.
즉 취 대 국

則(즉): 곧 取(취): 얻다 大(대): 크다 國(국): 나라

故或下以取
고 혹 하 이 취

故(고): 그러므로 或(혹): 혹은, 어떤 下(하): 낮추다 以(이): ~으로써 取(취): 취하다

或下而取.
혹 하 이 취

或(혹): 혹은, 어떤 下(하): 낮추다 而(이): 그래서 取(취): 취하다

大國不過欲兼畜人.
대 국 불 과 욕 겸 축 인

大(대): 크다 國(국): 나라 不(불): 아니다 過(과): 불과하다 欲(욕): 하고자 하다 兼(겸): 아우르다 畜(축): 양육하다 人(인): 사람

小國不過欲入事人.
소 국 하 과 욕 입 사 인

小(소): 작다 國(국): 나라 不(불): 아니다 過(과): 과하다 欲(욕): 하고자 하다 入(입): 들어가다 事(사): 섬기다 人(인): 사람

夫兩者各得其所欲
부 량 자 각 득 기 소 욕

夫(부): 무릇 兩(양): 둘 者(자): 것 各(각): 저마다 得(득): 얻다 其(기): 그 所(소): 바 欲(욕): 바라다

大者宜爲下.
대 자 의 위 하

大(대): 크다 者(자): 것 宜(의): 마땅히 爲(위): 되다, 하다 下(하): 아래

큰 나라는 아래로 흘러

천하의 사람들이 모여 들어

천하의 암컷이 된다.

암컷은 늘 고요함으로써 수컷을 이기고

고요함으로써 낮춘다.

그러므로 큰 나라가 작은 나라에 낮추면

작은 나라를 얻게 된다.

작은 나라가 큰 나라에 낮추면

큰 나라로부터 (많은 것을) 얻는다.

그러므로 어떤 경우는 낮춤으로써 얻게 되고

어떤 경우는 낮추어서 취하여질 수 있게 된다.

큰 나라는 단지 사람들을 아울러 길러주고자 할 뿐이다.

작은 나라는 단지 큰 나라에 들어가 그 사람들을 섬기려 할 뿐이다.

무릇 양쪽 모두 자신들이 원하는 것을 얻으려면

가장 중요한 것은 마땅히 자신을 낮춰야 한다는 것이다.

대국은 하류에 거처함으로 해서 천하 온갖 나라들이 모여들 뿐만 아니라, 천하의 암컷이 된다고 하였다. 이 문장은 66장의 "강과 바다가 모든 골짜기의 왕이 될 수 있는 까닭은 그것이 아래로 잘 처하기 때문이다."는 말과 상통한다.

상류는 흘러가므로 동적인 반면 하류는 고요히 있으면서 온갖 물줄기들이 자신에게로 찾아들기만을 기다린다. 그런데 높은 곳의 물은 결코 낮은 곳에 처한 물을 이길 수가 없다. 왜냐하면 높은 곳의 물은 활동하면 할수록 자신의 것을 내주는 반면에, 낮은 곳의 물은 고요하면 할수록 온갖 물줄기들을 다 포용할 수가 있기 때문이다. 하류는 낮은 곳에 거처하고 있으며, 온갖 물들을 받아들이기에 포용성을 갖추고 있고, 깊으며 고요하다. 이러한 겸허함·포용성·깊음·고요함은 바로 암컷의 특징과 일치한다.

왕필은 강과 바다가 거대하면서도 낮은 곳에 처하여 모든 시내가 그곳으로 흘러간다고 지적했다. 노자는 겸허함·포용성·깊음·고요함과 같은 여성성을 예찬하였고, 큰 나라가 강과 바다처럼 거대해 질 수 있는 것은 겸허하게 모든 것을 수용하기 때문이라고 보았다. 그것은 강과 바다가 천하의 모든 만물과 교류하기 때문인 것이다.

노자는 대국이 낮은 데로 흐르는 겸허함으로 인해 천하의 만물과 교류하는 것을 암컷에 비유하였다. 수컷은 분주히 활동하여 탐욕스러운 반면에 암컷은 하나같이 고요하기 때문에 수컷을 이기며, 또한 다시 아래에 있을 수 있기 때문에 사물이 그것에로 돌아간다고 보았다. 암컷은 고요함으로 수컷을 이기고 아래에 처한다. 이러한 덕성은 대국이나 소국에게 모두 각자 원하는 것을 얻게 해준다.

노자가 살았던 당시는 숱한 전쟁들이 행해졌다. 대국과 소국은 서로가 실리를 취하고자 전쟁을 했지만, 전쟁엔 승자도 패자도 없으며 오직 폐허와 죽음만이 남는다. 그러나 겸허의 미덕을 갖게 된다면 대국과 소국은 각각 자신들이 원하는 것을 얻게 된다. 대국은 겸허함을 통해 소국의 자발적인 귀의를 얻어낼 수 있으며, 소국은 겸허함을 통해서 대국의 관용과 은혜를 얻어낼 수가 있다.

여기서 중요한 것은 노자가 대국과 소국의 존재를 인정하고 있다는 것이다. 소국과민을 주장한 노자는 통일이나 합병을 꿈꾸지 않았다. 그는 대국은 대국 나름대로의 윤리를 가지고 존속해야 하고, 소국은 소국 나름대로의 윤리를 가지고 존속해야 한다고 보았다. 이것이 각자가 원하는 바를 얻는 것이라 본 것이다. 이것이 가능하기 위해서는 크던 작던 간에 자신을 낮추는 것이 도의 운행 원칙이자 도를 실천하여 얻게 되는 효과를 보여주는 것이라 하겠다. 노자는 이것이 암컷의 모습이자, 도의 모습이고, 도의 무위이무불위無爲而無不爲모습이라 보았다. 노자의 주장은 이러한 매우 현실적인 정치 사유를 보여주는 것이라 하겠다.

제62장

道者, 萬物之奧
도 자 만 물 지 오

道(도): 도 者(자): 것 萬(만): 온갖 物(물): 것 之(지): ~의 奧(오): 깊숙하다

善人之寶
선 인 지 보

善(선): 좋다 人(인): 사람 之(지): ~의 寶(보): 보배

不善人之所保尊.
불 선 인 지 소 보 존

不(불): 아니다 善(선): 좋다 人(인): 사람 之(지): ~의 所(소): 바 保(보): 지니다
尊(존): 받들다

美言可以市
미 언 가 이 시

美(미): 아름답다 言(언): 말 可(가): 가능하다 以(이): ~으로써 市(시): 시장

存行可以加人.
존 행 가 이 가 인

存(존): 존경하다 行(행): 행위 可(가): 가능하다 以(이): ~으로써 加(가): 더하다
人(인): 사람

人之不善
인 지 불 선

人(인): 사람 之(지): ~의 不(불): 아니다 善(선): 좋다

何棄之有.
하 기 지 유

何(하): 어찌 棄(기): 버리다 之(지): 그것 有(유): 있다

故立天子
고 립 천 자

故(고): 그러므로 立(입): 세우다 天(천): 하늘 子(자): 아들

置三公
치 삼 공

置(치): 두다, 임명하다 三(삼): 셋 公(공): 벼슬 三公(삼공): 가장 높은 벼슬자리

雖有拱壁以先駟馬
수 유 공 벽 이 선 사 마

雖(수): 비록 有(유): 가지다 拱(공): 끌어안다 壁(벽): 구슬 以(이): ~으로써 先
(선): 먼저 駟(사): 한 수레를 끄는 네 필의 말 馬(마): 말

不如坐進此道.
불 여 좌 진 차 도

不(불): 아니다, 못하다 如(여): 같다 坐(좌): 앉다 進(진): 나아가다 此(차): 이 道
(도): 도

古之所以貴此道者何.
고 지 소 이 귀 차 도 자 하

古(고): 옛 之(지): ~의 所(소): 바 以(이): ~으로써 貴(귀): 귀하다 此(차): 이 道
(도): 도 者(자): 것 何(하): 어찌, 무엇

不曰以求得
불 왈 이 구 득

不(불): 아니다 曰(왈): 말하다 以(이): ~으로써 求(구): 구하다 得(득): 얻다

有罪以免邪.
유 죄 이 면 사

有(유): 있다 罪(죄): 죄 以(이): ~으로써 免(면): 면하다 邪(야): ~이겠는가

故爲天下貴.
고 위 천 하 귀

故(고): 그러므로 爲(위): 여기다 天(천): 하늘 下(하): 아래 貴(귀): 귀하다

도라는 것은 만물의 깊은 보금자리이자

좋은 사람의 보배이며

좋지 못한 사람도 보존하는 것이다.

아름다운 말은 시장에서 팔리고

존경스런 행위는 남에게 영향을 줄 수 있다.

사람의 좋지 않은 것이라고 해서

어찌 그것을 버릴 것인가?

그러므로 천자를 세우고

삼공을 두었는데

비록 큰 옥을 받들어 네 필의 말로써 앞서게 해도

가만히 앉아서 이 도로 나가는 것만 같지 못하다.

옛 부터 이 도를 귀하게 여기는 까닭은 무엇인가?

구하여 얻으면

죄가 있어도 면해지게 될 것이라 말하지 않았던가?

그러므로 천하의 귀한 것이 된다.

도는 세상을 포용하여 선한 사람이건, 선하지 않은 사람이건 모두 도의 도움과 의지를 벗어날 수 없다. 선을 유지하는 것도 불선을 개선하는 것도 모두 도에 의해서 가능하다. 도는 무한한 포용력을 지녔기 때문에 만물의 의지처로 작용하기 때문이다.

모든 일체 만물은 도로부터 생겨났다는 점에서 만물은 아랫목과 같은 깊숙한 곳에 도를 간직하고 있다. 이 도가 구체적인 만물 속에서는 덕德으로 나타난다. 모든 사람들이 공통적으로 덕을 간직하고 있기 때문에 근본적으로는 모두가 선하다. 덕은 만물의 근본이 되므로 선한 사람은 이것을 자신의 가장 귀한 보배로 산다. 비록 선하지 않은 사람이라 할지라도 덕이 사라진 것은 아니며 단지 가려져 있을 따름이다.

도는 좋은 사람, 좋지 못한 사람을 가리지 않고 한결같이 아늑한 품처럼 감싸주고 선한 것, 선하지 못한 것을 가리지 않고 한결같이 선한 일에 쓰이도록 포용성으로 대한다. 도의 큰 품속에서는 버릴 것, 버림받는 것, 쓸모없는 것이란 하나도 없다. 도는 상식적인 세계에서 임의로 정한 선악, 미추 등의 대립적 이분법을 넘어서는 경지이기 때문이다.

꾸미는 말이나 존귀한 행동은 비록 진심과는 무관한 형식적인 것이므로 선한 것이 아니지만, 아름다운 말이 시장에서 잘 팔리고, 존경스런 행위는 사람들에게 뭔가를 베풀 수 있다. 『회남자』에서도 "아름다운 말은 존경을 받을 수 있고, 아름다운 행동은 남보다 뛰어나게 한다."는 문장을 인용하고 있다. 이는 말을 잘하고 마을에서 제법 올바르게 행동하는 정도만 되어도, 이런 효과를 보인다는 의미이다. 만약 이런 사람이 만약 도를 실천하면 어떠하겠는가?

천자나 삼공을 세우는 것 역시 인간의 자연 본성에 의거한 것은 아니지만, 사회적인 필요성에 의해 생겨난 것이라는 점에서 이 역시 필요하듯이 도는 선인과 불선인의 구별을 넘어 만인에게 영향을 미칠 수 있다. 그 도는 자연의 허공과 같이 누구에게나 구해질 수 있는 것이다.

도란 멀리 있는 것이 아니며 추구하기 어려운 것도 아니다. 왜냐하면 우리들은 이미 타고날 때부터 도를 가지고 있기 때문이다. 도는 이미 우리가 간직하고 있기에 찾기만 한다면 이내 다시 되찾을 수 있다.

옛날 사람들은 금은보화보다 도를 바치는 것이 더 나을 정도로 도를 귀하게 여겼다. 이 도를 통하면 구하는 것을 얻을 수 있고, 죄도 면해지기 때문이다. 이것이 도의 구체적인 효용성이다.

도는 기준을 세우지 않고 대립되는 양편을 모두 아울러 가장 보편적이고 근본적인 해결책을 제공한다. 이처럼 도를 찾으면 얻을 수 있고, 설령 도를 찾지 못하여 죄를 짓더라도 우리는 이미 도를 갖고 있기에 죄사함을 받을 수 있다는 점에서 도야말로 참으로 귀한 것이 아닐 수 없다. 그러기에 도는 세상에서 가장 귀한 대접을 받는다. 이처럼 노자는 이 장에서 도의 보편적 기능에 대한 인식, 우리의 윤리적 판단의 한계를 극복하는 전반적인 인간 통찰을 하고 있다.

제63장

爲無爲
위 무 위

爲(위): 하다, 작위적인 일 無(무): 없다 爲(위): 하다

事無事
사 무 사

事(사): 일삼다 無(무): 없다 事(사): 일

味無味.
미 무 미

味(미): 맛보다 無(무): 없다 味(미): 맛

大小多少
대 소 다 소

大(대): 크다 小(소): 작다 多(다): 많다 少(소): 적다

報怨以德.
보 원 이 덕

報(보): 갚다 怨(원): 미워하다 以(이): ~으로써 德(덕): 덕

圖難於其易
도 난 어 기 이

圖(도): 도모하다 難(난): 어렵다 於(어): ~에서 其(기): 그 易(이): 쉽다

爲大於其細.
위 대 어 기 세

爲(위): 하다 大(대): 크다 於(어): ~에서 其(기): 그 細(세): 미세하다

天下難事, 必作於易
천 하 난 사 필 작 어 이

天(천): 하늘 下(하): 아래 難(난): 어렵다 事(사): 일 必(필): 반드시 作(작): 일어나다, 생기다 於(어): ~에서 易(이): 쉽다

天下大事, 必作於細.
천 하 대 사 필 작 어 세

天(천): 하늘 下(하): 아래 大(대): 크다 事(사): 일 必(필): 반드시 作(작): 일어나다 於(어): ~에서 細(세): 작다

是以聖人, 終不爲大
시 이 성 인 종 불 위 대

是(시): 이 以(이): ~으로써 聖(성): 성인 人(인): 사람 終(종): 끝내다 不(불): 아니다 爲(위): 하다 大(대): 크다

故能成其大.
고 능 성 기 대

故(고): 그러므로 能(능): 능히 成(성): 이루다 其(기): 그 大(대): 크다

夫輕諾必寡信
부 경 낙 필 과 신

夫(부): 무릇 輕(경): 가볍다 諾(락): 수락하다 必(필): 반드시 寡(과): 적다 信(신): 믿다

多易必多難.
다 이 필 다 난

多(다): 많다 易(이): 쉽다 必(필): 반드시 多(다): 많다 難(난): 어렵다

是以聖人猶難之.
시 이 성 인 유 난 지

是(시): 이 以(이): ~으로써 聖(성): 성인 人(인): 인 猶(유): 오히려 難(난): 어렵다 之(지): 그것

故終無難矣.
고 종 무 난 의

故(고): 그러므로 終(종): 마치다 無(무): 없다 難(난): 어렵다 矣(의): ~이다

함이 없음을 하고

일이 없음을 하고

맛이 없음을 맛본다.

큰 것을 작은 것으로 여기고, 적은 것을 많게 여기며

원한 갚기를 덕으로써 한다.

어려운 일은 그 쉬울 때부터 도모하고

큰일은 그 미세한 때부터 한다.

천하의 어려운 일은, 반드시 쉬운 데서 지어지며

천하의 큰일은, 반드시 미세한 데서 시작한다.

그러므로 성인은, 끝까지 일을 크게 하지 않기에

그래서 능히 큰일을 이루어간다.

무릇 가벼이 하는 승낙은 반드시 믿음이 적고

쉬운 것이 많음에는 반드시 어려움이 많다.

그러므로 성인은 오히려 그것을 어렵게 대한다.

그래서 마침내 어려움이 없게 된다.

노자는 허정과 무위를 강조하였지 허정과 무위를 목적으로 삼은 것이 아니다. 어떠한 행위를 처음부터 긍정하게 되면 집착에 빠져들어 오히려 그 행위가 제대로 이루어지지 않는다. 행하되 행함을 의식하게 되면 행함에 얽매이게 된다. 행함에 얽매이게 되면 그 얽매인 일에 대해서는 할 수가 있지만 얽매이지 않은 일에 대해서는 할 수가 없게 된다. 그러나 행하되 행함을 의식하지 않는다면 행하고자 하는 것을 이루고도 그곳에 얽매이지 않을 수가 있다. 즉 행함에 얽매이지 않기 때문에 행하되 행하지 않음이 없게 된다.

이미 채색되어진 종이 위에는 더 이상 그림을 그릴 수 없지만 흰 종이에는 무한한 것들을 그릴 수 있다. 이처럼 무위, 무사, 무미의 무는 모든 존재 만물을 포용하고 존재하게 하는 터전이 된다. 이 무는 유의 원인이 아니라 유를 가능하게 하는 바탕없는 바탕이라 할 수 있다. 이처럼 무는 유와 하나가 되어 존재론적으로 존립 가능하게 된다.

무/유, 대/소, 다/소 등과 같은 대립면의 관계는 서로 반대편을 향해 열려 있으면서 대립면끼리 서로 맞물려 있다. 그래서 작고 적으며 미세한 것에서부터 주의를 기울여야 그 대립면의 반대편에 있는 크고 대단한 것을 얻을 수 있다. 그래서 도를 체득한 자는 아무리 작은 일이라도 신중하면서도 조심스럽게 대한다.

사람들은 큼을 추구하기 위해 부단히 노력한다. 그러나 큼 속에 큼이 있는 것이 아니라 작은 것이 모여서 큰 것이 이루어진 것이다. 작은 계곡의 물이 모여 강이 되고, 강이 모여 바다가 되는 것과 같은 이치이다. 그래서 어려운 일을 도모하기 위해서는 반드시 쉬운 일에서부터 시작해야 하고, 큰 일을 도모하기 위해서는 반드시 작은 일에서부터 시작한다.

『한비자』「유로」백규의 장인丈人의 이야기는 천길이나 되는 제방도 개미구멍 때문에 무너지고, 백 자나 되는 집도 굴뚝의 불똥 때문에 타버리기 때문에 쉽고 작은 일을 등하시하면 안된다고 경고하고 있다.

도를 체득한 성인은 작고 큰 것, 많고 적은 것, 그리고 원한과 덕이 서로 상대적 관계 속에서 상대편을 향해 열려 있고 맞물려 있음을 통찰하기 때문에 작은 것 속에서 커지는 가능성을 보고, 적은 것이 많아지는 방향으로 이동하는 것을 본다. 따라서 작은 것은 큰 것의 기초가 되고, 적은 것은 많은 것의 기초가 된다. 『주역』의 「건괘」는 하루종일 부지런히 힘쓰고 저녁에도 두려워하면 위태하기는 하나 허물이 없다고 하고 있다. 이는 『맹자』 「고자하」의 우환에서 살고 안락에서 죽는다는 말과 상통한다 하겠다.

매사의 일에 있어서 가볍게 승낙하는 사람치고 신뢰할만한 사람이 드물다. 쉽게 승낙하는 사람은 자신이 내뱉은 말에 책임감이 없기 때문이다. 또한 매사에 쉬운 일만 있으면 반드시 감당하기 어려운 큰 일이 생겨난다. 인생의 길에서 탄탄대로만 걸어가게 되면 반드시 헤쳐 나올 수 없는 절망에 빠질 수 있다. 그래서 성인은 비록 지금에 있어서는 탄탄대로를 걷는다고 할지라도 훗날에 닥칠 위험을 미리 염두에 두고서 매사의 일을 신중하게 처리한다. 그래서 성인은 미리 어렵다고 느끼고 있으므로 비록 큰 어려움이 닥치더라도 미연에 방지하여 끝내 어려움이 없어지게 되는 것이다.

제64장

其安易持
기 안 이 지

其(기): 그 安(안): 안정되다 易(이): 쉽다 持(지): 유지하다

其未兆易謀.
기 미 조 이 모

其(기): 그 未(미): 아직 兆(조): 조짐이 드러나다 易(이): 쉽다 謀(모): 도모하다

其脆易泮
기 취 이 반

其(기): 그 脆(취): 무르다 易(이): 쉽다 泮(반): 녹다, 나누다

其微易散.
기 미 이 산

其(기): 그 微(미): 미세하다 易(이): 쉽다 散(산): 흩어지다

爲之於未有
위 지 어 미 유

爲(위): 처리하다 之(지): 그것 於(어): ~에서 未(미): 아직, ~아니다 有(유): 있다, 생기다

治之於未亂.
치 지 어 미 란

治(치): 다스리다 之(지): 그것 於(어): ~에서 未(미): 아직, ~아니다 亂(난): 어지럽다

合抱之木, 生於毫末
합 포 지 목 생 어 호 말

合(합): 합하다 抱(포): 품다 之(지): ~의 木(목): 나무 生(생): 자라나다 於(어): ~에서 毫(호): 털 末(말): 끝

九層之臺, 起於累土
구 층 지 대 기 어 누 토

九(구): 아홉 層(층): 계단 之(지): ~의 臺(대): 토대 起(기): 일어서다 於(어): ~에서 累(루): 쌓다 土(토): 흙

天理之行, 始於足下.
천 리 지 행 시 어 족 하

天(천): 일천 理(리): 거리 之(지): ~의 行(행): 가다 始(시): 시작하다 於(어): ~에서 足(족): 발 下(하): 아래

爲者敗之, 執者失之.
위 자 패 지 집 자 실 지

爲(위): 하다 者(자): 사람 敗(패): 실패하다 之(지): 그것 執(집): 집착하다 者(자): 사람 失(실): 잃다 之(지): 그것

是以聖人, 無爲故無敗
시 이 성 인 무 위 고 무 패

是(시): 이 以(이): ~으로써 聖(성): 성인 人(인): 사람 無(무): 없다 爲(위): 하다 故(고): 그러므로 無(무): 없다 敗(패): 실패하다

無執故無失.
무 집 고 무 실

無(무): 없다 執(집): 집착하다 故(고): 그러므로 無(무): 없다 失(실): 잃다

안정되어 있을 때 유지하기가 쉽고

아직 조짐이 없을 때 도모하기가 쉽다.

무른 것은 나누기 쉽고

미세한 것은 흩어지기 쉽다.

그래서 아직 일이 생기기 전에 처리하고

혼란이 아직 드러나지 않았을 때 다스려야 한다.

아름드리 나무도 털끝만한 싹에서부터 자라나고

아홉 층 되는 높은 건물도 한 줌 흙에서 일어나며

천리의 걸음도 발아래에서 시작한다.

인위적으로 하는 자는 실패하고, 집착하는 자는 잃게 된다.

그러므로 성인은, 무위하기 때문에 실패가 없고

집착하지 않기 때문에 잃지 않는다.

民之從事
민 지 종 사

民(민): 백성 之(지): ~의 從(종): 일하다 事(사): 일

常於幾成而敗之.
상 어 기 성 이 패 지

常(상): 늘 於(어): ~에서 幾(기): 거의 成(성): 이루다 而(이): 그러나 敗(패): 실패하다 之(지): 그것

愼終如始則無敗事.
신 종 여 시 칙 무 패 사

愼(신): 삼가다 終(종): 끝, 마치다 如(여): 같다 始(시): 처음 則(즉): 곧 無(무): 없다 敗(패): 실패하다 事(사): 일

是以聖人, 欲不欲
시 이 성 인　욕 불 욕

是(시): 이 以(이): ~으로써 聖(성): 성인 人(인): 사람 欲(욕): 바라다 不(불): 아니다 欲(욕): 바라다

不貴難得之貨
불 귀 난 득 지 화

不(불): 아니다 貴(귀): 귀하다 難(난): 어렵다 得(득): 얻다 之(지): ~의 貨(화): 재물

學不學
학 불 학

學(학): 배우다 不(불): 아니다 學(학): 배우다

復衆人之所過.
복 중 인 지 소 과

復(복): 돌아오다 衆(중): 무리 人(인): 사람 之(지): ~의 所(소): 바 過(과): 지나가다, 허물

以輔萬物之自然
이 보 만 물 지 자 연

以(이): ~으로써 輔(보): 돕다, 보좌하다 萬(만): 온갖 物(물): 것 之(지): ~의 自(자): 스스로 然(연): 그러하다

而不敢爲.
이 불 감 위

而(이): 그러나 不(불): 아니다 敢(감): 감히 爲(위): 하다

백성들이 일하는 것을 보면

항상 거의 다 되어가고 있을 때 실패한다.

마지막도 처음처럼 신중하면 실패하는 일이 없을 것이다.

그러므로 성인은, 욕망하지 않기를 욕망하고

얻기 어려운 보물을 귀하게 여기지 않으며

배우지 않음을 배우고

뭇사람들이 지나쳐버리는 것으로 돌아간다.

이리하여 만물의 스스로 그러함을 도울 뿐

감히 작위하지 않는다.

무無와 도道는 자기 고집을 띠지 않아서 편안하고, 특별한 조짐도 안보이며, 어떤 재앙이나 일이 생기기 전의 무기無記상태와 흡사하다. 그래서 새싹처럼 매우 유약해보이기 쉽다. 그러나 그것은 무시할 수 없는 첫 순간이자 가볍게 보아서는 안될 출발점이다. 모든 일은 첫 순간의 시작에서 결정되기에 출발점을 결코 가볍게 보아서는 안 된다. 만일 출발을 잘못하게 되면 연속적으로 일의 본질이 어그러지고 차질이 생기게 된다.

작은 싹이 피어나 큰 나무로 자라고, 높은 누각 역시 평지에서 쌓아 올라간다. 어떤 사건이 아직 시작되지 않았을 때는 어지러움의 씨앗도 발생하지 않이 쉽게 대치할 수 있다. 그러나 일이 성사되면 성가시고 다루기 어렵다. 그래서 총명한 사람은 미연에 방지한다.

『순자』「권학」에도 작은 걸음을 쌓지 않으면 천리에 이를 수 없고, 작은 물줄기를 모으지 않으면 강과 바다를 이룰 수 없다고 언급하고 있다. 그래서 작은 걸음으로도 쉬지 않고 간다면 절름발이 거북이가 천리를 갈 수 있고, 한 삼태기의 흙으로도 멈추지 않는다면 높은 언덕을 만들 수 있다고 하였다.

이미 기반을 잡아 안정된 것은 그 스스로의 관성에 의해 계속 안정을 취하려고 하므로 유지하기가 쉽고, 조짐조차 보이지 않는 것은 사전에 조치를 취할 수가 있기 때문에 도모하기가 쉽고, 연약한 것은 갈라지게 하기 쉽고, 미세한 것은 흐트러트리기가 쉽다. 이처럼 매사의 일은 문제가 커지기 전에 미리 조치를 취한다면 미연에 방지할 수가 있다.

성인은 일을 도모할 때 오직 세상일을 자연스럽게 되돌려 놓기 위해 일을 한다. 즉 의욕을 품지 않는 태도로 의욕을 행사하며, 학습이라는 방식과는 다르게 배움을 행하기에 욕망을 없애겠다는 것을 욕망한다. 그래서 남이 귀하게 여기는 것도 귀하게 여기지 않는다. 집념이나 집착이 없기에 뭐든지 있어도 그만 없어도 그만이다. 그러나 억지로 행하는 자는 실패하고, 집착하는 자는 잃게 된다. 이처럼 성인은 작위가 없기 때문에 실패함이 없고, 집착함이 없기 때문에 잃음이 없다. 그러나 백성들은 종사함에 있어서 항상 거의 이루다가 끝에 가서 실패한다. 끝을 신중히 하기를 처음의 마음가짐처럼 한다면 실패하는 일이 없을 것이다.

우리의 마음속에는 도가 체현된 덕을 가지고 있다. 덕은 저절로 드러나는 것이므로 굳이 배우지 않아도 되는 것이다. 덕이 발현되면 우리의 행동에 어떠한 과실도 없다. 우리의 과실은 오히려 배움에서 비롯된다. 성인은 배우지 않음을 배우는 자이다. 성인이 배우지 않음을 배워 다른 사람이 이것을 알게 된다면 이것은 만물이 저절로 그러함을 돕는 일이고, 세상이 무위자연의 도를 실현하는 일이다. 이렇게 근본으로 돌아간 성인은 만물이 본래 가지고 있던 스스로 그러함을 회복하도록 도와줄 뿐, 뭔가 인위적으로 해보려는 마음을 품지 않는다. 그래서 성인은 무욕을 욕망하고, 불학을 배운다.

제65장

古之善爲道者
고 지 선 위 도 자

古(고): 옛 之(지): ~의 善(선): 잘하다 爲(위): 행하다 道(도): 도 者(자): 사람

非以明民
비 이 명 민

非(비): 아니다 以(이): ~으로써 明(명): 밝다, 총명하다 民(민): 백성

將以愚之.
장 이 우 지

將(장): 오히려 以(이): ~으로써 愚(우): 어리석다, 우직하다 之(지): 그것

民之難治
민 지 난 치

民(민): 백성 之(지): ~의 難(난): 어렵다 治(치): 다스리다

以其智多.
이 기 지 다

以(이): ~으로써 其(기): 그 智(지): 지혜 多(다): 많다

故以智治國
고 이 지 치 국

故(고): 그러므로 以(이): ~으로써 智(지): 지혜 治(치): 다스리다

國之賊
국 지 적

國(국): 나라 之(지): ~의 賊(적): 도적, 해치다

不以智治國
불 이 지 치 국

不(불): 아니다 以(이): ~으로써 智(지): 지혜 治(치): 다스리다 國(국): 나라

國之福.
국 지 복

國(국): 나라 之(지): ~의 福(복): 복

知此兩者亦稽式.
지 차 양 자 역 계 식

知(지): 알다 此(차): 이 兩(양): 둘 者(자): 것 亦(역): 또한 稽(계): 준칙 式(식): 법

常知稽式, 是謂玄德.
상 지 계 식 시 위 현 덕

常(상): 늘 知(지): 알다 稽(계): 준칙 式(식): 법 是(시): 이 謂(위): 일컫다 玄(현): 현묘하다 德(덕): 덕

玄德深矣遠矣
현 덕 심 의 원 의

玄(현): 현묘하다 德(덕): 덕 深(심): 깊다 矣(의): ~이다 遠(원): 멀다 矣(의): ~이다

與物反矣.
여 물 반 의

與(여): 더불어 物(물): 만물 反(반): 되돌아오다 矣(의): ~이다

然後乃至大順.
연 후 내 지 대 순

然(연): 그러하다 後(후): 뒤 乃(내): 이에 至(지): 지극하다 大(대): 크다 順(순): 따르다 大順(대순): 도에 순종하는 것

옛날에 도를 잘 실천하는 자는

백성들을 총명하게 하지 않고

오히려 백성들을 순박하게 하려고 하였다.

백성들을 다스리기 어려운 것은

그들이 지혜가 많기 때문이다.

그러므로 지혜로써 나라를 다스리면

나라의 해가 되고

지혜로써 나라를 다스리지 않으면

나라의 복이 된다.

이 두 가지를 아는 것이 또한 중요한 기준이 된다.

항상 이 기준을 아는 것을 현덕이라 한다.

현덕은 깊고 멀어

만물과 더불어 되돌아온다.

그런 연후에 대단히 순조롭게 된다.

이장의 내용은 20장의 내용과 유사한 점이 많다. 20장에서 세인世人들이 다 영리하여 총명하게 처신하는데 경계를 분명하고도 자세히 잘 나누는 모습은 소소昭昭와 찰찰察察로 명민明民이다. 그런데 도인은 반대로 혼혼惛惛하고 민민悶悶하다. 이는 즉, 어리석은 우지遇之의 모습이다. 도인이 어리석고 모자라고 결핍된 것 같은 모습은 자연의 본 모습과 유사하기 때문이다. 자연의 도는 허공의 무無와 유사하므로, 그 도를 인간의 마음에 심으면 바로 허심한 상태가 된다. 마음이 허심한 상태에 있음은 마음이 비어서 어리석어 보이는 것과 같다. 그러나 어리석어 보이는 빈 마음이 바로 만물을 생기게 하고 키우고 성장시키면서 함께 생활하는 힘을 지닌다.

명明은 언어화된 체계에 재빠르고 기교가 넘치게 반응하는 능력이다. 노자는 명보다 우愚할 것을 요구한다. 우는 경계가 분명하지 않고 어리숙한 모습이다. 노자가 볼 때 이 세계는 관계와 변화 속에 있어서 경계가 분명하고도 예리하게 나뉘질 수 있는 것이 아니다.

백성들을 다스리기 어려운 것은 그들이 지혜가 많이 있기 때문이다. 『여씨춘추』「사용론·상농」에 다음과 같은 구절이 있다. "백성이 근본 농사일을 버리고 말단에 종사하면 지혜를 좋아하게 된다. 지혜를 좋아하게 되면 사기를 일삼게 되고, 사기를 일삼으면 법령을 정교하게 만들게 된다. 옳은 것을 그르다 하고, 그른 것을 옳다고 하게 된다." 이는 노자의 사상과 상통하는 구절이라 보인다.

그러나 지혜가 많은 것은 백성들이기 보다 통치자들이다. 백성들은 통치자하기 나름이다. 통치자가 부정적인 지혜를 발휘할수록 백성들은 자신을 보호하기 위해 명민해져서 통치하기 어려워진다. 그래서 큰 나라를 다스릴 때는 작은 생선 굽듯이 해야 한다는 것이다.

노자는 당시의 사회가 혼란스러운 이유를 지智로써 나라를 다스렸기 때문이라고 하였다. 지智란 외부로부터 구하여 아는 앎으로 옳고 그름을 나누는 분별지이다. 나와 남을 나누는 지智를 근간으로 한 통치는 오히려 나라에 해가 되고, 지를 포기한 통치가 오히려 복이 된다는 것을 판단의 기준이자 법칙으로 삼는 것이 현덕玄德이다.

현덕의 현玄은 심원함, 무한함의 의미를 지녀 표면적인 것만을 추구하는 지智와는 다르다. 그러나 그 당시 사람들은 얇고 가벼운 지智만을 추구하여 항상 옳고 그름을 나누어, 분쟁이 끊이지 않았다. 현덕은 도道가 사물을 도와주되 거기에 의존해서 그것을 소유하거나 지배하지 않는 너그러움의 상징이라 볼 수 있다. 그래서 사람들의 신분에 따라서 간택하지 않는 관대함의 의미를 가지고 있다. 이처럼 노자는 도의 마음을 지니는 것을 모든 세상의 것들과 친교하고자 하는 현동玄同의 자세로 본 것이다.

제66장

江海所以能爲百谷王者
강 해 소 이 능 위 백 곡 왕 자

江(강): 강 海(해): 바다 所(소): 바 以(이): ~으로써 能(능): 능히 爲(위): 하다
百(백): 많다 谷(곡): 골짜기 王(왕): 임금 者(자): 것

以其善下之.
이 기 선 하 지

以(이): ~으로써 其(기): 그 善(선): 잘하다 下(하): 낮추다 之(지): 그것

故能爲百谷王.
고 능 위 백 곡 왕

故(고): 그러므로 能(능): 능히 爲(위): 되다 百(백): 많다 谷(곡): 골짜기 王
(왕): 임금

是以欲上民
시 이 욕 상 민

是(시): 이 以(이): ~으로써 欲(욕): 바라다 上(상): 위 民(민): 백성

必以言下之
필 이 언 하 지

必(필): 반드시 以(이): ~으로써 言(언): 말하다 下(하): 낮추다 之(지): 그것

欲先民
욕 선 민

欲(욕): 바라다 先(선): 앞서다 民(민): 백성

必以身後之.
필 이 신 후 지

必(필): 반드시 以(이): ~으로써 身(신): 몸 後(후): 뒤에서다 之(지): 그것

是以聖人處上而民不重
시 이 성 인 처 상 이 민 불 중

是(시): 이 以(이): ~으로써 聖(성): 성인 人(인): 사람 處(처): 머물다 上(상):
위 而(이): 그러나 民(민): 백성 不(불): 아니다 重(중): 무겁다

處前而民不害.
처 전 이 민 불 해

處(처): 머물다 前(전): 앞 而(이): 그러나 民(민): 백성 不(불): 아니다 害(해):
해치다

是以天下樂推而不厭.
시 이 천 하 낙 주 이 불 염

是(시): 이 以(이): ~으로써 天(천): 하늘 下(하): 아래 樂(락): 즐겁다 推(추):
추대하다 而(이): 그리고 不(불): 아니다 厭(염): 싫어하다

以其不爭
이 기 부 쟁

以(이): ~으로써 其(기): 그 不(불): 아니다 爭(쟁): 다투다

故天下莫能與之爭.
고 천 하 막 능 여 지 쟁

故(고): 그러므로 天(천): 하늘 下(하): 아래 莫(막): 없다 能(능): 능히 與(여):
더불다 之(지): 그것 爭(쟁): 다투다

강과 바다가 모든 계곡들의 왕이 될 수 있는 까닭은

자기를 잘 낮추기 때문이다.

그래서 능히 모든 계곡의 왕이 되는 것이다.

그러므로 백성의 위에 있기 바란다면

반드시 자신을 낮추는 말을 하고

백성의 앞에 서고자 한다면

반드시 그 몸을 뒤로 해야 한다.

이로써 성인은 위에 있어도 백성들이 무겁다 아니하고

앞에 있어도 백성들이 해된다고 생각하지 않는다.

그래서 천하가 즐거이 추대하면서도 싫어하지 않는다.

다투려 않음으로써

그러므로 천하가 그와 더불어 다틀 수 없다.

여기서 江^강은 양자강, 河^하는 황하를 뜻한다. 중국의 대표적인 강이 황하강임에도 양자강을 예로 든 까닭은 양자강이 노자의 본국인 초나라를 경유하여 바다로 흘러갔기 때문이다. 반면 『논어』와 『맹자』에는 강江 대신 하河를 사용하고 있다. 그 이유는 황하가 공자와 맹자의 출신지 산동성을 경유하여 바다로 흘러갔기 때문이다. 강과 바다는 자신을 낮추기 때문에 아래로 흘러 온갖 계곡의 왕이 된다.

강과 바다가 자신을 낮춤으로써 온갖 계곡의 왕 노릇하는 것처럼 성인도 자신을 낮추어 통치한다. 통치에 있어 백성 위에 군림하려 하면 국정이 순조로울 수 없다. 법과 규율로 통제히기 보다는 겸허하게 처신하고 스스로 모범을 보여야 백성의 불만이 없을 것이다.

『설원』「경신」 금인명에도 이와 유사한 문장이 있다. "군자는 천하를 모두 자기 뜻대로 덮어버릴 수 없음을 알기 때문에 뒤로 하고, 아래로 처하여 사람들이 흠모하도록 한다. 암컷의 성질을 간직하고 아래 자리를 유지하니 그와 더불어 다툴 자가 없다. …무릇 강하江河가 모든 골짜기의 으뜸이 되 수 있는 것도 그것이 아래로 낮추기 때문이다."

노자에게 성인은 도를 체득한 왕을 뜻한다. 도를 체득한 왕은 백성들이 비록 그가 자신들의 윗 자리에 처해 있으면서도 무겁다고 여기지 않으며, 자신들의 앞에 있으면서도 자신들의 진로를 방해한다고 여기지 않는다. 그래서 백성들은 성인을 흔쾌히 추대하며 싫증내지 않는다.

백성들은 왜 성인을 칭송하는게 아니라 싫증내지 않는다고 말하는 것일까? 그것은 성인이 무위 정치를 하기 때문이다. 아무리 맛있는 음식일지라도 똑같은 것을 매일 먹으면 싫증나기 마련이다. 정치에 있어서도 아무리 훌륭한 정치를 한다고 할 지라도 이 또한 언젠가는 싫증나기 마련이다. 반면 무미無味한 것은 특별하게 좋아할 것도 싫증날 것도 없다. 무위정치는 무미한 정치이기에 특별히 싫증을 느끼지 않기 때문이다.

도를 체현한 왕은 특별한 맛이 없는 무위 정치를 하기 때문에 다투려 하지 않는다. 그러나 우리는 역사 속에서 숱한 정치적 혼란을 겪었다. 그것은 통치자가 백성들 위에 군림하려 하기 때문이다. 군림 당하는 백성들은 자신들 위에 군림하여 짓누르는 통치자들을 무겁다고 여긴다. 더구나 통치자가 백성을 위협하거나 부담을 주면 오히려 그들의 저항에 부딪칠 수 있다. 결국 백성들이 한계에 다다르면 투쟁에 나설 것이다. 이것이야말로 비극적인 역사의 한 단면이 아닐 수 없다.

그러나 성인은 겸허한 자세로 자신을 낮추고 자신을 뒤에 두려고 한다. 그래서 사람들은 비록 그가 자신들의 위에 처해 있으면서도 자신들에게 군림한다는 사실을 의식하지 못하기 때문에 무겁다고 느끼지 않는다. 이처럼 겸허의 덕은 만물과 만인에게 부담을 주지 않고 그들에게 존재의 터전을 제공해주는 보시의 의미를 지닌다 하겠다.

제67장

天下皆謂我道大.
천 하 개 위 아 도 대

天(천): 하늘 下(하): 아래 皆(개): 모두 謂(위): 일컫다 我(아): 나 道(도): 도 大(대): 크다

似不肖.
사 불 초

似(사): 같다, 비슷하다 不(불): 아니다 肖(초): 본받다, 닮다 不肖(불초): 못난 것, 어리석은 것

夫唯大, 故似不肖.
부 유 대 고 사 불 초

夫(부): 무릇 唯(유): 오직 大(대): 크다 故(고): 그러므로 似(사): 같다, 비슷하다 不(불): 아니다 肖(초): 본받다, 닮다

若肖久矣, 其細也夫.
약 초 구 의 기 세 야 부

若(약): 만약 肖(초): 본받다, 닮다 久(구): 오래되다 矣(의): ~이다 其(기): 그 細(세): 작다 也(야): 어조사 夫(부): 어조사

我有三寶, 持而保之.
아 유 삼 보 지 이 보 지

我(아): 나 有(유): 있다 三(삼): 셋 寶(보): 보배 持(지): 간직하다 而(이): 그리고 保(보): 지키다 之(지): 그것

一曰慈, 二曰儉.
일 왈 자 이 왈 검

一(일): 하나 曰(왈): 말하다 慈(자): 자애 二(이): 둘 曰(왈): 말하다 儉(검): 검소하다

三曰不敢爲天下先.
삼 왈 불 감 위 천 하 선

三(삼): 셋 曰(왈): 말하다 不(불): 아니다 敢(감): 감히 爲(위): 하다 天(천): 하늘 下(하): 아래 先(선): 앞서다

慈故能勇, 儉故能廣
자 고 능 용 검 고 능 광

慈(자): 자애 故(고): 그러므로 能(능): 능히 勇(용): 용맹하다 儉(검): 검소하다 故(고): 그러므로 能(능): 능히 廣(광): 넓다

不敢爲天下先
불 감 위 천 하 선

不(불): 아니다 敢(감): 감히 爲(위): 하다 天(천): 하늘 下(하): 아래 先(선): 앞서다

故能成器長.
고 능 성 기 장

故(고): 그러므로 能(능): 능히 成(성): 이루다 器(기): 그릇, 천하 長(장): 우두머리

今舍慈且勇, 舍儉且廣
금 사 자 차 용 사 검 차 광

今(금): 지금 舍(사): 버리다 慈(자): 자애 且(차): 또 勇(용): 용맹하다 舍(사): 버리다 儉(검): 검소하다 且(차): 또 廣(광): 넉넉하다

舍後且先, 死矣.
사 후 사 선 사 의

舍(사): 버리다 後(후): 뒤 且(차): 또 先(선): 앞 死(사): 죽다 矣(의): 종결 어조사, ~이다

夫慈以戰則勝
부 자 이 전 즉 승

夫(부): 무릇 慈(자): 사랑하다, 자애 以(이): ~으로써 戰(전): 싸우다 則(즉): 곧 勝(승): 이기다

以守則固.
이 수 즉 고

以(이): ~으로써 守(수): 지키다 則(즉): 곧 固(고): 굳세다, 단단하다

天將救之, 以慈衛之.
천 장 구 지 이 자 위 지

天(천): 하늘 將(장): 장차 救(구): 구하다 之(지): 그것 以(이): ~으로써 慈(자): 자애 衛(위): 보호하다 之(지): 그것

308

세상 사람들이 다 이르기를 내 도가 크다 한다.

그래서 불초한 것 같다.

무릇 오로지 크기 때문에 불초한 것과 같다.

만약 그렇게 보였다면 오래 전에, 보잘 것 없었을 것이다.

내게는 세 가지 보물이 있어 이를 늘 지니고 보존한다.

그 첫째가 자애로움이고, 둘째는 검약이다.

셋째는 감히 천하에 앞서지 않는 것이다.

자애심이 있기 때문에 용감할 수 있고, 검약하기 때문에 넉넉할 수 있고

감히 천하(천하)에 앞서지 않기 때문에

모든 그릇의 우두머리가 될 수 있는 것이다.

지금 자애로움을 버리고 용감하려고만 하고, 검소함을 버리고 넉넉하려고만 하고

뒤를 버리고 앞장서려고만 하는 것은, 죽음을 부른다.

무릇 자애로움으로써 싸우면 승리할 수 있고

(자애로움으로써) 지키면 견고하다.

하늘이 장차 그를 구하려 한다면, 자애로움으로 그를 호위할 것이다.

초肖는 닮다, 비슷하다, 혹은 본받을 만하다는 의미이다. 그래서 불초不肖는 '그대로 본뜬 것 같지 않다. 그렇게 보이지 않는다'로 넓게는 '못났다. 어리석다'로 확대해서 쓰인다. 세상 사람들이 모두 도를 체현하는 성인을 위대하다고 하지만, 그렇게 보이지는 않는다. 성인은 자신을 계속 낮추고 뒤로 물러서기 때문에 분명하게 위대한 형상으로 드러날 수 없다. 그렇기 때문에 능히 위대해질 수 있는 것이다.

삼보三寶는 노자가 가지고 있는 세 가지 행동 지침이다. 자慈는 자애로움이다. 자는 인간 본성에 있는 따뜻한 심성으로 선한 사람이건 선하지 않은 사람이건 무의식적으로 사랑과 동정심을 갖는 것이다.

검儉은 색嗇과 같은 의미로 아끼는 것이다. 『주역』 「절괘」에는 제도로써 절제하여 재물을 상하지 않고 백성을 해치지 않는다는 말이 있다. 「겸괘」에는 겸손한 것은 높은 사람에게는 큰 빛이 되고, 비천한 사람에게는 업신여길 수 없게 만든다는 말이 있다. 이러한 사람은 천하의 우두머리가 될 수 있다.

통치자는 대부분 자신의 통치 이념을 가지고 백성을 위한다는 명목 아래 인도하고, 교화하고, 단속한다. 그러나 노자는 통치자들에게 유위를 거부하고 무위할 것을 말한다. 그래서 감히 앞으로 나서서 자신의 의지나 이념을 주장하지 않는 것이다. 이처럼 무위의 거대한 자연은 장구한 생명력을 유지하고 거대한 효과를 거둔다.

만약 자애로움 없이 용맹을 부리려 하거나 검약하지 않으면서 부강하고 싶어하거나, 뒤로 물러서지 않으면서 앞서려고만 하면 이는 죽음의 길로 들어서는 길이다. 일반적으로 전쟁이 일어날 때 전쟁을 일으킨 자가 용맹스러워 보이지만 자애로움을 지니면 적군의 백성들이 존경을 보이고 찾아들기 때문에 승리할 수 있다. 반대로 자애로움을 가지고 지키면 방비가 견고해진다.

노자는 전쟁을 단호히 비판하고 있지만, 그렇다고 무조건 전쟁을 반대하지는 않았다. 만약 상황에 따라 불가피하게 전쟁을 해야 한다면 그는 자애심을 가지고 해야 한다고 한다. 자애심을 가지고 전쟁에 임하면 사람 죽이는 것을 슬퍼하게 된다. 사람 죽이는 것을 슬퍼하므로 싸움하는 게 적극적이지 않다. 싸움하는 데 적극적이지 않다는 것과 비겁함은 구별해야 한다. 비겁함은 자신의 안위를 위주로 한 것이지만, 자애심은 타인의 안위를 위주로 한 것이다.

역사적으로 전쟁이 날 때 가장 용감히 싸우는 자들은 자신의 가족을 지키기 위한 의병들이다. 그들은 자신의 가족을 지키고자 하는 자애심에서 나온 것이므로 진정 용감해 질 수 있는 것이다. 자애로운 자가 승리한다는 것은 정치에도 적용된다. 『맹자』는 어진 사람에게는 대적할 자가 없다고 하였다. 자애로움을 가지고 정치를 하게 되면 천하의 민심이 왕에게로 돌아가게 된다. 백성을 지키려는 자애의 마음으로 전쟁을 하게 되면 전쟁에서 이기게 되고, 이러한 자애로움으로써 수비하면 견고해진다.

하늘 역시 사람 죽이는 것을 좋아하는 자를 미워하여, 백성들을 보호하고 지키려는 인자한 마음으로써 전쟁을 하는 자를 돕는다. 왜냐하면 하늘 역시 인자한 덕을 갖고 있기 때문이다. 따라서 하늘도 장차 그를 구제하고, 인자함으로써 지켜주는 것이다.

제68장

善爲士者不武
선 위 사 자 불 무

善(선): 잘하다 爲(위): 하다 士(사): 선비, 장수 者(자): 사람 不(불): 아니다 武(무): 무력, 무력을 쓰다

善戰者不怒
선 전 자 불 노

善(선): 잘하다 戰(전): 싸우다 者(자): 사람 不(불): 아니다 怒(로): 성내다

善勝敵者不與.
선 승 적 자 불 여

善(선): 잘하다 勝(승): 이기다 敵(적): 적 者(자): 사람 不(불): 아니다 與(여): 다투다

善用人者爲之下.
선 용 인 자 위 지 하

善(선): 잘하다 用(용): 쓰다 人(인): 사람 者(자): 사람 爲(위): 하다 之(지): 그것 下(하): 아래에 놓다

是謂不爭之德
시 위 부 쟁 지 덕

是(시): 이 謂(위): 일컫다 不(불): 아니다 爭(쟁): 다투다 之(지): ~의 德(덕): 덕

是謂用人之力.
시 위 용 인 지 력

是(시): 이 謂(위): 일컫다 用(용): 쓰다 人(인): 사람 之(지): ~의 力(력): 힘

是謂配天
시 위 배 천

是(시): 이 謂(위): 일컫다 配(배): 짝하다 天(천): 하늘

古之極.
고 지 극

古(고): 옛 之(지): ~의 極(극): 극치, 법도

장수 노릇을 잘하는 자는 무력을 쓰지 않고

싸움을 잘 하는 자는 화를 내지 않으며

적을 잘 이기는 자는 대적하여 맞붙지 않는다.

사람을 잘 쓰는 자는 자기를 낮춘다.

이것을 일러 싸우지 않는 덕이라 하고

이것을 일러 사람을 부리는 힘이라 한다.

이것이 하늘을 짝한다고 하는 것이니

옛날의 지극한 원리이다.

사士는 본래 도끼를 상형화한 글자로 무술의 힘에 의존하면서 활동하던 직업인을 뜻했다. 그러나 노자는 그 당시 일반적인 무사武士의 의미를 퇴색시키면서 참다운 선비를 언급한다. 노자는 싸움에서 물러남을 원칙으로 삼고 다른 사람의 힘을 이용해야지 정면으로 충돌하는 것을 경계하고 있다.

잘 싸우는 자들은 침입에 대하여 대응만 할 뿐 주도하지 않는다. 대응만 할 뿐 주도하지 않기 때문에 평상심을 유지할 수가 있다. 전쟁의 최고 금기는 노여움이다. 전쟁에서는 분노와 같은 사사로운 감정에 사로잡히기 십상인데, 만약 사사로운 감정에 휩싸이게 되면 정확한 판단을 그르치기 쉽다. 역사적으로 군주가 노여움을 못 이겨 군대를 일으켰다가 국가적 위기를 초래한 일이 비일비재하다.

반면에 진정으로 전쟁을 잘 수행하는 자들은 자신의 감정에 휩싸이지 않기에 정확한 상황 판단을 할 수 있으며, 잘 싸울 수가 있다. 『열자』에 보면 닭싸움에서 닭을 훈련시키는 훈련사가 이야기가 나온다. 닭 훈련에서 최고의 단계는 다른 닭을 이기려고 애를 쓰거나 상대를 노려보는 것이 아니라 꿈쩍도 하지 않는 것이다. 그러면 다른 닭이 싸우려 하지 않고 달아나고 만다. 이처럼 뛰어난 장수는 함부로 용맹을 과시하지 않으며, 싸움을 잘하는 자 역시 함부로 분노하지 않아야 냉철하게 사태를 파악할 수 있다. 노자가 말하는 무덕武德은 바로 다투지 않는 덕이다. 여기서 우리는 노자의 평화주의적 비폭력 정신을 읽을 수 있다.

진정한 승리는 남과 물리적으로 힘을 겨루는 것이 아니라 자애의 힘으로 도와 하나됨으로 이기는 것이다. 마하트마 간디는 진리파악인 사티아 그라하를 통해 상대방을 설득하는 비폭력 방법으로 영국의 무력을 이겨내 인도의 독립을 이루었다. 이처럼 도와 함께하면 도의 힘이 우리 편에 서서 우리를 호위하고 이기게 해준다. 그래서 이를 깨닫고 실천하는 사람은 느긋하다.

성인은 하늘의 이치에 맞게 변화에 응하고 나아가고 물러난다. 성인이 하늘의 때에 응하여 나아가고 물러날 수 있었던 까닭은 그 자신이 겸허한 미덕을 가지고 있었기 때문이다. 하늘이 겸허한 덕을 가지고 있기에 모든 일체 만물이 하늘에 귀속될 수 있는 것이다. 평소 사람과 관계를 맺을 때에도 도의 원리인 겸허의 미덕을 실현하면 저절로 사람들이 그에게 모이고 자신은 자연히 으뜸이 된다. 성인 역시 부쟁의 덕을 가지고 아래에 잘 처함으로 해서 백성을 잘 부리는 것은 하늘의 짝이기 때문이다.

『중용』에는 "넓고 두터움은 땅에 짝하고, 높고 밝음은 하늘에 짝한다." 는 구절이 있다. 그러나 이때 하늘의 짝은 총명하고 예지로움을 갖추어야 한다. 그러나 『장자』「천지」편에는 "설결의 사람됨은 총명하고 예지하며 민첩하고 기민하다. … 그가 하늘과 짝하겠느냐? 그것은 인위에 편승하여 하늘을 업신여기는 짓이다." 고 한다. 이는 총명과 예지로는 하늘과 짝하지 못한다는 것을 의미한다. 이것이 유가 성인과 도가 성인의 큰 차이라 하겠다. 도가의 성인은 겨루지 않으니 나무람 받을 일도 없고, 겨루지 않으니 더욱 큰일을 할 수 있는 것이다. 이것이 옛날의 지극한 원리이다.

제69장

用兵有言.
용 병 유 언

用(용): 쓰다 兵(병): 군대 有(유): 있다 言(언): 말

吾不敢爲主而爲客
오 불 감 위 주 이 위 객

吾(오): 나 不(불): 아니다 敢(감): 감히 爲(위): 하다 主(주): 주인 而(이): 그리고 爲(위): 하다 客(객): 손님

不敢進寸而退尺.
불 감 진 촌 이 퇴 척

不(불): 아니다 敢(감): 감히 進(진): 나아가다 寸(촌): 마디, 치 而(이): 그리고 退(퇴): 물러나다 尺(척): 한 자

是謂行無行
시 위 행 무 행

是(시): 이 謂(위): 일컫다 行(행): 나아가다 無(무): 없다 行(행): 행진하다

攘無臂
양 무 비

攘(양): 물리치다 無(무): 없다 臂(비): 팔

扔無敵
잉 무 적

扔(잉): 끌어당기다, 쳐부수다 無(무): 없다 敵(적): 적

執無兵.
집 무 병

執(집): 잡다 無(무): 없다 兵(병): 병장기, 무기

禍莫大於輕敵.
화 막 대 어 경 적

禍(화): 재난 莫(막): 없다 大(대): 크다 於(어): ~보다 輕(경): 가볍다 敵(적): 적

輕敵幾喪吾寶.
경 적 기 상 오 보

輕(경): 가볍다 敵(적): 적 幾(기): 거의 喪(상): 잃다 吾(오): 나 寶(보): 보배

故抗兵相加
고 항 병 상 가

故(고): 그러므로 抗(항): 들어올리다 兵(병): 무기 相(상): 서로 加(가): 맞닥치다

哀者勝矣.
애 자 승 의

哀(애): 슬프다 者(자): 것 勝(승): 이기다 矣(의): ~이다

병법에 이런 말이 있다.

나는 감히 주인이 될 생각을 아니하며 손님이 될 뿐

과감한 한 치 전진보다 오히려 한 척 물러난다.

이것을 일컬어 나아감 없이 행진하고

팔 없이 소매를 걷어 붙이고

적 없이 적 쳐부수고

군대 없이 병기를 잡는 것이다.

적을 가벼이 여기는 것보다 더 큰 화는 없다.

적을 가벼이 여기면 거의 나의 보물을 잃게 된다.

그러므로 거병하여 서로 항거하게 될 때에는

애통해 하는 쪽이 이긴다.

『도덕경』이 씌어질 당시인 춘추전국 시대의 상황은 전쟁의 소용돌이 속에서 전쟁을 무시한 채 홀로 도도하게 살기가 힘들었을 것이다. 따라서 노자도 완전한 전쟁 기피를 주장하기보다 어쩔 수 없을 경우에만 방어전을 권한다. 그럴 경우 노자는 도의 원리인 무위의 전쟁을 수행해야 진정한 승리를 거둘 수 있다고 가르친다.

『문자』「도덕」에서도 "도를 잃은 사람은 수컷의 성질대로 행동하고 강하며, 난을 일으키고 원망을 맺으며, 병주兵住가 되고, 어지러움의 수괴가 된다."고 하였다. 이는 73장의 "함부로 용감한 사람은 사람을 죽이게 되고, 함부로 하지 않는 데 용감한 사람은 사람을 살리게 된다."는 구절과 통한다.

노자가 전쟁을 포함해서 세상의 모든 문제에 대처하는 방식은 도의 형식을 따르는 것으로, 자신을 낮추고 드러내지 않으며 자신만의 강한 의지로 상황을 선도하지 않는 것이다. 그래서 이 장에서는 자신을 낮추고 선도하지 않는다는 것은 바로 어떤 사태 속에서 주동적이거나 주체적인 자세를 가지고 주인의 형상으로 임하는 것이 아니라 수동적이고 객체적인 자세를 가지고 손님의 형상으로 임한다는 것이다.

주인 행세를 하지 않는 것은 손님처럼 조심스럽고 신중한 태도로 세상사에 임하는 것으로, 도 자체의 운행 모습과 일치한다. 전쟁을 할 때도 먼저 선제 공격을 하거나 주도적으로 하는 것이 아니라 적의 움직임에 대응하면서 다양한 전술을 구사해야 이길 수 있다. 그것은 바로 싸울 때 과감히 일촌을 전진하지 않고 일 척을 후퇴하는 것으로 자신을 뒤로 하면 앞서게 되고, 앞서고 싶으면 반드시 물러서야 하는 7장의 의미와 상통한다.

노자는 천하패권을 탐하거나 호전적 기질로 먼저 전쟁을 도발하는 것은 단호하게 반대하였지만, 상대편이 공격해 올 때에만 부득이하게 불가피하게 대응하는 것은 반대하지 않았다. 그 방법은 적극적인 공격으로 앞으로 무조건 돌진하기 보다 항상 방어 위주의 소극적인 자세를 취해 수동적인 객체가 되라고 말한다. 따라서 감히 한 치를 전진하지 말고 한 자를 후퇴하라고 하는 것이다. 이는 앞으로 나아가더라도 겨울에 내를 건너는 것처럼 조심스러워 해야 하며 사방에 적으로 둘러싸여 있는 것처럼 조심스러워 해야 하며 신중해야 한다는 의미이다.

『관자』「병법」에도 다음과 같은 구절이 있다. "뛰어난 사람이 병사를 운용할 때는 적에게 마치 빈 곳에 발을 딛고 그림자를 잡은 것처럼 느끼도록 한다. 벌여놓은 것도 없고 드러내는 것도 없으니 이루지 못할 것이 없고, 드러내는 것도 없고 억지로 하는 것도 없으니 변화시키지 못할 것이 없다. 이것을 도라 한다. 없는 듯 있고, 뒤처지는 듯 하면서 앞서게 된다면 강한 위력이라도 마음대로 하지 못한다." 이것이 가능한 이유는 무위의 방식을 따르기 때문이다.

무위로써 전쟁에 임하면 나아가도 나아가는 척하지 않고, 적을 잡아당겨도 팔이 없는 사람처럼 힘을 쓰지 않으며, 적을 대적해도 피곤에 지치지 않고, 병기를 잡고서 이기려고 용을 쓰지 않고도 이긴다. 그러나 비록 전쟁에서 이기더라도 상례喪禮로 슬퍼하는 것이 결국 진정한 승자의 도리이다. 이렇게 슬픈 마음으로 전쟁에 임해 승리를 거두면 31장에서 언급한 대로 승리의 행진이 아니라 상례에 따라 처리해야 한다. 어쩔 수 없이 전쟁을 해야 하지만 그 비참함을 절실히 깨달은 사람들이기에 자애의 마음으로 전쟁에 임하는 쪽이 결국은 승리한다.

제70장

吾言甚易知
오 언 심 이 지

吾(오): 나 言(언): 말 甚(심): 매우, 몹시 易(이): 쉽다 知(지): 알다

甚易行
심 이 행

甚(심): 매우 易(이): 쉽다 行(행): 행하다

天下莫能知
천 하 막 능 지

天(천): 하늘 下(하): 아래 莫(막): 없다 能(능): 능히 知(지): 알다

莫能行.
막 능 행

莫(막): 없다 能(능): 능히 行(행): 행하다

言有宗
언 유 종

言(언): 말 有(유): 있다 宗(종): 주지(主旨), 종지(宗旨)

事有君
사 유 군

事(사): 일 有(유): 있다 君(군): 주재자, 중심, 근본

夫唯無知
부 유 무 지

夫(부): 무릇 唯(유): 오직 無(무): 없다 知(지): 알다

是以不我知.
시 이 불 아 지

是(시): 이 以(이): ~으로써 不(불): 아니다, 못하다 我(아): 나 知(지): 알다

知我者希
지 아 자 희

知(지): 알다 我(아): 나 者(자): 사람 希(희): 드물다

則我者貴.
측 아 자 귀

則(즉): 곧 我(아): 나 者(자): 사람 貴(귀): 귀하다

是謂聖人被褐懷玉.
시 위 성 인 피 갈 회 옥

是(시): 이 以(이): ~으로써 聖(성): 성인 人(인): 사람 被(피): 입다 褐(갈): 베옷 懷(회): 품다 玉(옥): 구슬

나의 말은 매우 알기 쉽고

매우 행하기 쉬운데

천하 사람들이 능히 아는 사람이 없고

능히 실행하지도 못한다.

말에는 종지가 있고

일에는 중심이 있는데

무릇 오로지 사람들이 알지 못하기에

이로써 나를 알지 못하는 것이다.

나를 아는 자가 드문 것은

내가 귀한 것이다.

그러므로 성인은 베옷을 입고 옥을 품고 있는 것이다.

이 장에서 노자는 사람들이 자신의 말을 이해하지 못하는 것에 매우 서운한 감정을 드러내고 있다. 이는 오로지 통치자들이 전쟁과 세력 확장만을 일삼는 데에 대한 경고이기도 하다.

진리를 깨달은 위대한 인물들은 이분법적 의식의 세계, 분별지의 세계를 넘어서 합일의 세계를 접했기에 보통 사람은 그를 이해할 수도 따를 수도 없다. 보통 사람의 입장에서 보면 이런 사람은 어리석고 흐리멍텅하고 엉뚱하게 보일 수도 있다. 그래서 사람들은 도를 이해하기가 어려워 알 수 없으며, 도를 실천하기가 어려워 행할 수 없다고 말한다. 그러나 노자는 이와 반대로 도란 아주 알기 쉽고 아주 행하기 쉽다고 말하고 있다.

진리는 단순하고 담백하다. 복잡하고 현란한 것은 진리에서 멀다. 선불교에서는 밥 먹고 잠자고 걷고 앉는 평상심이 도라고 한다. 대부분의 사람들은 진리를 너무 심오하고 원대하게 생각한 나머지 보통 사람들이 이해할 수 없는 것이라 여기기 때문에 단순한 진리를 알지 못한다. 혹은 생활이 바빠 상식의 세계에만 빠져 진리 자체에 관심이 없는 경우가 대부분이다. 왕필은 문 밖을 나가거나 창문을 엿보지 않아도 노자의 말은 알 수가 있으므로 매우 알기 쉽다 하였으며, 행하지 않더라도 이루어지므로 아주 실천하기가 쉽다고 하였다.

노자의 이론은 노자 말대로 그렇게 이해하기 어렵거나 실천하기 어렵지 않지만 당시 사람들에게는 낯선 것으로 여겨 귀 기울이지 않았던 것이다. 모든 만물은 덕을 지니고 있으므로 우리 안에 이미 저절로 아는 밝은 지혜가 있다. 덕은 애써 드러내는 것이 아니라 기거하고 먹고 마시는 가운데 저절로 드러나는 것이다. 저절로 드러나는 것이므로 이보다 행하기 쉬운 것은 없다.

그럼에도 사람들은 쉬운 것을 버리고 어려운 것을 택한다. 사람들은 오랫동안 어려운 것에 이미 익숙해져 있어 급기야 가장 쉬운 것을 가장 어렵다고 여기게 된 것이다. 이러한 경향은 당시뿐만 아니라 요즘 사람들에게도 대립면의 조화와 일치를 꾀하는 방식으로 관계하는 도의 작용은 근거가 없거나 일관성 없게 여겨질 수 있다. 이처럼 누구나 알 수 있으나 행하기 어려운 도의 작용은 얼핏 체계없이 보이지만 노자가 말하고자 하는 종지宗旨이자 자연의 운행 원칙이라 할 수 있다.

도는 심오하고 화려한 것이 아니라 매순간의 소박한 삶 속에서 자연적으로 얻어진 것이다. 왜냐하면 도란 거친 베옷 같은 소박한 삶 속에 있기 때문이다. 그러나 이 소박함 속에는 모든 사물의 벼리가 되는 더할 나위 없이 귀중한 보옥이 들어있다. 그래서 진리를 말하는 사람은 굵은 갈대로 짠 베옷을 입거나 쓰레기 더미에서 주운 헝겊을 기워 만든 거친 옷을 입은 경우가 허다하다. 성인은 비록 겉으로는 거칠고 남루한 옷을 입지만 속에는 진리의 구슬을 품고 있기에 의연할 수 있는 것이다. 그래서 도를 체득한 사람은 자신을 몰라주는 것에 대해 노여워하지 않고 그들과 공존한다. 다만 높고 숭고한 이론을 자신의 내면 속에 담아 묵묵히 실천할 뿐이다.

『논어』「헌문」편에서 공자는 아무도 자기를 알아주지 못함에 대해 오직 하늘 만이 자신을 알아준다고 토로하고 있다. 공자 말고도 옛날 서백西伯은 유리에 갖히고도『주역』을 지었고, 굴원은 쫓겨나고도『이소』를 지었으며, 손자는 절름발이가 되고서「병법」을 논했다. 이 사람들은 모두 뜻에 울적하고 막힌 바가 있어 그 도를 통할 수 없었기에 지난 일을 기록하여 앞으로 올 사람을 생각한 것이라 하겠다.

제71장

知, 不知
지 부 지

知(지): 알다 不(부): 아니다 知(지): 알다

上.
상

上(상): 위, 훌륭하다

不知, 知
부 지 지

不(부): 아니다, 못하다 知(지): 알다 知(지): 알다

病.
병

病(병): 병, 병으로 알다, 모든 잘못이나 곤란한 일, 또는 모르는 것을 가리킴

夫唯病病
부 유 병 병

夫(부): 무릇 唯(유): 오직 病(병): 병, 병으로 알다

是以不病.
시 이 불 병

是(시): 이 以(이): ~으로써 不(불): 아니다 病(병): 병

聖人不病
성 인 불 병

聖(성): 성인 人(인): 사람 不(불): 아니다 病(병): 병, 병으로 알다

以其病病
이 기 병 병

以(이): ~으로써 其(기): 그 病(병): 병, 병으로 알다

是以不病.
시 이 불 병

是(시): 이 以(이): ~으로써 不(불): 아니다 病(병): 병

알고도 알지 못한다고 여기는 것이

가장 좋은 것이다.

알지 못하면서 안다고 하는 것은

병이다.

대저 오로지 병을 병으로 여길 줄 안다면

병이 되지 않는다.

성인이 병이 없는 것은

병을 병으로 알기 때문이다.

이 때문에 병이 될 수 없는 것이다.

부지不知는 단순히 알지 못한다 혹은 알지 못한 체하다는 의미가 아니다. 안다고 여기지 않는다는 의미이다. 노자가 말하고자 한 것은 알면서도 앎을 의식하지 않음이다. 강 속의 물고기가 물속에서 헤엄치면서도 헤엄치고 있다는 사실을 모르는 것과 같다. 노자는 이러한 상태를 상上이라 하였다. 따라서 비록 알고 있다고 하더라도 안다고 여기지 않는 것이 최상의 앎인 것이다.

공자는 자로에게 아는 것을 안다고 하고 모르는 것을 모른다고 하는 것이 진정한 앎이라 말했다. 안다는 것은 확신의 체계가 아니라 불확실성의 가능성을 무한히 개방하는 것이요, 앎의 한계를 스스로 자각할 때만이 앎으로서의 위대한 생명력을 갖게 되는 것이다. 모른다는 것을 정확히 아는 것이야말로 무궁한 인식의 세계를 헤쳐나갈 수 있다. 학문하는 것을 가장 좋아했던 공자 또한 스스로 자신을 아는 것이 별로 없다고 말한다.

그러나 모름이 앎으로 화한다는 것은 거짓이자 위선이다. 노자 또한 알지 못하면서 아는 체 하는 것은 병病이라 하였다. 사람들은 알지 못하면서 자신이 무엇을 알지 못하는지조차 알지 못하기에 안다고 여긴다. 우물 안의 개구리는 우물 안 만을 보고서 천하를 안다고 말한다. 이것은 정녕 알지 못함에도 불구하고 안다고 말하는 것이므로 참으로 심각한 병폐가 아닐 수 없다. 성인은 무엇을 알고 무엇을 모르는지 정확히 안다. 진정한 앎에 도달하지 못한 사람일수록 어떤 체계나 권위에 기댄다. 노자에게 있어 이러한 것은 병이다. 공자도 『논어』「위정」편에서 '아는 것을 안다고 하고, 모르는 것을 모른다고 하는 것이 진정 아는 것'이라는 것이라 언급한다.

소크라테스 또한 무지에 대한 자각을 역설하였다. 공자나 소크라테스가 말하는 무지는 단순히 무지한 상태가 아니다. 공자는 명확히 아는 것과 모르는 것을 구분하는 것이 참으로 아는 것이라 보았고, 소크라테스는 자신이 모른다고 생각했을 때 진리를 추구할 수 있다고 보았다. 그러나 노자가 말하는 안다는 것은 공자나 소크라테스와는 달리 구분의 기능을 하는 지적 체계 안에 담지 않는 것이다. 즉 자신이 아는 내용을 굳건한 체계적 형태로 만들지 않는다는 것이다.

진정한 앎은 외적 지식의 추구에 몰두하여 작위적인 행동을 하는 마음을 내려 놓고 내면에 집중할 때 홀연히 드러난다. 그것은 의식의 아집과 이기심을 버리고 '오직 모를 뿐'에 집중할 때 아는 마음의 본성이다. 이러한 지혜야말로 참된 지혜라 하겠다. 이 때 모른다는 것은 무지가 아니라 지혜이다. 결국 아는 것을 가지고 모르는 것을 키워나가는 것이 인간 삶의 과정이다. 그러므로 끊임없이 다가오는 모름의 세계에 대해 인간은 겸손해야 하고 끊임없이 자기를 비워야 한다.

이처럼 아는 상태에서 알지 못하는 상태로 되는 것은 보통의 앎, 이분법적 앎을 초월해서 비보통의 앎, 앎 아닌 앎으로 바뀌는 것이다. 이는 일상적 논리나 사고의 대상이 아닌 도를 체득한 상태라 하겠다.

제72장

民不畏威
민 불 외 위

民(민): 백성 不(불): 아니다 畏(외): 두려워하다 威(위): 권위, 위엄

則大威至.
칙 대 위 지

則(즉): 곧 大(대): 크다 威(위): 권위 至(지): 이르다

無押其所居
무 압 기 소 거

無(무): 못하게 하다 押(압): 누르다 其(기): 그 所(소): 바 居(거): 살다

無厭其所生.
무 염 기 소 생

無(무): 못하게 하다 厭(염): 싫어하다 其(기): 그 所(소): 바 生(생): 삶, 살다

夫唯不厭
부 유 불 염

夫(부): 무릇 唯(유): 오로지 不(불): 아니다 厭(염): 싫어하다

是以不厭.
시 이 불 염

是(시): 이 以(이): ~으로써 不(불): 아니다 厭(염): 싫어하다

是以聖人自知不自見
시 이 성 인 자 지 불 자 현

是(시): 이 以(이): ~으로써 聖(성): 성인 人(인): 사람 自(자): 스스로 知(지): 알다
不(불): 아니다 自(자): 스스로 見(현): 드러내다

自愛不自貴.
자 애 불 자 귀

自(자): 스스로 愛(애): 사랑하다 不(불): 아니다 自(자): 스스로 貴(귀): 귀하다

故去彼取此.
고 거 피 취 차

故(고): 그러므로 去(거): 버리다 彼(피): 저것 取(취): 취하다 此(차): 이것

백성이 위엄을 두려워하지 않게 하면

진실로 큰 위엄에 이르게 될 것이다.

백성들이 거하는 곳을 억압하지 말고

그들의 삶을 싫어하게 하지 말라.

대저 오로지 싫어하게 하지 않으면

이로써 싫어하지 않게 된다.

그러므로 성인은 자신을 알지만 자신을 드러내지 않으며

자신을 사랑하지만 스스로 존귀하게 만들지 않는다.

그러므로 저것을 버리고 이것을 취한다.

이 장은 핍박에 시달리는 민중의 마지막 선택을 시사하는 글이라 하겠다. 백성들이 두려워해야 할 것을 두려워하지 않게 되면, 위정자에게는 더 큰 두려움이 닥친다.『상서』「주관」에는 "사랑을 받을 때 위태로움을 생각하면 두려워하지 않을 수 없다. 두려워하지 않으면 두려움에 빠지게 될 것이다." 고 하였다.『논어』「계씨」 편에서 공자는 "군자는 세 가지 두려워할 만한 것이 있다. 천명을 두려워하고, 대인大人을 두려워하고, 성인의 말을 두려워한다. "고 언급하고 있다.

이 장을 통해 우리는 당시의 폭력적인 고압정치에 대하여 노자가 민중 혁명의 가능성을 염두에 두었음을 알 수 있다. 이러한 노지의 사상 때문에 반체제적인 모든 민중의 혁명은 도가와 깊은 관련을 맺고 있다. 그래서 위정자는 백성을 괴롭히지 않고 맑은 공기와 깨끗한 물처럼 무위청정의 마음으로 정치를 해야한다고 지적하고 있다. 즉 후왕이 백성들에게 자각현상을 불러 일으키지 않게끔 해주는 겸허의 미덕을 지녀야하는 것이다.

이처럼 도가에서는 왕의 겸손과 자비를 중시한 반면, 법가에서는 왕의 위엄을 중시하였다. 그래서 왕이 위엄을 갖기 위한 방법으로 신하나 백성들이 왕을 두려워하게 하기 위해 신상필벌信賞必罰로 가혹한 형벌을 시행하였다. 그러나 통치자가 가혹한 세금을 거둬들이고 전쟁만을 일삼아 국토가 황폐해진다면 백성들의 삶은 너무도 궁핍해진다. 궁핍해진 백성들은 더 이상 살아갈 희망을 잃어버리고 위엄을 두려워하지 않을 뿐만 아니라 죽음조차 두려워하지 않게 되어 따르려 하지 않는다. 결국 통치자는 강압적으로 백성들의 불만을 억누르게 되고, 백성들의 반항도 그 만큼 커지게 된다.

최고의 통치 단계는 백성들이 통치자의 위엄이나 억압 등을 전혀 느끼지 못하고 단지 통치자가 있다는 정도만 느끼는 것이다. 이런 경지에서 참된 권위가 형성된다. 만약 백성들에게 억지로 자신의 뜻을 강요하거나 괴롭히면 백성들은 통치자를 두려워하고 싫어하게 되어 통치는 허물어져 버린다. 그러나 도를 체득한 성인은 자신을 낮추거나 물러서서 백성들의 마음을 자신의 마음으로 삼아 통치한다. 이것이 저것을 버리고 이것을 취하는 것이다. 저것은 유위의 통치이며 이것은 무위의 통치라 하겠다.

정치에 있어 최고의 관심사는 어떻게 하면 백성의 마음을 얻을 수 있느냐 하는 데 있다. 유가에서는 백성들의 마음을 얻기 위해 적극적으로 일을 도모한다. 그러나 노자는 통치자가 아무 것도 하지 않고 무위의 일에 처한 것만 못하다고 보았다. 무위 정치를 행하면 왕은 크게 칭송 받을 것이 없다. 그러나 칭송 받을 것이 없기 때문에 특별히 비난받을 것도 없다.

백성들이 공기나 대지를 의식하지 않고 살아가듯이 좋은 정치는 맑은 공기나 물처럼 자각 현상을 일으키지 않는다. 그러나 인류는 더 큰 이상을 향해 무언가를 꿈꾸고 희망하고 노력해왔다. 그러나 이러한 유위의 방법으로는 인간이 본래 지니고 있는 자연성을 망각하여 이상에 도달한 그 순간의 부분적이고 이기적이고 소유적인 만족감만을 느낄 뿐이다.

진리는 논리와 작위성을 띄는 것이 아니라 자연의 사실에서 찾아져야 한다. 그래서 노자는 인류가 굳이 의식으로 포착할 필요 없는 자연성에 기대서 지속적이고 보편적이며 자타동시적인 존재의 충만함을 느낄 것을 언급한다. 이것이 바로 도를 체득한 성인의 통치이자 무위의 통치인 것이다.

제73장

勇於敢則殺
용 어 감 즉 살

勇(용): 용감하다 於(어): ~에서 敢(감): 과감하다 則(즉): 곧 殺(살): 죽다

勇於不敢則活.
용 어 불 감 즉 활

勇(용): 용감하다 於(어): ~에서 不(불): 아니다 敢(감): 과감하다 則(즉): 곧 活(활): 살아나다

此兩者或利或害.
차 양 자 혹 이 혹 해

此(차): 이 兩(양): 둘 者(자): 것 或(혹): 어떤 경우에는 利(리): 이롭다 或(혹): 어떤 경우에는 害(해): 해롭다

天之所惡孰知其故.
천 시 소 오 숙 시 기 고

天(천): 하늘 之(지): ~의 所(소): 바 惡(오): 싫어하다 孰(숙): 누구 知(지): 알다 其(기): 그 故(고): 까닭

是以聖人猶難之.
시 이 성 인 유 난 지

是(시): 이 以(이): ~으로써 聖(성): 성인 人(인): 사람 猶(유): 오히려 難(난): 어렵다 之(지): 그것

天之道
천 지 도

天(천): 하늘 之(지): ~의 道(도): 도

不爭而善勝
불 쟁 이 선 승

不(부): 아니다 爭(쟁): 다투다 而(이): 그러나 善(선): 잘하다 勝(승): 이기다

不言而善應
불 언 이 선 응

不(불): 아니다 言(언): 말하다 而(이): 그러나 善(선): 잘 應(응): 따르다

不召而自來
불 소 이 자 래

不(불): 아니다 召(소): 부르다 而(이): 그러나 自(자): 스스로 來(래): 오다

繟然而善謀.
천 연 이 선 모

繟(천): 느슨하다 然(연): 그러하다 而(이): 그러나 善(선): 잘하다 謀(모): 꾀하다

天網恢恢
천 망 회 회

天(천): 하늘 網(망): 그물 恢(회): 넓다 恢恢(회회): 광대한 모양

疏而不失.
소 이 불 실

疏(소): 성글다 而(이): 그러나 不(불): 아니다 失(실): 잃다

과감하게 하는 데 용감하면 죽고

과감하게 하지 않는 데 용감하면 산다.

이 두 가지에서 어떤 것은 이롭고 어떤 것은 해롭다.

하늘이 싫어하는 것 누가 그 까닭을 알겠는가?

그래서 성인은 오히려 그것을 어려워 한다.

하늘의 도는

다투지 않으면서도 잘 이기고

말하지 않아도 모두 잘 응하며

부르지 않아도 저절로 오고

느슨하면서도 잘 도모한다.

하늘의 그물은 광대하여

성글지만 놓치는 것이 없다.

노자는 자연의 운행 원칙과 배치되는 것은 반드시 죽음으로 들어선다고 보았다. 그것은 과감하게 자신의 의지와 관점을 명료하게 드러내고 자신을 고귀하게 만들며 천하에 군림하려 하거나 앞장서기 때문이다. 자연은 건강하고 앞으로 나서며 체계화하고 세밀히 구분하는 것 등을 싫어한다. 천도는 다투지 않아도 잘 이기고, 말하지 않아도 무심하게 저절로 응하게 되며, 전전긍긍하지 않아도 여유 있게 도모하는 것 같지만 하나도 흐트러짐이 없이 완벽한 형태로 순환하고 변화한다. 그래서 노자는 자신을 낮추고 백성들을 일정한 방향으로 인도하려는 욕망을 버리라 한다.

노자가 살던 춘추전국시대는 그야말로 어지러운 시대였다. 이 어지러움을 바로잡기 위하여 온갖 보편의 원칙을 제시하였지만, 이것은 실패로 끝날 수밖에 없다. 왜냐하면 자연계와 인간계는 무수한 변화 가운데 있기 때문에 어떠한 하나의 보편적인 원칙을 가지고 무수한 변화에 일일이 대응할 수가 없기 때문이다.

58장의 구절처럼 그 정치가 어눌하면 백성들은 순박해지고, 그 정치가 빈틈이 없으면 백성들이 교활해지는 것처럼 법률이나 제도가 빈틈없을수록 일찍 한계가 드러나는 법이다. 그래서 노자는 백성들을 일정한 체계로 밀어붙이지 않아야 함을 강조한다.

노자는 법률이나 예학 체계와는 달리 자연을 모델로 배제되는 부분이 없이 조밀하지 않고 듬성듬성 하지만 모든 것을 끌어안는다. 이것이 하늘의 그물이자 무위자연의 방식이다. 왜냐하면 하늘의 도는 다투지 않아도 잘 이기고, 말하지 않아도 잘 응하고, 부르지 않아도 저절로 찾아들고, 관대하면서도 잘 도모하기 때문이다. 이처럼 하늘의 도는 무위를 통해 질서를 잘 도모한다.

노자는 자연의 그물이 넓다고 하였다. 사회의 법망은 촘촘하기는 하지만 모든 사람들을 그물질 할 수는 없으므로 작은 것이다. 하늘의 그물은 천하 모두를 그물질하는 것이므로 하늘의 그물망에서 도저히 빠져나갈 방법이 없다. 그러나 생명체 하나하나 간섭하지 않으며, 설사 걸려들었다 해도 처벌하지 않는다. 그래서 하늘의 그물은 성긴 것이다.

노자가 말하는 천도天道는 상도常道와 다르지 않다. 천도는 바로 무無의 도道이다. 무는 다투지 않지만 늘 이기고, 또 말하지 않는 무언의 진리이지만 세상의 모든 유有인 그 만물과 잘 교응한다. 또한 특별히 초대하지 않아도 허공으로서 늘 그 자리에 여여하게 있기에 마치 그 도가 스스로 우리를 찾아오는 것처럼 여겨진다. 그리고 무의 도는 매우 느슨하지만 만물과 사이좋게 지낸다. 『논어』「양화」편에 나오는 " 하늘이 무슨 말을 하던가? 사시가 운행하고 백물이 태어나면서도 하늘이 무슨 말을 하던?" 하는 구절은 하늘의 도는 사물에 앞서 행동하지 않고, 길흉의 조짐을 보여주면서 사람의 행도에 따라 복과 재앙을 어김없이 내려준다는 의미라 하겠다. 이렇듯 천도가 짜는 그물은 넓고 넓어서 무엇을 소유하기 위해 잡으려는 소유욕이 없으면서도 만물의 존재를 놓치지 않는다. 그러므로 천도는 모든 것을 존재하게 하고 수용하고 용인한다 하겠다.

제74장

民不畏死
민 불 외 사

民(민): 백성 不(불): 아니다 畏(외): 두려워하다 死(사): 죽다

奈何以死懼之.
나 하 이 사 구 지

奈(나): 어찌 何(하): 어찌 以(이): ~으로써 死(사): 죽다 懼(구): 두려워하다 之(지): 그것

若使民常畏死而
약 사 민 상 외 사 이

若(약): 만약 使(사): 하여금 民(민): 백성 常(상): 늘 畏(외): 두려워하다 死(사): 죽다 而(이): 그래서

爲奇者
위 기 자

爲(위): 하다 奇(기): 기이하다 者(자): 사람

吾得執而殺之
오 득 집 이 살 지

吾(오): 나 得(득): 이루다 執(집): 잡다 而(이): 그래서 殺(살): 죽이다 之(지): 그것

孰敢.
숙 감

孰(숙): 누구 敢(감): 감히하다

常有司殺者殺.
상 유 사 살 자 살

常(상): 늘 有(유): 있다 司(사): 맡다 殺(살): 죽이다 者(자): 사람 殺(살): 죽이다

夫代司殺者殺
부 대 사 살 자 살

夫(부): 무릇 代(대): 대신하다 司(사): 맡다 殺(살): 죽이다 者(자): 것 殺(살): 죽이다

是謂代大匠斲.
시 위 대 대 장 착

是(시): 이 謂(위): 일컫다 代(대): 대신하다 大(대): 크다 匠(장): 장인 斲(착): 자르다, 베다

夫代大匠斲者
부 대 대 장 착 자

夫(부): 무릇 代(대): 대신하다 大(대): 크다 匠(장): 장인 斲(착): 자르다, 베다 者(자): 사람

希有不傷其手矣.
희 유 불 상 기 수 의

希(희): 드물다 有(유): 있다 不(불): 아니다 傷(상): 상하다 其(기): 그 手(수): 손 矣(의): ~이다

백성들이 항상 죽음을 두려워하지 않는다면

어찌 죽음으로써 그들을 두려워하게 하겠는가?

만약 백성들로 하여금 항상 죽음을 두려워하여

이상한 짓을 하는 자를

내가 그 자를 잡아 죽인다면

누가 그것을 감행하겠는가?

항상 법적으로 죽이는 일을 맡은 자가 죽인다.

무릇 죽이는 일을 맡은 자를 대신해서 죽이는 것

이것을 일컬어 목수를 대신해서 자귀질을 하는 것이라 한다.

목수를 대신하여 자귀질하는 사람은

그 손을 다치지 않는 자가 드물다.

백성들에게 엄격한 형벌을 가하여도 범죄가 줄지 않는 까닭은 단순히 형벌이 미약해서가 아니라, 가혹한 현실에 찌들린 나머지 가혹한 형벌에 대하여 더 이상 두려워하는 마음이 없어졌기 때문이다. 『논어』「위정」편에는 "법령으로써 이끌고 형벌로써 가지런히 한다면 백성은 법망을 요령껏 피하면서도 부끄러워하지 않을 것이다. 덕으로써 이끌고 예로써 가지런히 한다면 백성들이 부끄러워하고 또 바르게 될 것이다." 라고 언급한다. 이러한 상황 속에서 노자는 형벌을 논하기에 앞서 형벌이 더 이상 필요하지 않은 사회를 만드는 것이 급선무라고 보았다.

이처럼 통치자가 멋대로 백성의 생사여탈권을 쥐고 흔든다면 백성들이 죽음을 두려워하지 않게 된다. 왜냐하면 살아있는 것이 죽는 것만 못하다고 생각하기 때문이다. 이런 상황에서는 죽인다고 겁을 주어도 백성들은 이미 죽음을 두려워하지 않기 때문에 눈 하나 깜짝하지 않는다. 그러나 삶이 죽음보다 훨씬 낫다고 생각할 수 있도록 상황을 개선시키면, 죽인다고 하는 말이 위협이 될 수 있다. 이런 상황에서 나쁜 짓을 하는 자가 있으면 잡아서 죽인다는데, 누가 감히 그런 짓을 할 수 있겠는가?

가장 뛰어난 목수라야 천금이나 나가는 비싼 목재를 다룰 수 있는 것처럼 사람의 목숨은 죽음을 집행하는 이에게 맡겨 공정하게 처리해야지 함부로 나서서는 안된다. 이는 마치 목수를 제쳐 놓고 목수 대신에 나무를 베는 사람과 같다. 목수가 나무의 수명과 원리를 알고 조건과 특성에 맞게 작업을 하는 것처럼 이런 원리를 모르고 나무를 베면 손에 상처가 나기 쉽다.

이는 노자가 인간 사회를 다스리는 사회법이 자연법을 반영하여야 함을 보여주는 부분이라 하겠다. 큰 목수는 대자연을 의미하고, 자른다는 것은 사형시킴을 의미한다. 생사여탈의 권리는 본래 자연에 있는 것인데, 통치자는 이 자연법을 대신하여 사람을 죽이고 살린다. 그런데 이 통치자가 하늘을 대신하여 재판한다고 하지만 과연 하늘의 뜻을 올바로 대변할 수 있느냐 하는 점이다. 노자는 이에 대하여 부정적으로 보았다. 사람은 자기 중심적 판단으로 인하여 죽여야 할 사람은 오히려 살려두고, 살려야 할 사람들은 오히려 죽이는 경우가 허다하다. 어설프게 자연법을 흉내내는 통치자들은 무고한 생명들을 다치게 하고, 그 결과는 항상 자신에게로 돌아온다. 노자의 말처럼 당시 법가의 걸출한 인물들은 모두 제명에 죽지 못했다. 법가의 창시자 상앙은 처형되었고, 한비자는 독살되었고, 법가에 의해 천하를 통일한 이사 역시 독살되었다.

자연의 운행 원칙은 죽일 것은 죽이고 살릴 것은 살리는 데에 전혀 어그러짐이 없이 작용한다. 자연의 이런 모습처럼 나무의 수명과 원리를 훤하게 알고 있는 목수는 손을 다치지 않는다. 그러나 이러한 원리를 모르고 함부로 칼질을 하는 목수는 항상 손에 상처가 난다. 이는 강직하고 포악한 통치자가 자연의 원리보다는 자신의 이념 체계에 더 매달려서 백성들을 가벼이 대하다가는 통치자 자신에게 그 결과가 다가온다는 것을 예고한다 하겠다.

이처럼 노자는 포악한 통치자가 자연의 운행 원칙보다 자신의 신념에 매달려 백성들을 가벼이 대하면 곧 그 자신에게 징벌이 다가온다는 것을 경고하고 있다. 폭압 정권은 통치하는 자의 그릇된 마음에서 탄생하며 모든 비극이 거기서 생겨난다. 그래서 백성의 비극은 곧 왕의 비극으로 이어지는 것이다.

제75장

民之饑
민 지 기

民(민): 백성 之(지): ~의 饑(기): 굶주림

以其上食稅之多.
이 기 상 식 세 지 다

以(이): ~으로써 其(기): 그 上(상): 위, 지배자 食(식): 먹다 稅(세): 조세 之(지): ~의 多(다): 많다

是以饑.
시 이 기

是(시): 이 以(이): ~으로써 饑(기): 굶주리다

民之難治
민 지 난 치

民(민): 백성 之(지): ~의 難(난): 어렵다 治(치): 다스리다

以其上之有爲.
이 기 상 지 유 위

以(이): ~으로써 其(기): 그 上(상): 위, 지배자 之(지): ~의 有(유): 있다 爲(위): 하다

是以難治.
시 이 난 치

是(시): 이 以(이): ~으로써 難(난): 어렵다 治(치): 다스리다

民之輕死
민 지 경 사

民(민): 백성 之(지): ~의 輕(경): 가볍게 여기다 死(사): 죽음

以其上求生之厚.
이 기 상 구 생 지 후

以(이): ~으로써 其(기): 그 上(상):위, 지배자 求(구): 구하다 生(생): 삶 之(지): ~의 厚(후): 두텁다

是以輕死.
시 이 경 사

是(시): 이 以(이): ~으로써 輕(경): 가볍게 여기다 死(사): 죽음

夫唯無以生爲者
부 유 무 이 생 위 자

夫(부): 무릇 唯(유): 오직 無(무): 없다 以(이): ~으로써 生(생): 삶 爲(위): 위하다 者(자): 사람

是賢於貴生.
시 현 어 귀 생

是(시): 이 賢(현): 현명하다 於(어): ~보다 貴(귀): 귀하다 生(생): 삶

백성이 굶주리는 것은

윗사람들이 세금을 많이 거두기 때문이다.

그래서 굶주리는 것이다.

백성이 다스리기 어려운 것은

위에서 인위를 행하기 때문이다.

그래서 다스리기가 어렵게 되는 것이다.

백성이 죽음을 가볍게 여기는 것은

윗사람들이 삶을 두텁게 구하기 때문이다.

그래서 죽음을 가벼이 여기게 되는 것이다.

무릇 오직 삶을 위해 작위하지 않는 사람이

삶을 귀히 여기는 사람보다 현명하다.

이 장 앞 단락에서는 통치자들의 욕심이나 행위로 백성들이 고달프게 되는 상황을 말하고 있다면, 뒷 단락은 백성 자신의 문제에 관한 것으로 그들이 지나치게 생명에 집착함으로써 오히려 죽음을 재촉하게 되는 상황을 지적하고 있다.

가정맹어호苟政猛於虎라는 고사성어가 있다. 가혹한 정치는 호랑이보다 무섭다는 것이다. 백성들의 재화가 넉넉지 않는데 위에서 많이 거두어 가면 백성들이 굶는 것은 당연하다. 세금을 거두는 것은 유위 통치의 결과이다.

유위의 통치는 법률을 치밀하게 하고 통치 이념을 확고하게 하는 방식을 말한다. 이런 유위의 통치는 백성들로 하여금 살아있는 이 세계보다 죽음이 더 낫다고 생각하게 되어 백성들은 죽음을 두려워하지 않고, 통치자에게 저항하게 된다.

노자는 삶에 있어 인위적인 것을 버릴 것을 강조하였다. 인위적인 것을 버리면 허심으로 돌아가고, 허심으로 돌아가면 무위자연의 도리를 터득하게 된다. 그렇게 되면 백성들은 통치자를 어버이처럼 여길 것이며, 백성들이 자신들의 삶을 귀하게 여겨 질서를 어지럽히는 행동을 하지 않는다. 이것이야 말로 통치자의 참다운 도리이며, 궁극적으로는 자기 자신을 위한 것이 된다.

자기 삶에만 집착하지 않는 사람이 삶을 귀중하게 여기는 사람보다 현명하다는 것은 일종의 역설처럼 들린다. 자기 생명을 중시하는 태도는 인간의 자연스러운 모습이다. 그러나 그러한 태도가 지나치면 오히려 자기 생명을 해치는 결과를 가져온다. 가령 불로장생에 집착한 중국 역대 황제들이 불로장생을 위해 도사들이 지어 바친 단약을 복용하다가 수은 중독으로 사망한 경우가 이에 해당한다.

그래서 성인은 삶을 살되 인위적이지 않고, 삶을 귀하게 여겨 불가피하게 부득이한 것만을 영위하므로 나의 삶을 두텁게 하기 위해 타인의 삶을 빼앗지 않는다. 자기 삶에 애착을 가지는 지도자는 자기 생애 동안에 무엇인가 공을 이루려 하고, 백성들의 행복을 희생해서라도 자기의 가치를 높이려한다. 그러나 백성의 입장에서 보면 무위의 지도자가 이러한 지도자보다 훨씬 낫다고 여기는 것은 당연한 일이라 하겠다. 그래서 노자는 삶을 두텁게 하여 부귀영화를 누리기 위해 급급한 것보다는 오히려 삶을 귀중하게 여겨 애쓰지 말라고 강조한다.

제76장

人之生也柔弱
인 지 생 야 유 약

人(인): 사람 之(지): ~의 生(생): 살다 也(야): ~이다 柔(유): 부드럽다 弱(약): 약하다

其死也堅强.
기 사 야 견 강

其(기): 그 死(사): 죽다 也(야): ~어조사 堅(견): 굳다 强(강): 강하다

萬物草木之生也柔脆
만 물 초 목 지 생 야 유 취

萬(만): 온갖 物(물): 것 草(초): 풀 木(목): 나무 之(지): ~의 生(생): 살다 也(야): ~어조사 柔(유): 부드럽다 脆(취): 연약하다

其死也枯槁.
기 사 야 고 고

其(기): 그 死(사): 죽다 也(야): 어조사 枯(고): 메마르다 槁(고): 메마르다

故堅强者死之徒
고 견 강 자 사 지 도

故(고): 그러므로 堅(견): 굳다 强(강): 강하다 者(자): 것 死(사): 죽음 之(지): ~의 徒(도): 무리

柔弱者生之徒.
유 약 자 생 지 도

柔(유): 부드럽다 弱(약): 약하다 者(자): 것 生(생): 삶 之(지): ~의 徒(도): 무리

是以兵强則不勝
시 이 병 강 즉 불 승

是(시): 이 以(이): ~으로써 兵(병): 군대 强(강): 강하다 則(즉): 곧 不(불): 못하다 勝(승): 이기다

木强則折.
목 강 즉 절

木(목): 나무 强(강): 강하다 則(즉): 곧 折(절): 꺾이다

强大處下
강 대 처 하

强(강): 강하다 大(대): 크다 處(처): 처하다 下(하): 아래

柔弱處上.
유 약 처 상

柔(유): 부드럽다 弱(약): 약하다 處(처): 처하다 上(상): 위

사람이 살아 있으면 부드럽고 약하지만

죽으면 굳고 강해진다.

만물이나 초목들도 살아 있으면 부드럽고 무르지만

죽으면 말라서 뻣뻣해진다.

그러므로 굳고 강한 것은 죽음의 무리이고

부드럽고 약한 것은 삶의 무리이다.

그래서 군대가 견강하면 이기지 못하고

나무가 강하면 부러진다.

강하고 큰 것이 아래쪽에 처하고

부드럽고 약한 것이 위에 처한다.

노자가 보기에 자연의 운행은 부드럽고 유약하며 은미하다. 자연계는 무한한 변화 가운데 있기 때문에 하나의 모습만을 고집하지 않는다. 그런데 특정한 문화 체계를 전통으로 확립하여 거기에 모든 백성들을 통일시키는 통치 방식은 강하고 뻣뻣하게 운용될 수밖에 없다.

생명체의 가장 큰 특징의 하나는 변화에 대해 유연하게 적응한다는 것이다. 모든 환경은 변한다. 변화하는 환경을 나의 고정된 틀에 맞출 수는 없다. 우리 자신이 변화에 맞추어 살아가야 한다. 만약 변화에 더 이상 적응하지 못한다면 요절하고 만다. 견강堅強한 것은 변화에 발 빠르게 적응하지 못하고 경직되어 죽음을 재촉하게 된다. 반면 유약한 것은 변화에 적극적으로 적응하여 삶을 지향하게 된다.

『장자』「천하」편에서도 다음과 같이 언급한다. "만물의 근원인 무無를 정밀하다하고 형체있는 것을 조잡하다고 하며, 부의 축적을 만족하게 여기지 않으면서 청렴 무욕하여 홀로 담담하게 신명한 본성에 편히 머문다. 옛날의 도술에는 이런 경향이 있었다. 관윤과 노담은 이 가르침을 듣고 기뻐하며 언제나 무유無有인 허무를 내세우고 만물과 하나 되는 절대적인 도를 첫째로 삼았다. 연약하고 겸손한 태도를 나타내고 스스로를 공허하게 하여 만물을 손상하지 않음을 마음의 실질로 삼았다."

이처럼 강한 것은 유위의 방식이고, 부드러운 것은 무위의 방식이다. 강한 것은 인위적 문화 체계이고, 부드러운 것은 자연의 운행 방식이다. 가장 민첩하고 부드러운 잔뿌리는 땅의 깊숙한 곳까지 침투해 물을 빨아올린다. 그러나 가장 오래된 이파리는 그늘에 묻혀 있다. 우리의 몸도 어린 시절에는 유연하지만 나이가 들수록 점점 뻣뻣해진다. 세계에 대해 많이 알면 알수록 관용적이 되고, 아는 것이 적을수록 신념이 강해진다. 그러므로 군대도 의로움으로 이기는 것이지 강하다고 이기는 것이 아니다. 강하나 의롭지 않으면 패하게 된다. 전쟁은 부득이하게 해야지 강하다고 약자를 억압하는 것이 아님을 노자는 설파한다.

　강하고 큰 것은 밑에 놓이고 부드럽고 약한 것은 위에 놓이게 된다는 것을 왕필은 나무를 비유로 들어 설명한다. 왕필은 강하고 큰 것을 나무의 뿌리 쪽의 모습으로 보았고, 부드럽고 약한 것을 나무 끝가지의 모습이라 주를 달았다. 즉 나무뿌리나 둥치처럼 강하고 큰 것은 밑자리에 있을 수밖에 없고, 줄기나 잎사귀는 윗자리에 있을 수밖에 없는 것과 같다고 본 것이다. 이는 노자가 여러 번 강조했듯이 부드럽고 약한 것이 천성적으로 스스로를 낮추기 때문에 결과적으로 위에 오르게 되고, 강하고 큰 것이 스스로를 자랑하므로 결과적으로 아래에 처하게 된다는 말이다. 이처럼 단단하고 뻣뻣한 것은 죽음의 원리요, 부드럽고 약한 것은 생명의 원리로 유약한 것이 견강한 것을 이긴다는 것을 전쟁과 나무에도 적용시키고 있다.

　모든 우주 만물은 삶과 죽음을 동시에 지닌다. 견강이 유약을 완전히 지배하게 되면 죽음으로 가지만 유약을 잘 지켜내면 그만큼 죽음이 유예된다. 이처럼 노자가 유약을 강조하는 것은 자연의 운행과 발 맞추어 변화에 적극적으로 대처해야 함을 의미한 것이라 하겠다.

제77장

天之道
천 지 도

天(천): 하늘 之(지): ~의 道(도): 도

其猶張弓與.
기 유 장 궁 여

其(기): 그 猶(유): 같다 張(장): 활줄을 잡아당기다 弓(궁): 활 與(여): ~구나

高者抑之下者擧之.
고 자 억 지 하 자 거 지

高(고): 높다 者(자): 것 抑(억): 내리다 之(지): 그것 下(하): 낮다 者(자): 것
擧(거): 올리다 之(지): 그것

有餘者損之
유 여 자 손 지

有(유): 있다 餘(여): 남다 者(자): 것 損(손): 덜다 之(지): 그것

不足者補之.
부 족 자 보 지

不(부): 아니다 足(족): 족하다 者(자): 것 補(보): 보태다 之(지): 그것

天之道, 損有餘而補不足
천 지 도 손 유 여 이 보 부 족

天(천): 하늘 之(지): ~의 道(도): 도 損(손): 덜다 有(유): 있다 餘(여): 남다
而(이): 그러나 補(보): 보태다 不(불): 아니다 足(족): 족하다

人之道則不然.
인 지 도 즉 불 연

人(인): 사람 之(지): ~의 道(도): 도 則(즉): 곧 不(불): 아니다 然(연): 그러
하다

損不足以奉有餘.
손 부 족 이 봉 유 여

損(손): 덜다 不(부): 아니다 足(족): 족하다 以(이): ~으로써 奉(봉): 받들다
有(유): 있다 餘(여): 남다

孰能有餘以奉天下.
숙 능 유 여 이 봉 천 하

孰(숙): 누구 能(능): 가능하다 有(유): 있다 餘(여): 남다 以(이): ~으로써 奉
(봉): 받들다 天(천): 하늘 下(하): 아래

唯有道者.
유 유 도 자

唯(유): 오직 有(유): 있다 道(도): 도 者(자): 사람

是以聖人爲而
시 이 성 인 위 이

是(시): 이 以(이): ~으로써 聖(성): 성인 人(인): 사람 爲(위): 하다 而(이):
그러나

不恃功成而不處.
불 시 공 성 이 불 처

不(불): 아니다 恃(시): 의지하다 功(공): 공로 成(성): 이루다 而(이): 그러
나 不(불): 아니다 處(처): 머물다

其不欲見賢.
기 불 욕 현 현

其(기): 그 不(불): 아니다 欲(욕): 하고자하다 見(현): 드러내다 賢(현):
현명하다

하늘의 도는

활을 당기는 것과 같다.

높은 쪽은 누르고 낮은 쪽은 올린다.

남으면 덜어 주고

부족하면 보태준다.

하늘의 도는, 남는 데서 덜어 주고 부족한 것은 보충해 주지만

사람의 도는 그렇지 않다.

부족한 데서 덜어 내어 남는 데에 바친다.

누가 남는 것으로써 천하를 받들 수가 있겠는가?

오직 도 있는 사람만이 그렇게 할 수 있다.

그래서 성인은 무엇을 하고도

그것에 의지하지 않으며 공을 이루지만 거기에 머물지 않는다.

그것은 자신의 현명함을 드러내고자 하지 않아서이다.

하늘의 도는 공평, 평등, 조화, 균형의 원리인 반면 인간의 도는 불공평, 불평등, 부조화, 불균형의 원리를 따른다.

19세기 1차 세계 대전은 식민지 쟁탈을 둘러싼 서구 열강들이 아프리카를 놓고 첨예하게 대립한 역사적 사건이라 할 수 있다. 뛰어난 무기를 앞세워 무차별 침략을 자행하는 것에 대한 논리적 정당성을 부여한 것이 바로 사회 진화론이다. 강한 종이 살아남고, 결국 그 결과로 사회는 진화한다는 것이다. 그러나 이 이론은 강대국이 약소국에 대한 착취를 정당화하는 제국주의 이론일 뿐이다.

노자 당시의 사회 역시 철저한 힘의 논리에 의해 지배되었다. 강한 국가들은 통치자의 탐욕 때문에 약소국을 침략하여 온갖 약탈을 자행하고 다른 생명을 해치기 일쑤였다. 통치자는 백성들로부터 재물을 빼앗아 여유 있는 상류층을 봉양한다. 75장에서 언급한 것처럼 통치자들이 세금을 너무 많이 거두어, 이에 백성들이 죽음을 두려워하지 않는 지경에까지 이르게 된다.

노자는 활시위 당기는 비유를 들어 만물의 이치는 남으면 덜어내고, 부족하면 보충해준다고 말한다. 활줄을 당기면 활의 위쪽은 아래로 수그러지고 아래쪽은 위로 올라가게 된다. 하늘의 도도 마찬가지로 바람이 불고 비가 오면 높은 산은 깎여지고 낮은 곳은 메워진다.

『순자』「예론」에서도 "여유있는 것은 덜고 부족한 것은 더해주는" 것이 예의 근본정신이라 하였다. 즉 예라는 것은 긴 것은 자르고 짧은 것은 이어붙이며, 여유있는 것은 덜고 부족한 것은 더하고, 사랑하고 공경하는 문식을 갖추어 의를 행하는 아름다움을 드날리는 것이라는 것이다. 이렇게 남는 쪽에서 덜어내어 부족한 곳을 매워 전체적인 균형을 이룬다. 『한비자』「관행」에서도 "여유있는 것으로 부족한 것을 보태고, 긴 것으로 짧은 것을 잇는 사람을 현명한 임금"이라고 하였다. 이처럼 자연계는 궁극적으로 참다운 조화와 질서가 있는 세계로 사사로움 없이 평등하며, 만물을 넉넉하게 한다.

　도를 체득한 성인은 자연처럼 남는 곳에서 덜어와 부족한 곳을 채워줄 수 있다. 성인은 이런 이치를 체득하고 있기 때문에 자신이 무엇을 하고도 그것을 자신의 소유로 해서 자신이 가지고 있는 여유에다가 다시 여유를 더하지 않는다. 자신의 공덕을 말하지 않지만, 이미 남에게 주기 때문에 자기는 더욱 많아진다.

　공에 대해서도 마찬가지다. 공을 이루고 그 공에 거하면 자신의 여유가 증가하게 되어 천도를 어기게 된다. 그래서 도를 지키는 성인은 자신의 현명함을 드러내지 않고, 그것을 기초로 명예나 재물 혹은 권리를 축적해 가지지 않는다.

　이렇듯 인간 정신의 고귀함을 드러내는 노자의 생각이 2500년 전의 사유라니 놀라울 따름이다. 자신의 욕망과 안일을 위해 식민지 국가의 자원을 약탈하고 사람들을 착취한 20세기 문명인들과 노자를 비교할 때 그 간극이 너무도 크게 느껴진다.

　오늘 날 한국의 경제 발전 또한 민중의 희생을 전제로 이룩한 것이다. 단시일 내에 이룩한 한국적 자본주의는 고효율을 바탕으로 하였지만 공정성은 없는 불합리한 보호 체계를 지니고 있다. 따라서 이제부터라도 과감하게 남음이 있음을 덜어내고 천하를 위해 봉사해야 하는 노자의 무위 철학을 실천해야 하겠다.

제78장

天下莫柔弱於水.
천 하 막 유 약 어 수

天(천): 하늘 下(하): 아래 莫(막): 없다 柔(유): 부드럽다 弱(약): 약하다 於(어): ~보다 水(수): 물

而攻堅强者
이 공 견 강 자

而(이): 그러나 攻(공): 공격 堅(견): 굳다 强(강): 강하다 者(자): 것

莫之能勝.
막 지 능 승

莫(막): 없다 之(지): 그것 能(능): 능히 勝(승): 이기다

以其無以易之.
이 기 무 이 역 지

以(이): ~으로써 其(기): 그 無(무): 없다 以(이): ~으로써 易(역): 대신하다 之(지): 그것

弱之勝强
약 지 승 강

弱(약): 약하다 之(지): 그것 勝(승): 이기다 强(강): 강하다

柔之勝剛
유 지 승 강

柔(유): 부드럽다 之(지): 그것 勝(승): 이기다 剛(강): 굳다

天下莫不知
천 하 막 부 지

天(천): 하늘 下(하): 아래 莫(막): 없다 不(불): 못하다 知(지): 알다

莫能行.
막 능 행

莫(막): 없다 能(능): 능히 行(행): 행하다

是以聖人云.
시 이 성 인 운

是(시): 이 以(이): ~으로써 聖(성): 성인 人(인): 사람 云(운): 말하다

受國之垢是謂社稷主
수 국 지 구 시 위 사 직 주

受(수): 받다 國(국): 나라 之(지): ~의 垢(구): 때, 치욕 是(시): 이 謂(위): 일컫다 社(사): 땅의 신 稷(직): 곡식의 신 主(주): 임금

受國不祥是謂天下王.
수 국 불 상 시 위 천 하 왕

受(수): 받다 國(국): 나라 不(불): 못하다 祥(상): 길하다 是(시): 이 謂(위): 일컫다 天(천): 하늘 下(하): 아래 王(왕): 임금

正言若反.
정 언 약 반

正(정): 바르다 言(언): 말하다 若(약): 같다 反(반): 반대하다

하늘 아래 물보다 더 부드럽고 약한 것은 없다.

그러나 공격이 아무리 굳고 강한 것이라도

그것을 능히 이겨내지 못한다.

이러한 물을 대신할 게 없다.

약한 것이 강한 것을 이기고

부드러운 것이 굳센 것을 이기는 것은

천하에서 모르는 이 없으나

능히 행하지는 못한다.

이런 까닭에 성인이 말씀하셨다.

나라의 치욕을 받아들이니 사직의 주인이라 이르고

나라의 상서롭지 못한 것을 받아들이니 천하의 왕이라 이른다.

바른 말은 반대처럼 들린다.

한 나라를 망하게 하는 가장 큰 원인은 견강堅強함 때문이다. 왜냐하면 시대가 바뀌면 한 나라를 지탱하던 기강도 바뀌어야 하는 데, 견강하게 옛 것만을 그대로 고수하고 답습하려 하기 때문이다. 모든 일체 만물은 물이 높은 곳에서 낮은 곳으로 흐르는 것처럼 일정한 흐름이 있다.

물은 겸손과 유연의 상징이자 세상의 강한 것을 모두 이긴다. 또한 물은 모든 것을 윤택하게 해주면서도 자신을 주장하지 않는다. 그래서 노자는 천하 만물 중에 물보다 부드럽고 유연한 것은 없다고 말한다. 이처럼 물은 사물의 형상에 따라 자신을 끊임없이 바꾸며 유연하게 대처한다. 그래서 물은 영속성을 얻는다.

그러나 단단하고 힘센 것을 물리치는 데 물보다 더 훌륭한 것도 없다. 물은 바위도 뚫고, 큰 배도 들어 올리고, 산도 옮기고, 쇠도 녹이고, 살아있는 모든 것의 생수가 되고, 더러운 것을 깨끗이 하고, 아무리 깊은 곳이라도 스며든다. 이렇게 물처럼 약한 것은 강한 것을 이기고 물처럼 부드러운 것이 굳센 것을 이긴다. 이러한 물의 덕성은 도의 운행 모습과 닮아 노자는 자신의 철학을 전개시키는데 물을 핵심으로 사용한다.

그러나 이러한 이치는 쉽게 이해하면서도 그것을 실천하는 자는 드물다. 왜냐하면 그런 이치가 눈앞에 직접적인 효과를 주지 않기 때문이다. 진짜 올바른 말일수록 오히려 틀린 말 같고, 세속의 정서와 반대되는 경우가 많다. 그래서 노자는 반언反言으로 표현한다. 예를 들면 낮아짐으로 해서 높아지고, 작아짐으로 해서 커지고, 무소유의 정신을 구가할수록 더욱 많아진다는 것이다.

그러므로 노자는 세상에서 더러움으로 이해되는 것을 오히려 자신이 감당하고, 세상에서 좋지 못한 것으로 이해되는 것을 오히려 자신의 몫으로 받아들이게 되면, 능히 종묘사직을 책임지는 천하의 주인이 될 수 있다고 말한다. 『좌저』「선공」에는 "하천과 못은 더러운 진흙을 용납하고, 산과 늪은 해충을 품었으며, 아름다운 옥은 티를 숨기고 있고, 나라의 임금은 치욕을 끌어 안으니, 이것이 하늘의 도다." 라고 언급하고 있다. 왕궁 왼쪽에 역대 제왕의 위패를 모시는 종묘가 있고, 오른 쪽에는 토지신과 곡식신에게 제사지내는 사직이 있다. 종묘사직은 곧 왕권의 기초를 이른다.

진晉나라가 침공하려 할 때 장왕은 그런 치욕을 받게 된 것을 뉘우치자 신하들도 자신들의 죄를 청하였고 그런 초나라 조정의 소식이 진나라에 알려지자, 이에 진나라는 스스로 군사를 물렸다고 한다. 이런 왕은 마땅히 사직의 주인이 될 만하다 하겠다.

『논어』에 상商나라 탕왕湯王은 "내가 죄를 지었으면 백성에게 그 해가 돌아가지 않게 해주시고, 백성이 죄를 지었으면 그것이 내게 돌아오게 해시옵소서"라고 기도를 올렸다고 한다. 모름지기 지도자의 위치에 있는 사람은 이처럼 자기를 낮추고 온갖 더러운 일을 떠맡아 처리할 수 있어야 한다. 바른 말은 변증법적 진리를 담고 있기에 반대의 일치, 역설의 진리를 담는다. "바른 말은 반대처럼 보이는 것이다. "라는 말은 양극의 조화를 이루기 때문에 가능한 것이다.

이처럼 성인은 좋은 면만 가까이 하는 것이 아니라, 좋지 않은 면도 배척하지 않는다. 노자의 사상은 나라의 더러움도 수용하고 나라의 불상사도 받아들여 확고한 구분을 기본으로 하는 공자의 정명正命사상과는 확실히 다른 측면이 있다고 보아진다.

제79장

和大怨
화 대 원

和(화): 화목하다, 풀다 大(대): 크다 怨(원): 원한

必有餘怨
필 유 여 원

必(필): 반드시 有(유): 있다 餘(여): 남다 怨(원): 원한

安可以爲善.
안 가 이 위 선

安(안): 어찌, 어떻게 可(가): 가능하다 以(이): ~으로써 爲(위): 되다 善(선): 잘하다

是以聖人執左契
시 이 성 인 집 좌 계

是(시): 이 以(이): ~으로써 聖(성): 성인 人(인): 사람 執(집): 잡다 左(좌): 왼쪽 契(계): 약속 左契(솨계): 약속 어음

而不責於人.
이 불 책 어 인

而(이): 그러나 不(불): 아니다 責(책): 꾸짖다 於(어): ~에 人(인): 사람

有德司契
유 덕 사 계

有(유): 있다 德(덕): 덕 司(사): 맡다 契(계): 약속

無德司徹.
무 덕 사 철

無(무): 없다 德(덕): 덕 司(사): 맡다 徹(철): 징수하다

天道無親
천 도 무 친

天(천): 하늘 道(도): 도 無(무): 없다 親(친): 친하다, 사사롭다

常與善人.
상 여 선 인

常(상): 늘 與(여): 함께하다 善(선): 선하다 人(인): 사람

큰 원한은 아무리 잘 풀어도

반드시 그 원망의 앙금이 있으니

어찌 잘했다고 할 수 있겠는가?

그러므로 성인은 좌계를 지니고도

다른사람에게 독촉하지 않는다.

덕이 있는 사람은 좌계로 거래하고

덕이 없는 사람은 징세를 맡는다.

하늘의 도에는 사사로움이 없어

늘 선한 사람과 함께하기 마련이다.

이 장은 통치자의 덕을 위주로 하여 말한 것이다. 감정에 깊은 손상을 당하게 되는 것이 원망인데, 인간에게 한번 생겨난 원망은 비록 그것이 화해되고 해소되었다 하더라도 흔적을 남긴다. 마찬가지로 백성들에게 큰 원망이 생겨난다면 온갖 유화책을 다 동원하여 원망의 실타래를 푼다고 할지라도 반드시 앙금이 남기 마련이다. 그래서 원망이 생기지 않도록 미연에 방지하는 것이야말로 최선책이다.

그래서 성인은 좌계를 잡고도 사람을 책망하지 않는다. 좌계는 약속이나 계약서 같은 것으로 채무자가 잡는 것이고, 우계는 채권자가 잡는 것이라 한다. 사게司契는 상호간의 계약에 따리 할부로시의 이음을 결재하거나 믿고 있는 것을 말한다. 철轍은 현물세를 의미한다. 성인은 비록 채권자로서 권리를 지니지만 채무자와의 상호 계약에 의한 약속을 중시하지, 일방적으로 백성들에게 착취하는 현물세 징수를 행사하지 않는다. 즉 성인은 일방적으로 착취하기 위해 쌍방의 합의없이 빚을 현물로 갚도록 횡포를 가하지는 않는다는 것이다.

만약 나라에 기근이 든다면 통치자들은 채무의 증서를 받고 구휼을 위해 곡식을 준다. 이 때 이 증서는 빚을 갚지 않을 경우 독촉하기 위한 것이다. 그러나 성인은 백성들에게 덕을 베풀어주면서도 덕을 덕으로 여기지 않아 덕을 베푼 대가를 바라지 않는다. 여기서 성인은 도를 체득한 왕을 지칭한다. 도를 체득한 성인은 백성들에게 은혜를 베풀 뿐 그 댓가를 요구하지 않는다.

노자가 보기에 하늘의 도는 만물에 대하여 친애함이 없다. 이는 마치 냉정한 듯이 보인다. 그러나 친애함이 있으면 친애하지 않음이 반드시 생겨나고, 은혜로움이 있으면 은혜롭지 않음이 반드시 생겨나기 마련이다. 친애함이란 결국 사사로운 개인의 감정에 얽매이므로 공평무사함에 역행하게 된다. 그래서 『상서』에는 "오직 하늘은 친한 것이 따로 없으니 능히 공경하는 사람을 친애한다."고 한다.

천지 자연은 무엇을 특별히 더 친하게 여기는 구석이 없기 때문에 공평무사하여 치우침없이 장구하게 유지되듯이, 성인 또한 이런 무친한 태도를 유지하여 결과적으로는 항상 선인을 도와주게 되고, 선인과 함께하게 된다. 그러나 사적인 이해관계는 자연히 개인적 기호를 따라서 친소를 만들고, 그런 친소는 소원한 사이에서는 서운하게 대함으로써 원망을 사게 된다. 그래서 천도에는 자아가 없어 무친해야만 선인이 자신이 한 선행에 걸맞은 보답을 받게 된다.

공자는 친친親親을 주장하여 인간의 가장 기본적인 정서가 보장되는 사회의 건설을 희망하였고, 노자는 무친無親을 주장하여 이 세계가 특별한 가치를 기준으로 나뉘고 평가되는 것을 반대하였기 때문에 둘은 명백히 서로 다르다. 노자가 보기에 천지 자연은 무엇을 특별히 더 친하게 여기는 것이 없기 때문에 장구하게 되듯이, 성인 또한 무친한 태도를 유지하기 때문에 항상 선인을 도와주게 되고 선인과 함께 하게 된다고 보았다. 이것이 바로 바른 말은 반대로 들리게 되는 예이다. 무친하면 착한 사람이 보답을 받지 못할 것 같지만 무친해야만 선인이 자신이 한 선행에 걸맞은 보답을 받게 되는 것이다.

제80장

小國寡民 소 국 과 민	小(소): 작다 國(국): 나라 寡(과): 적다 民(민): 백성
使有什佰之器而不用 사 유 십 백 지 기 이 불 용	使(사): 하여금 有(유): 있다 什(십): 열 佰(백): 백 之(지): ~의 器(기): 도구 而(이): 그러나 不(불): 아니다 用(용): 쓰다
使民重死而不遠徙. 사 민 중 사 이 불 원 사	使(사): 하여금 民(민): 백성 重(중): 중하다 死(사): 죽음 而(이): 그래서 不(불): 아니다 遠(원): 멀다 徙(사): 옮기다
雖有舟輿 수 유 주 여	雖(수): 비록 有(유): 있다 舟(주): 배 輿(여): 수레
無所乘之 무 소 승 지	無(무): 없다 所(소): 바 乘(승): 타다 之(지): 그것
雖有甲兵 수 유 갑 병	雖(수): 비록 有(유): 있다 甲(갑): 갑옷 兵(병): 병장기
無所陳之. 무 소 진 지	無(무): 없다 所(소): 바 陳(진): 펼치다 之(지): 그것
使人復結繩而用之. 사 인 부 결 승 이 용 지	使(사): 하여금 人(인): 사람 復(부): 다시 結(결): 맺다 繩(승): 새끼줄 而(이): 그리고 用(용): 쓰다 之(지): 그것
甘其食 감 기 식	甘(감): 달다 其(기): 그 食(식): 음식
美其服 미 기 복	美(미): 아름답다 其(기): 그 服(복): 옷
安其居 안 기 거	安(안): 편안하다 其(기): 그 居(거): 거처
樂其俗 낙 기 속	樂(락): 즐겁다 其(기): 그 俗(속): 풍속
隣國相望 인 국 상 망	隣(린): 가깝다 國(국): 나라 相(상): 서로 望(망): 바라보다
鷄犬之聲相聞 계 견 지 성 상 문	鷄(계): 닭 犬(견): 개 之(지): ~의 聲(성): 소리 相(상): 서로 聞(문): 듣다
民至老死不相往來. 민 지 노 사 불 상 왕 래	民(민): 백성 至(지): 이르다 老(로): 늙다 死(사): 죽다 不(불): 아니다 相(상): 서로 往(왕): 가다 來(래): 오다

작은 나라에 적은 백성이 살아

온갖 도구가 있어도 쓸 일이 없게 하고

백성들로 하여금 죽음을 중히 여기도록 하여 멀리 이사 가지 않도록 한다.

비록 배와 수레가 있더라도

그것을 탈 일이 없게 하고

비록 갑옷과 무기가 있어도

그것을 펼칠 일이 없게 하라.

사람들로 하여금 다시 끈을 묶어서 쓰게 하라.

그 음식을 맛있게 먹고

그 옷을 아름답게 입고

그 거처를 편안하게 하고

그 풍속을 즐기게 하니

이웃 나라가 서로 바라보이고

닭과 개의 소리 서로 들려도

백성들이 늙어 죽을 때까지 서로 왕래하지 않는다.

소국과민은 노자가 이상적으로 생각하는 국가이다. 이는 무위 관념의 필연적 산물이며, 노자 정치사상의 구체적 표현으로 패권을 일삼는 당시 세태와는 전혀 맞지 않는 국가 형태이다. 노자가 생각하는 이상 세계는 인위적인 문화 체계도 없고, 소박한 사람들이 타자와 조화를 이루며 하나로 융화되어 살아가는 세계다. 이들에게는 경쟁심이나 분쟁을 일으킬 만한 지식이 없기에 다툼이 없으며, 탐욕이 없기에 법이란 것도 필요가 없다. 이들은 국가라고 하는 것이 무엇 때문에 있어야 하는지 조차 알지 못한다. 이들은 국가의 간섭없이 스스로 질서를 이루어 통치한다.

국가가 커질수록 국가 권력은 비대해지고, 국가 권력이 비대해지면 국가 권력을 장악한 권력자들이 국가를 이끌어가게 된다. 이 과정에서 소수 권력자들의 전횡이나 횡포는 필연적으로 뒤따를 수밖에 없다. 그러나 소국과민은 국가가 작은 단위로 쪼개져 권력이 해체되어 백성들 개개인의 자발적인 자치가 가능하다.

소국과민에서는 무기까지 포함해 많은 도구가 있어도 쓸 일이 없다. 배나 수레를 포함하여 그러한 도구들은 모두 자신이나 사회 혹은 국가가 가지고 있는 가치나 영역을 확장하는 데에 봉사한다. 소국과민에서 이런 도구들은 외부로 향한 욕망을 실현하는 도구이기 때문에 필요가 없다. 왜냐하면 인위적 가치와 기준에 매몰되어 무엇이 진정한 가치인지 모르고 외부로 향한 욕망에 이끌려 손쉽게 죽음을 맞이할 수 있기 때문이다.

새끼줄을 묶어 약속의 표시로 삼는 결승結繩 문자는 문자 가운데서 가장 원시적인 형태이다. 노자는 소박하게 결승 문자로 소통하고, 음식을 맛있게 먹고, 옷을 아름답게 입고, 그 거처를 편안하게 하고, 그 풍속을 즐기며 자족하는 삶을 권하고 있다.

『장자』「거협」에도 이와 비슷한 문장이 나온다. "옛날에 …북희씨, 신농씨의 세상이 있었다. 그 때 백성들은 새끼를 묶어 기호로 썼고, 그 음식을 맛있게 여겼으며, 그 옷을 훌륭하다 생각했고, 그 풍속을 즐기며, 그 집을 편안히 여겼다. 이웃 나라가 바로 앞에 보이고, 닭이나 개 울음 소리가 서로 들릴 정도였지만, 백성들은 늙어 죽을 때까지 오가지를 않았다. 이와 같은 세상이야말로 가장 잘 다스려졌던 지치至治의 시대이다. "

우리는 지금까지 차이와 다양성을 인정하지 않고, 하나의 문명관으로 우열을 가늠하는데 익숙해져 있다. 그러나 노자가 주장하는 국가 형태는 몸을 갖고 사는 한 의식주를 기본으로 하여 백성의 진정한 행복을 급선무로 여기는 무위 정치를 한다. 그런 점에서 경제적 물질적 가난으로 의식주가 해결되지 않는 정치는 무위 정치의 본질이 아니다. 의식주가 기본적으로 충족되고, 자연의 본성대로 살게 되면 굳이 밖으로 나갈 필요 없이 닭과 개의 소리가 들릴 정도로 근접한 이웃나라끼리 왕래를 하지 않고 살게 된다.

무위의 정치는 분별 지식을 기반으로 하는 무절제한 욕망의 추구를 멈추고 도의 참모습과 자연의 원리를 인식하여 이에 순응한다. 비록 작은 나라일지라도 백성의 의식주 문제가 해결되면 저마다 자기 생활에 만족하면서 여유를 느끼고, 권모술수와 투쟁 대신 아름답고 조화로운 자연의 모습으로 살아갈 수 있을 것이다. 이 경우 노자는 통치자가 나라를 잘 다스린다고 보았다.

사실 우리가 살아가는 데는 현대인이 필요로 하는 것처럼 많은 것이 필요하지는 않다. 먹고, 입고, 자는 데 우리는 너무도 많은 자원과 시간과 에너지를 쓰고 있다. 어쩌면 이 기본적인 것을 보장 받기 위해 국가가 존재하는 지도 모른다. 그러나 본말이 전도되어 국가가 이 기본적인 것을 위협한다. 끊임없는 경쟁 사회로 내몰리고, 전쟁에 휩싸이고, 지향점을 내세워 이상을 추구하게 하여 이 기본적인 것을 이루게 하지 못하게 한다. 노자는 바로 그 점을 지적하며 참된 국가의 형태를 제시하고 있는 것이라 하겠다.

제81장

信言不美
선언불미

信(신): 믿다 言(언): 말 不(불): 아니다 美(미): 아름답다

美言不信.
선언불신

美(미): 아름답다 言(언): 말 不(불): 아니다 信(신): 믿다

善者不辯
선자불변

善(선): 좋다 者(자): 사람 不(불): 아니다 辯(변): 말을 잘하다, 따지다

辯者不善.
변자불선

辯(변): 말을 잘하다, 따지다 者(자): 사람 不(불): 아니다 善(선): 좋다

知者不博
지자부박

知(지): 알다 者(자): 사람 不(부): 아니다 博(박): 박식하다

博者不知.
박자부지

博(박): 박식하다 者(자): 사람 不(불): 아니다 知(지): 알다

聖人不積, 旣以爲人
성인부적 기이위인

聖(성): 성인 人(인): 사람 不(부): 아니다 積(적): 재물을 축적하다 旣(기): 다하다 以(이): ~으로써 爲(위): 위하다 人(인): 사람

己愈有
기유유

己(기): 자기 愈(유): 더욱 有(유): 있다

旣以與人
기이여인

旣(기): 모두 以(이): ~으로써 與(여): 주다 人(인): 사람

己愈多.
기유다

己(기): 자기 愈(유): 더욱 多(다): 많다

天之道, 利而不害
천지도 이이불해

天(천): 하늘 之(지): ~의 道(도): 도 利(이): 이롭다 而(이): 그러나 不(불): 아니다 害(해): 해치다

聖人之道, 爲而不爭.
성인지도 위이부쟁

聖(성): 성인 人(인): 사람 之(지): ~의 道(도): 도 爲(위): 하다 而(이): 그러나 不(부): 아니다 爭(쟁): 다투다

미더운 말은 아름답지 않고

아름다운 말은 미덥지 않다.

좋은 사람은 따지지 않고

따지는 잘하는 사람은 좋지 않다.

(참으로) 아는 사람은 박식하지 않고

박식한 사람은 참으로 알지 못하는 것이다.

성인은 재물을 축적하지 않고, 남을 위하지만

자기는 더욱 많이 갖게 되고

모두 남에게 주지만

자기는 더욱 많아진다.

하늘의 도는, 이롭게 해주지만 해치지는 않고

성인의 도는, 일을 하면서도 다투지 않는다.

이 장은 도덕경의 마지막 장이다. 1장에서 '도가도 비상도'에서 말을 강조하였듯이 마지막 장에서도 말을 언급하고 있다. 노자는 언어보다 도를 우월하게 보았다. 언어는 사태를 고정화시키지만 도는 변화를 담기 때문에 언어화하기 어렵다. 도는 쉽게 개념화할 수 없기 때문에 원래 의미를 그대로 간직하기 위해서는 언어를 통하지 않아야 한다. 개념화된 도는 우리의 관념 속에 고정되고 추상화되어 본래 의미를 상실하게 만든다. 그래서 노자는 언어 밖에서 언어의 초월을 주장한 것이다.

『장자』 천하편에 공송룡에 관한 이야기가 나온다. 환단이나 공손룡은 변자 즉 오늘날로 하자면 변호사 같은 무리인데 그들은 사람의 마음을 장식하고, 사람들의 뜻을 바꾸는 데는 둘도 없는 도사들이라고 한다. 그러나 그들은 사람의 입은 정복했지만 사람의 마음은 정복하지 못했다고 한다. 이것이 바로 논리학자들의 한계다.

비슷한 의미로 소크라테스 또한 아고라 광장에서 대화를 통해 상대방이 모른다는 사실을 뉘우치게 했다고 한다. 그러나 많은 아테네 시민들은 진정한 무지에 대한 자각보다는 소크라테스를 괘씸하게 여겨 재판에 회부한 것을 보면, 논리적으로는 굴복했으나 마음으로는 소크라테스를 미워했다는 것을 알 수 있다. 이처럼 논리로 굴복하는 것과 마음으로 받아들이는 것과는 차이가 있는 것이다.

노자 또한 교묘하고 인위적인 가식이 개입된 아름다운 말에 대해서는 부정적이다. 조작되지 않은 순수한 상태의 말이 참된 말이 된다. 신信은 인위적 조작이 닿기 이전 인간의 상태, 인위적 가치를 향하거나 거기에 편입되기 이전에 인간에게 있는 참된 모습이다. 그러므로 노자는 외적 대상에 밝은 사람이 아니라 그 대상에 본래적으로 있는 인식 능력을 지닌 이가 참으로 박식한 사람이라 보았다.

도란 것은 밖에서 구하는 것이 아니라 안에서 구하는 것이다. 왜냐하면 도란 것이 이미 우리들 마음속에 덕의 형태로 내재되어 있기 때문이다. 우리는 이 덕을 굳게 간직해야 참다운 앎을 얻을 수 있다. 진정한 앎이란 피상적인 것에 대한 이해에 있는 것이 아니라 근본에 대한 이해에 있으며, 개별적인 것에 대한 분별지가 아니라 개별에 대한 조화를 아는 것이다. 이처럼 도를 체득한 앎이야말로 근본과 기강을 알 수가 있다.

그래서 성인은 무위이무불위한 도를 실천하기에 자신을 위해 쌓아두지 않고, 모두 베풀지만 자기는 오히려 많이 갖게 된다. 하늘의 도와 성인의 도는 무욕, 무명이기에 만물을 이롭게 하지만 결코 손해를 입히지 않고, 남을 위해 일을 하면서도 그것을 고려하지 않는다.

진리의 말은 변론이 아니다. 진리의 말은 반대의 일치로서 양쪽을 다 포용한다. 변론을 잘 한다는 것은 제한된 생각이나 고정 관념을 틀에 맞추어 독단적으로 주장하는 것을 말한다. 도는 이러한 형식 논리가 아니기 때문에 도에 입각해서 말하는 사람은 어눌하게 들릴 수밖에 없다. 또한 이미 나와 남을 구별하려는 분별지를 버림으로 해서 남과 더불어 살아가려고 하기 때문에 일체의 다툼도 없다. 이처럼 도에 입각한 성인의 길은 모든 인위적 행위와 달리 무위를 행하기 때문에 경쟁이나 시비의 원인이 되지 못한다. 나아가 개인, 사회, 세계에 평화와 평안을 가져온다. 이것이 바로 노자가 말하고자한 도이며, 노자는 그 길로 인류를 초대했다고 하겠다.

후기

　스무 살 겨울 우연히 도서관에서 접한 대만 만화가 채지충의 『도덕경』이 내 생각을 송두리째 바꿔 놓은 이후, 『도덕경』으로 석사 논문을 쓰고, 대학에서 십 년 넘게 도가철학을 강의하면서, 『도덕경』에 대한 정리를 해야겠다는 생각은 늘 내게 사명감처럼 자리하고 있었다. 삼십 년이 지나 우여곡절 끝에 『도덕경』에 관한 책을 내게 되니 마치 해묵은 숙제를 마친 듯 홀가분하다.

　내가 『도덕경』을 만난 그때는 진보와 개발과 1등이 최우선이었던 암울한 시대였다. 비록 원문도 아닌 만화였지만 『도덕경』은 내게 그 누구도 주목하지 않았던 민초들의 오래된 지층과 같은 삶에 대해, 묵묵히 날것으로 남은 원시림과 현명한 꼴찌들의 존재와 힘을 알게 해 주었다. 그리고 어느 날… 산 위에서 바라본 도시의 불빛들 위로 꽉 차 있는 텅 빈 허공의 존재와 힘에 대한 깨달음은 벼락 같았고, 세상을 보는 새로운 눈을 뜨게 되었으며, 그러한 사고는 오랜 시간 동안 나를 지배했음을 고백하지 않을 수 없다.

　모든 인류는 시대와 국가를 막론하고 생사를 겪으면서 고통에 직면했고, 괴로워했으며, 나름대로 해결책을 찾아 고군분투했다. 그러한 삶의 여정은 이천오백 년 전이나 지금이나 다르지 않다. 각 시대가 요구하는 가치들은 다르지만 『도덕경』은 그러한 시대적 요청들에 맞게 부응하였으며, 지금까지도 거대한 사상사적 조류를 담당하고 있음은『도덕경』이 담고 있는 道의 특성과 다르지 않다.

　많은 사람들이『도덕경』을 읽고 주해하였다. 거기에 번거롭게 또 한 권의 책을 더한 것은 순전히 가르치는 사람으로서의 사명감 비슷한 것 때문이다. 나는 학생들이 영상 매체나 영어에 많은 시간과 관심을 쏟을 뿐, 책이나 한자와는 점점 멀어지는 것에 대해 안타까웠고, 동양 철학을 통해 학생들이 다양한 사람들의 복잡한 사고 방식과 요구를 지혜롭고 탁월하게 해결하는 능력을 갖추기를 바랐다.

　그래서 이 책에서는 원문을 독해해보려는 사람들을 위해 원문과 글자 뜻풀이, 원문 해석, 그리고 뒷장에는 세상을 바라보는 또 다른 시각을 담은 評을 넣었다. 비록 요즘 학생들이 이전에 비해 한자를 접하는 기회가 현저하게 적지만 지적인 능력은 뛰어나기 때문에 도덕경 원문을 같이 읽는다면 어느 정도는 따라 읽을 수 있을 것이라는 것을 오랜 경험을 통해 장담해 마지않는다.

　이 책은 현대인이 많이 접하고 익히 알고 있는 통행본을 참고하였다. 각 판본을 비교하여 글자 하나하나 노자의 의도를 찾아야 하지만 그 작업은 노자를 본격적으로 연구하는 연구자들의 몫으로 남겨 놓고, 문자보다는 사상적, 철학적으로『도덕경』에 접근하였다. 그리하여 문자학적으로 부족한 점이 많을 것임을 미리 고백하며 노자의 사상이 자연 만물과 더불어 풍요롭고 평화로운 미래로 나아가는 데 일조하리라 믿는다.

　그리고 도가철학을 수업하고 책을 정리하는 데 도움을 주신 윤용택 교수님, 이서규 교수님, 김치완 교수님께 감사드리며 문휘연, 강귀형, 같이 수업했던 제주대학교 철학과 학생들과 도서관 지혜학교 수료생들에게도 고마움을 전하고 싶다. 마지막으로 옛날부터 지금까지『도덕경』을 사랑했던 이들의 평화롭고 지혜로운 마음이 후세에게도 이어지기를 간절히 바란다.

고은진

제주 출생. 제주대학교에서 국어국문학, 중어중문학, 철학을 전공했다. 제주대학교 철학과 대학원에서 석사 학위를, 이화여자대학교 철학과 대학원에서 박사 학위를 받았다.

저서로『원효의 번뇌론』, 논문으로「노자의 자연에 대한 해석」, 「원효『이장의』번뇌론에 대한 유식학적 연구」, 「원효『이장의』소지장에 대한 유식적 고찰」, 「원효의 대승사상과 말나식 고찰」, 「아뢰야식과 眞如의 관계성에 대한 유식적 고찰」, 「원효『이장의』현료문에 나타난 業과 緣起고찰」, 「『성유식론』의 四緣說에 나타난 존재 인식과 타자 윤리」, 「상좌부와 유식의 인식론과 수행의 현대적 적용 고찰」 등이 있다.

현재 제주대학교에서 학생들을 가르치고 있다.

도덕경
산책

2022년 10월 20일 초판 1쇄 발행

지은이 고은진 | **펴낸이** 김영훈 | **편집인** 김지희 | **디자인** 나무늘보, 이은아, 김지영 | **펴낸곳** 한그루
출판등록 제651-2008-000003호 | **주소** 63220 제주도 제주시 복지로1길 21(도남동)
전화 064 723 7580 | **전송** 064 753 7580 | **전자우편** onetreebook@daum.net | **누리방** onetreebook.com

ISBN 979-11-6867-047-1 (93140)

값 20,000원